Me alegro que preguntes

LOS AUTORES

KENNETH BOA es Director de Publicaciones e Investigación de SEARCH Ministries y profesor de seminario en Walk Thru the Bible Ministries. Graduado del Case Institute of Technology y del Dallas Theological Seminary, es candidato al doctorado en la New York University. Anteriormente se desempeñó como pastor del colegio y miembro a tiempo parcial de la facultad en The King's College, Briarcliff Manor, Nueva York. Es autor de *God, I Don't Understand* y de *Cults, World Religions, and You* (ambos publicados, por Victor Books), *The Return of the Star of Bethlehem* (Doubleday), *Talk Thru the Old Testament* y *Talk Thru the New Testament* (ambos publicados, por Tyndale), *Seeds of Change* (Crossway), y *Talk Thru the Bible* (Thomas Nelson). Está casado con Karen y tienen una hija, Heather, y viven en Roswell, Georgia.

LARRY MOODY es Director de Servicios Nacionales para SEARCH Ministries y también trabaja para Walk Thru the Bible Ministries. Graduado de The King's College, recibió su Master en Teología del Dallas Theological Seminary. Mientras era estudiante en Dallas, ayudó a diseñar un programa de seguimiento, publicado ahora por Zondervan bajo el título de *Eight Vital Relationships for Christian Growth*. El y Ruth, su esposa, tienen cuatro hijos: Joshua, Daniel, Rebecca y Deborah, y viven en Timonium, Maryland.

Me alegro que preguntes

KENT BOA Y LARRY MOODY

LIBROS AGUILA

Las citas bíblicas que aparecen en este libro pertenecen a la Santa Biblia, versión Reina-Valera, revisión de 1960. © Sociedades Bíblicas Unidas, 1960.

Publicado originalmente en inglés bajo el título *I'm glad you asked*.
© Kenneth Boa y Larry Moody, 1982, 1994.

Traducción: **Tomás Owens**

Publicado en castellano por Libros Aguila
Editor: **Pedro Vega**
Diseño editorial: **Roberto Acuña R.**
© Libros Aguila, 1996

Impreso en abril de 1996 en los talleres de Publicaciones Aguila S.R.L.
Abay 118 esq. Ind. Nacional C.C. 979
Asunción - Paraguay

Índice

A nuestras esposas, Karen y Ruth
"...la mujer que teme a Jehová, ésa será alabada."
Proverbios 31:30

AGRADECIMIENTOS

NUESTRO PRIMER agradecimiento debe ser para Matthew S. Prince, que nos enseñó la importancia de responder en forma honesta y objetiva las preguntas escépticas de nuestros amigos no cristianos. Un agradecimiento especial a Bill Kraftson, quien ha procurado responder con fidelidad a estas objeciones en el curso de su ministerio y cuyas ilustraciones y dichos están diseminados a lo largo de esta obra. A Dave DeWitt, nuestro compañero de tareas en el Evangelismo a los amigos, por su comprensión práctica de la manera de transformar cada una de esas objeciones en una oportunidad para que otros consideren las declaraciones de Cristo. A Dave Krueger por su constante aliento y comprensión volcados en los diagramas y el material. Y a James Duncan, un laico que ama a Cristo y a los no creyentes, por su sugerencia original de poner las preguntas en forma de organigramas.

PRÓLOGO

H ACE MUCHOS siglos, San Agustín dijo: "Nadie cree realmente en algo a menos que haya pensado primero que es creíble". De hecho, la exhortación de las Escrituras es a "presentar defensa con mansedumbre y reverencia ante todo el que os demande razón de la esperanza que hay en vosotros..." (1 Pedro 3:15). Los autores de este libro están comprometidos con la tarea de alcanzar corazones para Cristo sin insultar las mentes. En él han provisto un excelente instrumento para lograr este propósito.

Este libro es un manual sobre evangelismo. Pero a diferencia de muchos libros semejantes, no se concentra solamente en *cómo* alcanzar a la gente, sin dar las razones *por las que* debería creer. Los autores están conscientes no sólo de *qué* deben compartir con el mundo sino con *quiénes* lo comparten. Se interesan en alcanzar a gente inteligente no salva que pudiera tener preguntas inteligentes que hacer. En respuesta a esta necesidad han provisto respuestas inteligentes a preguntas que se hacen a menudo.

Mi propia experiencia en la evangelización de personas, durante más de 30 años, confirma el enfoque asumido en este libro. Es una forma sencilla, clara y meditada de abordar el evangelismo. La aplicación de sus principios rendirá buenos resultados para la causa del Evangelio.

NORMAN L. GEISLER

Profesor de Teología Sistemática
Seminario Teológico de Dallas

1

CÓMO USAR ESTE LIBRO

C UANDO TRATABA de comunicar el mensaje del cristianismo a sus amigos no cristianos, ¿cuán a menudo se ha visto abrumado por la violenta embestida de rudas objeciones? No hace falta mucho diálogo para que comiencen a surgir las objeciones comunes:

Preguntas que se hacen a menudo:

¿Cómo puede uno estar seguro de que realmente existe Dios?

¿Qué base existe para creer en milagros?

¿No es el cristianismo sólo una muleta psicológica para gente débil?

La Biblia está llena de errores y mitos, ¿cómo puede uno creer en ella?

Si Dios es bueno, ¿por qué existen el mal y el sufrimiento?

¿No es propio de mentes estrechas afirmar que Cristo es el único camino a Dios?

¿Qué pasa con la gente que nunca oyó acerca de Cristo, ¿será condenada?

¿Cómo puede ser verdadero el cristianismo cuando sus adherentes son tan farsantes e hipócritas?

¿Podría rechazar Dios a gente que ha vivido una vida básicamente buena?

¿No es demasiado fácil sólo creer en Cristo para lograr la salvación?

¿Cuánta fe tiene que tener uno?

¿Puede alguien estar seguro de ir al cielo?

Estas son preguntas honestas que exigen respuestas cuidadosas, pero pocos cristianos son capaces de contestarlas satisfactoriamente. Este libro está diseñado para ayudarle a examinar detenidamente las cuestiones involucradas, de forma que usted pueda llegar a ser más eficaz en la defensa de su fe.

La apologética cristiana, defensa sistemática de la fe cristiana tiene realmente un doble propósito: Exteriormente, defiende la verdad de la visión cristiana del mundo y responde las objeciones planteadas por los críticos. Interiormente, fortalece la fe de los creyentes haciéndoles ver que su fe se apoya sobre un sólido fundamento . Escribimos este libro teniendo presente ambos propósitos. Las objeciones de las cuales nos ocupamos se derivan de experiencias repetidas, no de especulaciones teóricas. Muchas horas de conversación con amigos no cristianos nos llevaron a la conclusión de que las mismas objeciones básicas continúan apareciendo en discusiones individuales y de grupo. Hemos descubierto que estas objeciones pueden ser reducidas a variaciones y combinaciones de las 12 preguntas que se tratan en los capítulos 3-14.

"Estar preparados"

Muchos cristianos no se atreven a defender sus creencias o recurren a una actitud de "tómelo sólo por fe". Piensan que el peso de la apologética es demasiado grande para ser sostenido por laicos. Pero Pedro nos exhorta a estar listos a presentar defensa cuando se nos pide que lo hagamos: "Santificad a Dios el Señor en vuestros corazones, y estad siempre preparados para presentar defensa con mansedumbre y reverencia ante todo el que os demande razón de la esperanza que hay en vosotros" (1 Pedro 3:15).

Es alentador descubrir que prácticamente toda la serie de objeciones que se hacen a la visión cristiana del mundo puede ser convenientemente reducida a una docena de preguntas básicas. Además, cada una de estas objeciones es en realidad una excelente oportunidad de preparar el terreno para una presentación natural del Evangelio. Es por esto que nuestro desarrollo en este libro de cada una de estas objeciones nos lleva a una confrontación con las declaraciones de Cristo.

Los capítulos 3-14 pueden ser leídos en cualquier orden. En cierto sentido, son independientes. Pero en otro, son todos interdependientes, refiriéndose unos a otros para apoyo. Los dos pilares sobre los que descansa la mayoría de las respuestas son la autoridad de la Biblia y la resurrección histórica de Jesucristo. Se desarrollan en el capítulo 6 y en el apéndice del 4, y el resto del libro hace frecuente referencia a estos dos capítulos clave.

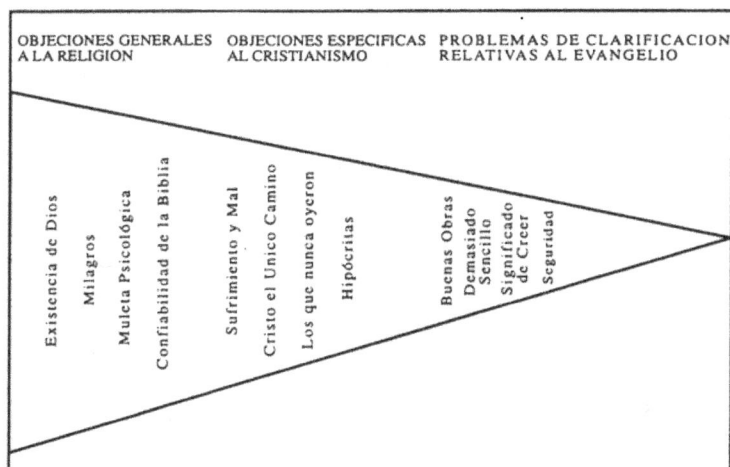

Diagrama 1

Las doce preguntas están dispuestas de lo general a lo específico. Las primeras tres son objeciones generales a la religión, las cinco siguientes, objeciones al cristianismo en particular, y las cuatro finales son problemas que se relacionan específicamente con el camino de la salvación (ver Diagrama 1).

Los organigramas que aparecen a lo largo de estos capítulos le ayudarán a visualizar las opciones básicas a cada pregunta y la progresión lógica de una opción a otra. Han sido provistos como lineamientos conceptuales, no como camisas de fuerza. No es necesario ni aconsejable llevar a una persona a través de todos los pasos de estos organigramas cuando manifieste una de estas objeciones. Hacerlo podría ser desastroso. En lugar de eso, el conocimiento de estos diagramas (quizás desee memorizar el flujo básico de cada diagrama) puede permitirle determinar las cuestiones reales que hay que tratar. El propósito de los diagramas no es atascarle, sino darle libertad para ocuparse creativamente de estas preguntas.

Algunos de los diagramas de flujo incluyen material opcional. Esto está representado por recuadros dispuestos a un costado.

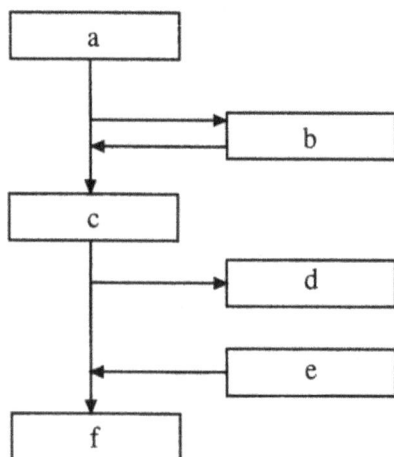

Diagrama 2

En el Diagrama 2 puede avanzar directamente desde *a* hasta *c* y hasta *f*, porque el material en los recuadros *b*, *d*, y *e* es suplementario. Si usted ve que es necesario ocuparse de la cuestión *d*, tendrá que ir a *e* antes de continuar con *f*.

Este libro proporciona más detalles de los que habrá de necesitar en cualquier ocasión dada. Use sólo lo que es necesario, y no trate de demostrar demasiadas cosas. No sería conveniente, por ejemplo, discutir la existencia de Dios o precipitarse a discutir el problema del mal si una persona está dispuesta a considerar personalmente las declaraciones de Cristo. El objeto es eliminar las barreras al Evangelio en forma tan rápida y efectiva como sea posible, y no explorarlas exhaustivamente.

Tres maneras de preguntar

Tenga presente que la gente puede hacer estas preguntas de tres maneras diferentes. Pueden ser hechas como obstáculos con la intención de derrotar la posición cristiana. Pueden ser hechas por personas que desean "alardear" de sus conocimientos dentro de un grupo. O pueden ser presentadas a causa de un deseo verdadero de descubrir la respuesta, si esa respuesta existe. La sensibilidad con que percibamos el grado de apertura de una persona afectará la forma en que abordemos su pregunta.

Hemos provisto una variedad de ilustraciones para ayudarle a responder estas preguntas. Las ilustraciones pueden servir como ventanas de verdad que iluminen conceptos por medio de la analogía. Use aquellas con las que se sienta cómodo o use otras de su propia creación.

La lectura suplementaria al final de los capítulos está limitada a tratamientos bastante breves de estas preguntas. Para una lectura más detallada, consulte la bibliografía al final del libro.

Tenemos la esperanza de que *Me alegro que preguntes* fortalezca su fe en la confiabilidad de Dios y Su Palabra y le dé mejores medios para dar cuenta de la esperanza que hay en usted.

2

COMO CULTIVAR
LAS OPORTUNIDADES

EL HECHO DE conocer las respuestas a las preguntas que formulan los no cristianos, no garantiza los resultados. Muchos cristianos, con la expectativa de que vean inmediatamente la luz han cometido el error de ofrecer respuestas a personas que cuestionan el cristianismo. No es de extrañar que la Biblia use un motivo agrícola para ilustrar la manera en que la gente es conducida a la familia de Dios. Hay un período que transcurre entre la siembra de la semilla (el Evangelio) y la cosecha de personas. Pero nadie piensa sembrar la semilla sin una adecuada preparación del suelo, y antes de recoger la cosecha hay que realizar el cultivo. En el evangelismo se pone mucho énfasis simplemente en la siembra y la cosecha. Los siguientes pasos añaden la muy importante dimensión de la preparación y el cultivo.

Una de las técnicas clave de "cultivo del suelo" es la *oración*. Las Escrituras contienen muchas referencias que describen la oración como esencial, pero a menudo es ignorada en el evangelismo. Vez tras vez hemos visto que donde hubo más oración, los resultados para Cristo fueron mayores. Como alguien ha dicho, "La oración es dar el golpe ganador, el servicio es simplemente recoger los resultados."

Cómo relacionarse con los no cristianos

En Colosenses 4:2-6, Pablo explica la forma en que el cristiano debería relacionarse con el no cristiano. En el momento de poner el fundamento por medio de la oración, hay tres cosas que el Apóstol Pablo nos dice que hagamos: Primero, deberíamos *dedicarnos* a la oración, convirtiéndola en prioridad, porque es aquí donde la batalla se gana o se pierde.

Segundo, debemos mantenernos alerta mientras oramos. Después de haber pedido a Dios cosas específicas, tenemos que observar y ver qué es lo que El hará por nosotros. Esto significa que una vez que hemos pedido a Dios que nos abra puertas para alcanzar a otros para Cristo, debemos estar alerta para captar estas oportunidades cuando ellas se presenten.

Tercero, hemos de tener una actitud agradecida. Esto implica expectativa. Podemos estar agradecidos porque esperamos que Dios responda a nuestras oraciones. "Sin fe es imposible agradar a Dios" (Heb.11:6).

Después de darnos tres características de la oración, Pablo nos presenta tres solicitudes por las que hemos de orar: Primero, tenemos que orar los unos por los otros. A menudo como cristianos olvidamos que estamos en guerra, y que tenemos que sostenernos unos a otros en la oración. El Apóstol Pablo, aunque era un misionero destacado, reconocía su propia necesidad de oración.

La segunda cosa por la que Pablo nos pide que oremos es una puerta abierta hacia los no cristianos. No es necesario golpear el fruto para sacarlo del árbol con el riesgo de "machucar el fruto" si lo hemos preparado adecuadamente en la oración. Pablo dijo que tenemos que orar pidiendo que el Espíritu Santo vaya delante de nosotros y abra la puerta de modo que el no cristiano sea receptivo a lo que tenemos que ofrecerle. Esto nos alivia de toda presión y lo deja en manos de Dios. Impide que forcemos la conversación desanimando al otro. Debemos orar diligentemente que Dios nos dé una puerta abierta, esto es, una oportunidad natural para hablar con alguien, y luego esperar simplemente el momento oportuno que Dios escogerá.

La tercera cosa que debemos pedir en oración es el valor para presentar el mensaje claramente cuando se nos presente la oportunidad.

Aprendamos de Aristóteles

Después de haber regado con oración nuestras acciones y actitudes, ¿qué más podemos hacer para cultivar el suelo? Cuando Aristóteles instruyó a sus discípulos sobre cómo ganar a otros para su punto de vista, señaló que no debían comenzar tratando de demostrar que sus ideas filosóficas eran correctas. Tendrían más bien que probar que ellos eran confiables. Después de ganar su confianza, estos jóvenes filósofos debían considerar los problemas que enfrentaba la gente que ellos procuraban alcanzar. Una vez que lograban estos dos objetivos, los estudiantes podían dedicarse a demostrar la forma en que su filosofía satisfacía las necesidades prácticas de sus amigos. Este principio es válido también en la transmisión del mensaje de Cristo.

Algunas veces los cristianos comparten el mensaje cristiano por razones erróneas. Suelen presentar el testimonio de Cristo de modo degocéntrico para hacer alarde de sus convertidos como si fueran trofeos colgados de sus cinturones espirituales. Otros dan testimonio por un sentido de culpa, haciéndolo más para calmar su propia conciencia que para beneficiar a la gente a quienes se acercan.

Cuando compartimos a Cristo con otros, es importante demostrar un *amor* auténtico por ellos. J. I. Packer subrayó esto en su libro, *Evangelism and the Sovereignty of God* (InterVarsity):

"Nunca se debe olvidar que la iniciativa requerida de nosotros en el evangelismo es la iniciativa del amor, que surge de un genuino interés por aquellos a quienes procuramos ganar, y una auténtica pre-ocupación por su bienestar, que se expresa en un genuino respeto y una sincera actitud de amistad hacia ellos" (pp. 79-80).

Cristo nos exhortó a tener un amor incondicional por nuestros amigos no cristianos. Las amistades son frágiles y requieren tanto cuidado en el trato como cualquier otra cosa preciosa y frágil. La persona debe confiar en usted antes de sentirse dispuesta a examinar el producto que le ofrece. Abraham Lincoln dijo una vez: "Si desea ganar a un hombre para su causa, convénzalo primero de que usted es su amigo verdadero. En ese sentimiento hay una gota de miel que cautivará su corazón, el cual, digas lo que digas, es el camino real más llano para acceder a su intelecto. Cuando usted haya ganado su corazón, tendrá poca dificultad para convencer su intelecto de la justicia de su causa, si esa causa es realmente justa."

Cuando reconoce que usted tiene un sincero interés y se da cuenta que lo que le ofrece surge de un corazón de amor, la persona estará mucho más dispuesta a responder. Pero no sólo debemos amar a la persona, debemos *escuchar* también lo que tiene que decir. Alguien dijo una vez: "Cristo es la respuesta; pero, ¿cuál es la pregunta?" Habiendo escuchado sus objeciones, usted hará que esa persona sea más sensible a la realidad de Cristo. Un aspecto importante de la comunicación es el hecho de escuchar.

Un estudiante se acercó en cierta ocasión al celebrado erudito de Harvard Charles T. Copeland y le preguntó: "¿Por qué no hay cursos en conversación? ¿Puedo hacer algo para aprender el arte de la conversación?"

"Desde luego que sí," respondió Copeland, "y si tan sólo escuchas, te diré lo que es."

18

A continuación se produjo un largo y embarazoso silencio, hasta que el estudiante finalmente exclamó, "Bien, estoy escuchando."

"¿Ves?" dijo triunfalmente Copeland, "¡ya estás aprendiendo!"

Después de hacer sentir a la gente un amor como el de Cristo, demostramos que somos confiables. Al escuchar atentamente su conversación y después de haber examinado sus objeciones y necesidades, podemos conducirlos a considerar las afirmaciones de Cristo. Cuando procuramos explicar el mensaje de Cristo es importante hacerlo claramente. Las Buenas Nuevas deberían ser expresadas clara y vívidamente, de forma que ellos las aprecien y las recuerden, sobre todo con la exactitud necesaria para ser guiados por su luz. Hemos tratado de seguir estos lineamientos en los capítulos siguientes con el objetivo de capacitarte para presentar un mensaje convincente a aquellos que buscan respuestas sólidas.

Dios nos ha llamado a sembrar, cultivar y cosechar. Pero no se trata de un proceso instantáneo. En algunos casos, puede que sólo sembremos, cultivemos o cosechemos. Lo que debemos mantener siempre ante nosotros es la comisión de Cristo de ser fieles a la tarea, sin considerar cuál sea la etapa del ciclo en la que nos encontramos.

Finalmente, nuestra confianza nunca debe estar puesta en las respuestas que ofrecemos, sino en el ministerio persuasivo del Espíritu Santo (Juan 16:8-11). Debemos caminar en dependencia consciente de Su poder que obra en nosotros, o nuestros esfuerzos carecerán de valor. La gente presenta a menudo estas objeciones como excusas para evitar una confrontación directa con Cristo. Aun cuando superemos con éxito sus objeciones, no vendrán a Cristo a menos de ser atraídos por el Espíritu.

3

¿EXISTE REALMENTE UN DIOS?

	¿Puede usted probar realmente que Dios existe?
Preguntas que se hacen a menudo:	*Puesto que no se puede demostrar la existencia de Dios, ¿no es el agnosticismo la posición más razonable?* *¿No ha demostrado la ciencia que es innecesaria la idea de un Dios?* *¿Por qué postular un Dios cuando la evolución explica el origen de la vida y del hombre?*

Tres opciones

Las opciones son simples, uno debe creer que Dios *no* existe (ateísmo), Dios *quizás existe* (agnosticismo), o Dios *sí* existe (ver Diagrama 3). Pero aun cuando se crea que la tercera opción es verdadera, sigue existiendo el problema de la clase de Dios en que piensa la persona. ¿Es impersonal, o es personal? Esta pregunta no queda plenamente contestada hasta que la persona no cristiana es

confrontada con el Dios infinito, personal y ético de
la Biblia.

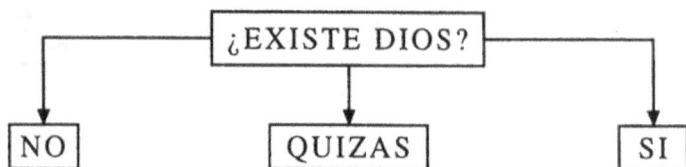

Diagrama 3

Primera Opción: Dios no existe*

Si la persona comienza con un *No,* será necesario no sólo
superar la objeción del ateísmo sino además llevarla a través del *Quizás* antes de llegar al *Sí.* En la mayoría de los
casos no será conveniente tratar de llevar a una persona
reflexiva directamente de un *No* a un *Sí.*

Diagrama 4

---

* Algunos de los conceptos que se exponen en este capítulo son
más complejos que los de otros capítulos. Por ejemplo: los autores
sondean los conocimientos de la ciencia física y formulan argumentos filosóficos para responder esta pregunta. Si usted se atas-
ca, extraiga sólo la esencia de este capítulo sin cubrir todos los
puntos. Los autores han incluido las secciones más complejas para
aquellos lectores que desean llevar su estudio un poco más adelante. Sin embargo, este es el único capítulo en el que usted podría
tener algún problema.—Editor

Comience dibujando un gran círculo para representar la totalidad del campo del conocimiento (ver Diagrama 4). Pida luego a su amigo que simbolice su conocimiento en relación a la totalidad del conocimiento. Hasta la persona más arrogante se verá forzada a dibujar un círculo pequeño.

Todos usamos tan sólo un pequeño porcentaje del total de nuestra capacidad mental, pero aun cuando pudiéramos hacer uso del 100 por ciento, nuestro conocimiento sería ínfimo comparado con todo el conocimiento. Por lo tanto, es completamente irracional decir: "Yo *sé* que Dios no existe." La persona tendría que conocerlo todo antes que esa declaración pudiera tener validez.

Ha habido misioneros que tuvieron dificultad para describir el hielo a los nativos de las regiones ecuatoriales. Cuanto más hablaban acerca de cubos de agua, o de agua que se hacía tan sólida que la gente podía caminar fácilmente sobre ella, tanto más se reían los nativos. El hielo estaba fuera de su esfera de conocimiento, pero esto no ponía en peligro la existencia del hielo. De manera similar, una persona puede negar la existencia de Dios, pero tendría que ser omnisciente para hacerlo lógicamente. Irónicamente uno tendría que ser Dios para estar seguro de que Dios no existe. Además, quienes niegan a Dios están en realidad reprimiendo la conciencia que Dios les ha dado (ver Ro. 1:18-21).

Antes de discutir la segunda opción con un cuestionador, a veces es bueno ayudarlo a elaborar mentalmente las consecuencias de un universo sin Dios. El corazón humano clama por hallar sentido, valor y propósito, pero estas son precisamente las cosas que se le niegan en un cosmos ateo. El universo se está expandiendo, y librado a sí mismo, las galaxias se apartarán cada vez más y las estrellas finalmente se apagarán. Todo será frío, oscuro y sin vida. En la escala del tiempo cósmico, la raza humana (por no hablar de la vida de un hombre) surge a la existencia como un brevísimo destello antes de pasar al olvido. Desde un punto de vista final, todo lo que hacemos carece de significado, nadie quedará para recordar en la interminable noche cósmica.

Además, sin Dios no tenemos base para la moral, en el sentido de que valores tales como correcto e incorrecto, y bueno y malo pasan a ser totalmente relativos y no tienen ningún amarradero absoluto. Si el hombre es producto de una combinación accidental de moléculas en un universo impersonal, valores humanos tales como la honestidad, la fraternidad, el amor y la igualdad no tienen mayor significado cósmico que la traición, el egoísmo, el odio y el prejuicio.

El hombre está despojado de propósito en una realidad sin Dios. Un universo impersonal carece de propósito y de plan; en último análisis sólo transita hacia la descomposición, el desorden y la muerte. Es el relato de Macbeth "contado por un idiota, lleno de sonido y de furia, que nada significa". En tal existencia sin sentido, las aspiraciones humanas reciben la burla del silencio.

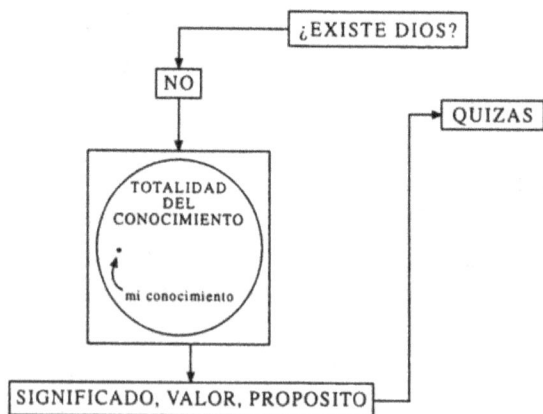

Diagrama 5

No son muchas las personas que han abordado con intensidad estas implicancias lógicas del ateísmo, y nadie puede vivir coherentemente con ellas. Todos nosotros *actuamos* como si la existencia humana tuviera significado, como si los valores morales fueran reales, y como si la vida humana tuviera propósito y dignidad. Pero todas estas cosas presuponen un Creador infinito-personal, de manera que si Dios está muerto, el hombre está también prácticamente muerto.

Antes de pasar a la segunda opción, véase la primera en el Diagrama 5.

Segunda Opción: Quizás Dios exista

Hay un creciente clima de opinión que supone que la ciencia moderna ha llenado las brechas que anteriormente ocupaba Dios, haciendo de esta forma innecesaria Su existencia. En algunos círculos, el agnosticismo ha sido elevado al status de virtud intelectual.

¿Podemos probar que Dios existe? Ha habido mucho debate acerca del valor de los argumentos teístas, pero resulta claro que si una persona está intelectual o espiritualmente cerrada a la cuestión, no responderá a las evidencias. Se ha dicho que "el hombre que ha sido persuadido en contra de su voluntad sigue sosteniendo su opinión anterior." Pero si una persona está dispuesta a considerar las pruebas en favor de la existencia de Dios, descubrirá que las evidencias apuntan en forma coherente a una conclusión *afirmativa*.

Al considerar la segunda opción, debemos superar algunos conceptos equivocados acerca del significado de la palabra "prueba". ¿Qué clase y cantidad de prueba es necesaria? Algunas personas exigen equivocadamente una prueba científica de la realidad de Dios, como si El pudiera de alguna manera ser hallado al final de un experimento repetible y controlado. El cosmonauta ruso Yuri Gagarin ilustró esta mentalidad cuando regresó de orbitar la tierra y dijo, "No vi a ningún Dios allí afuera." Esto es algo así como raspar la pintura de un retrato para descubrir si adentro está el artista. La pintura señala al artista de la manera que el cosmos señala a un Creador, pero debemos recordar que el Creador es distinto de Su creación.

El método científico de experimentación controlada y repetible es útil para alcanzar una gran cantidad de conocimiento: el fumar aumenta la probabilidad de sufrir de cáncer en el pulmón, una molécula de agua está formada por dos átomos de hidrógeno y un átomo de oxígeno, la tierra traza una órbita alrededor del sol, etc. Pero hay otra clase de conocimientos (conocimiento histórico, conocimiento filosófico, conocimiento moral, conocimiento personal, conocimiento religioso), pero estos conocimientos quedan fuera del campo de la experimentación científica.

Los veredictos de los tribunales están basados en pruebas históricas legales, no en pruebas científicas. En los casos civiles el veredicto se alcanza en base a la preponderancia de la evidencia creíble. En los casos criminales el jurado debe quedar convencido de la culpa "más allá de toda duda razonable" antes de llegar al veredicto de culpable. La frase *no es* "más allá de una sombra de duda" porque el 100 por ciento de prueba es raramente alcanzable. Si antes de emitir veredictos legales o decisiones personales se requirieran pruebas completas, no se podría lograr prácticamente nada.

Existe el peligro de exigir tanta evidencia que la gente se haga inmune a la que ya tiene delante. "Si no oyen a Moisés y a los profetas, tampoco se persuadirán aunque alguno se levantare de los muertos" (Lc. 16:31). La existencia de Dios no puede demostrarse a otra persona con la clase de certeza que lo compromete a creer. La evidencia puede ser poderosa, pero uno debe hacer la elección antes de responder. Es aquí donde entra la fe, no contra la evidencia sino como una respuesta a ella. La creencia en Dios no es un salto a las tinieblas, sino un paso hacia la luz.

Tomemos la experiencia de Guillermo, que sufrió un grave accidente automovilístico. Fue llevado a una sala de emergencia; cuando comenzó a recuperar lentamente la conciencia, estaba convencido de que había muerto e ido al cielo. El doctor le dijo: "Voy a tener que operarlo a causa de las heridas internas que tiene," Guillermo dijo, "No, yo ya estoy muerto. Mi auto chocó de frente con aquel camión, y no hay forma de que yo pudiera haber escapado de la muerte."

El doctor trató infructuosamente de persuadirlo de que estaba realmente en el hospital y que debería luchar para superar la operación. Entonces se le ocurrió una idea: "Guillermo, ¿sabes que los muertos no sangran?"

"Sí, lo sé."

"Entonces, si te corto el dedo y comienzas a sangrar, ¿admitirás que estás vivo?"

"Por supuesto," contestó Guillermo.

Así que, desesperado, el doctor le hizo un corte en el dedo a Guillermo y cuando éste vio que salía sangre, se quedó en silencio y luego exclamó pensativamente: "¡Quién lo hubiera dicho! ¡Los muertos *sí* sangran!"

Una decisión debe estar basada en evidencia suficiente, no en evidencia exhaustiva. Pero ¿qué es lo que constituye evidencia suficiente para la existencia de Dios? Puesto que no puede ser captado a través de nuestros cinco sentidos, debemos apoyarnos en la evidencia indirecta de *causa y efecto*. Todos los días dependemos de esta clase de razonamiento por inferencia y es este mismo tipo de razonamiento el que nos apuntará también en dirección a Dios. Debe existir una *causa* suficiente que explique los *efectos* del universo natural, del orden y el designio dentro del universo, de los seres personales, y del fenómeno de la moralidad.

Los filósofos Leibniz y Sartre argumentaron que la pregunta filosófica básica es: "¿Por qué hay algo, en lugar de nada?" ¿Por qué existe algo? Hay sólo cuatro respuestas posibles a esta pregunta, y el propósito que tenemos de llevar a un agnóstico a través de estas opciones es ayudarlo a ver que el universo es contingente que depende de algo más para su existencia.

Cuatro Alternativas

Esto nos trae a la *Proposición Condicional*: Si algo existe ahora, algo debe ser eterno, de lo contrario algo no eterno debe haber surgido de la nada. Estas son las cuatro alternativas que debemos examinar: (1) el universo es una ilusión, (2) el universo es eterno, (3) el universo surgió de la nada, y (4) el universo fue creado de la nada por un Ser eterno.

(1) *El universo es una ilusión:* Esta es una posición contraproducente, equivalente a decir "Es un hecho objetivo que no hay hechos objetivos."La afirmación de que todas las cosas son irreales" carece de coherencia lógica, porque la afirmación misma sería también irreal. La siguiente cláusula cae dentro de la misma categoría: "Esta cláusula es incorrecta." La cláusula es contraproducente, porque debe ser falsa para ser verdadera.

Esta opción no sólo carece de coherencia racional; además carece de correspondencia real. Para considerarla, una persona tiene que rechazar todo rastro de evidencia de sus cinco sentidos. Si es sólo una ilusión, el universo es una fantasía muy poderosa, inexorable y consistente. Somos constantemente bombardeados por datos sensoriales que pueden ser usados para hacer predicciones confiables (mareas, órbitas planetarias, etc.). Además, ningún ser humano puede vivir coherentemente en conformidad con los implícitos de este punto de vista por un día siquiera. Hasta el escéptico total mira hacia ambos lados antes de cruzar la calle. Y toda relación humana dice que el ilusionismo es una mentira.

(2) *El universo es eterno.* En este caso, el algo que debe ser eterno en la Proposición Condicional es el propio universo. Si es así, el universo da cuenta de su propia existencia. No es contingente porque es infinitamente viejo. Hay tres razones científicas por las que esta posición es inaceptable ahora:

La primera razón procede de la evidencia más reciente concerniente a la cosmogonía, es decir, el origen del universo. Hasta hace poco tiempo, la teoría de que el universo no había tenido comienzo y la materia es eterna era muy popular entre los científicos. Cuando nuevos descubrimientos comenzaron a amenazar esta teoría, muchos científicos trataron de salvarla (en ocasiones a causa de motivos antisobrenaturales) buscando refugio en la *teoría del estado estable,* la cual sostiene que el universo siempre ha existido en un estado de equilibrio relativo.

El astrónomo Fred Hoyle hasta llegó a postular que este equilibrio es mantenido por la "creación continua" de átomos de hidrógeno fundamentales. La cuestión básica, desde luego, es de dónde viene este material creado. Hoyle respondió, "No viene de ninguna parte. Lo material aparece; es creado." Este es un increíble salto de fe, puesto que viola el principio más básico de la física, la ley de conservación de la masa y la energía. No es de extrañar que Hoyle haya abandonado posteriormente esta teoría.

El descubrimiento que realizó Edwin Hubble de que el universo se está expandiendo uniformemente en todas direcciones, llevó a George Gamow a rastrear este proceso hacia el pasado hasta que alcanzó un punto donde toda la materia estaba comprimida en un "átomo" primordial inimaginablemente denso y caliente. *La teoría de la explosión inicial* de Gamow sostiene que este átomo explotó inmediatamente después de la creación, trayendo como resultado el actual universo en expansión. El descubrimiento adicional en 1965 de una radiación de fondo omnidireccional en el universo obligó a la vasta mayoría de los astrónomos a aceptar la teoría de la gran explosión porque esta apoya la conclusión de que el universo fue una vez denso y caliente. Todo esto es sumamente significativo, porque este modelo ampliamente sostenido dice que la totalidad del universo tuvo un comienzo definido en un tiempo pasado finito. Y si, como esta teoría implica, el universo emergió de un punto que era infinitamente denso, esto significaría realmente que el espacio, el tiempo, la materia y la energía aparecieron de la nada.

Algunos astrónomos han intentado eludir las implicaciones teológicas de la teoría de la gran explosión sugiriendo que estamos en un universo pulsante que está atravesando una serie interminable de expansiones y contracciones. Para que el universo oscile de esta manera tendría que ser "cerrado". Es decir, debe haber suficiente fuerza gravitacional para detener la expansión y volver a juntar la materia. Pero la evidencia apunta a un universo "abierto" que nunca cesará de expandirse. Para estar cerrado, el universo tendría que ser alrededor de 10 veces más denso de lo que es. (Aun en el caso que el universo fuera cerrado, la primera contracción probablemente implosionaría con tal fuerza gravitacional que se produciría un agujero negro gigante del cual no escaparía la materia ni la luz. Y si *este* no fuera el caso, cada expansión universal sucesiva sería significativamente más grande que la precedente. Por eso, un universo cerrado apunta hacia un comienzo.

La segunda razón científica por la que el universo no es eterno es la actual abundancia de hidrógeno en el cosmos. A través del universo, el hidrógeno está siendo convertido en helio por medio del proceso de fusión nuclear en los núcleos de las estrellas. Este proceso es irreversible, puesto que no se está formando hidrógeno nuevo en cantidades significativas por la desintegración de átomos más pesados. Es así que un universo infinitamente viejo significaría que no debería haber casi hidrógeno ya. Sin embargo, la mayor parte del universo está compuesto de hidrógeno.

La tercera razón a favor de que el universo tuvo un comienzo es la segunda ley de la termodinámica. La *primera* ley de la termodinámica es la de la conservación de la masa y la energía: masa y energía son intercambiables, pero no pueden ser creadas ni destruidas. La equivalencia de energía de la masa puede encontrarse usando la ecuación de Einstein E=mc2. Llamaremos a esto equivalencia de masa. Gráficamente, la primera ley se parece al Diagrama 6.

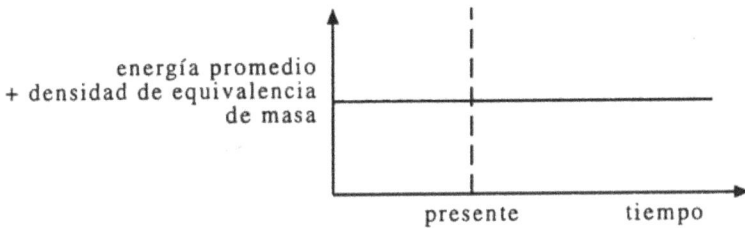

energía promedio
+ densidad de equivalencia
de masa

presente   tiempo

Diagrama 6

La "densidad" se agrega para demostrar que estas leyes serían verdaderas aun en el caso de que el universo fuera infinito. Sin considerar el tiempo, la *cantidad* de energía y equivalencia de masa en el universo es una constante. Pero la *segunda* ley dice que la *calidad* de la energía en el universo está declinando constantemente.

La "entropía" se refiere a la cantidad de energía inútil o sin objetivo en cualquier sistema cerrado. A medida que la entropía aumenta, la cantidad de energía útil disminuye. Por ejemplo, cuando empujamos una silla por el piso, la energía de trabajo se convierte en energía calórica y calienta ligeramente las moléculas del piso debido a la fricción. Esta energía calórica en el piso no puede ser reorganizada para realizar trabajo (es decir, mover la silla

31

de nuevo) y se pierde. La energía no desapareció, pero se hizo accidental e incapaz de ser usada de nuevo.

La entropía puede ser vista también como un grado de desorden, porque cualquier cosa librada a sí misma (un sistema cerrado) se mueve hacia un estado de equilibrio y de carencia de propósito. El universo en su conjunto puede ser visualizado como un inmenso sistema cerrado. (No confundamos esto con un universo cerrado, es decir, un universo que cesará eventualmente de expandirse y comenzará a contraerse.) A medida que el tiempo aumenta, la entropía universal se incrementa (ver Diagrama 7).

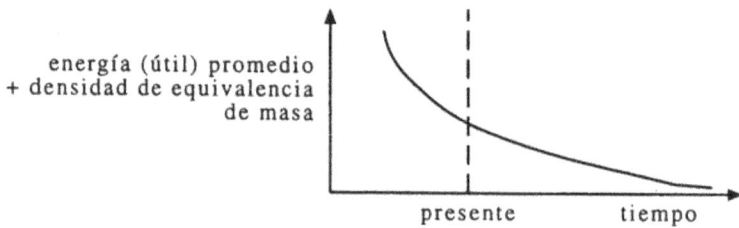

energía (útil) promedio
+ densidad de equivalencia
de masa

presente   tiempo

Diagrama 7

El área debajo de la línea curva (una curva de declinación exponencial) es energía útil. A medida que el tiempo aumenta, esta energía útil se aproxima a cero. Finalmente, se aproximará a un estado de equilibrio, llamado a menudo "la muerte de calor" del universo. Las estrellas se habrán agotado y no habrá suficiente gas en las galaxias en constante expansión para formar nuevas estrellas. En efecto, el universo se habrá detenido como un reloj que no tiene quién le dé cuerda de nuevo. Todo será frialdad, oscuridad y desorden. Este proceso es irreversible aparte de la intervención de un agente sobrenatural, Dios. Romanos 8:20-22 describe la redención futura de la naturaleza cuando Dios la libere de "la esclavitud de corrupción".

Cuando estas dos leyes se superponen gráficamente, tienen este aspecto:

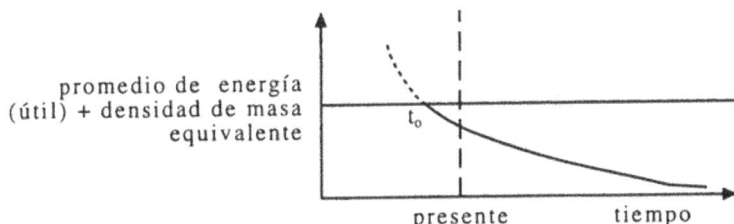

Diagrama 8

En el Diagrama 8 el punto t_0 representa el tiempo cuando la línea curva (segunda ley) hizo intersección con la línea horizontal (primera ley). La línea curva está punteada antes de ese tiempo porque no puede haber más energía útil que la energía total. Está claro que el universo no puede ser infinitamente viejo porque no se ha agotado todavía. La única otra opción viable es decir que el universo existió anteriormente al punto t_0. Pero para que esto sea cierto, el universo anterior a ese punto tenía que estar perfectamente sostenido sin ningún aumento en la entropía. Esto requeriría un agente omnipresente que quitara continuamente la energía inútil y el desorden, y los reemplazara con energía útil y orden a escala cósmica. En resumen, requeriría a Dios mismo.

Por lo tanto, hay tres poderosas razones científicas por las que el universo no es eterno: (1) La gran explosión, (2) la abundancia de hidrógeno, y (3) la decadencia irreversible del universo. Desde luego que esta no es una prueba absoluta, porque uno podría argumentar que se harán nuevos descubrimientos que de alguna forma invalidarán estas conclusiones. Pero esta es una fe carente de todo sentido por ser contraria a toda la evidencia.

Hay además razones filosóficas para que no pueda haber habido una serie efectivamente infinita de acontecimientos en el tiempo, pero las razones científicas deberían ser suficientes. Para quienes están interesados, estas razones filosóficas se desarrollan con precisión en el pequeño libro de William Lane Craig, *The Existence of God and the Beginning of the Universe* (Here's Life Publishers).

(3) *El universo surgió de la nada*: Es poco lo que hace falta decir acerca de lo absurdo de esta posición. Toda la razón y las observaciones nos dicen que nada produce nada. Decir que un efecto puede existir sin una causa es negar la totalidad de la base de la investigación científica y del pensamiento racional. Nadie afirmaría seriamente que una casa, un planeta, estrella o galaxia simplemente surgió a la existencia sin una causa originaria. Sin embargo, algunos están dispuestos a colar estos mosquitos en tanto que se tragan el camello de que todo el universo entró en una existencia no creada habiendo surgido de la nada. Porque esto es exactamente lo que el ateo que acepta la gran explosión original está obligado a creer.

(4) *El universo fue creado por un Ser eterno*: Esta es la única opción que queda si el universo es real, no es eterno, y es causado. El universo es un efecto dependiente de una causa que está más allá de él. La única causa suficiente es un Ser eterno y necesario alguien o algo incapaz de no ser, ya sea que algo exista o no. De lo contrario, habría el problema de una regresión infinita de causas y efectos. Por lo tanto, la vieja pregunta, "¿Quién causó a Dios?" es tan absurda como, "¿Quién hizo al ser increable?" Dios es eterno y autoexistente; El siempre existe y no puede dejar de existir. Es verdad que todo efecto debe tener una causa, pero Dios *no* es un efecto porque El nunca fue creado. (El concepto de autoexistencia no es el mismo que el de autocreación. ¡Nada podría crearse por sí, porque tendría que existir con anterioridad a su existencia para hacerlo!) De modo que quedamos con un Ser eterno como la única solución viable a la Proposición Condicional.

El Diagrama 9 muestra la segunda opción a la pregunta "¿Existe Dios?"

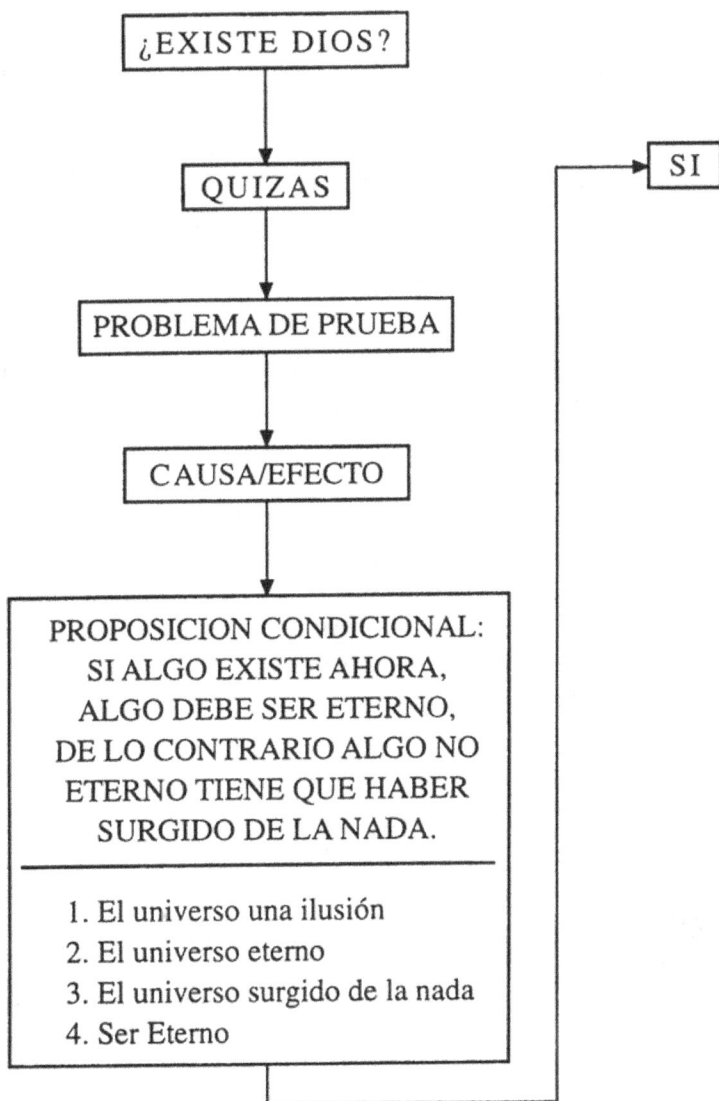

```
              ┌──────────────────┐
              │  ¿EXISTE DIOS?   │
              └──────────────────┘
                      │
                      ▼
                ┌──────────┐                    ┌──────┐
                │  QUIZAS  │───────────────────▶│  SI  │
                └──────────┘                    └──────┘
                      │
                      ▼
            ┌──────────────────────┐
            │ PROBLEMA DE PRUEBA   │
            └──────────────────────┘
                      │
                      ▼
              ┌──────────────┐
              │ CAUSA/EFECTO │
              └──────────────┘
                      │
                      ▼
    ┌─────────────────────────────────┐
    │   PROPOSICION CONDICIONAL:       │
    │   SI ALGO EXISTE AHORA,          │
    │   ALGO DEBE SER ETERNO,          │
    │   DE LO CONTRARIO ALGO NO        │
    │   ETERNO TIENE QUE HABER         │
    │   SURGIDO DE LA NADA.            │
    │─────────────────────────────────│
    │   1. El universo una ilusión    │
    │   2. El universo eterno          │
    │   3. El universo surgido de la nada │
    │   4. Ser Eterno                  │
    └─────────────────────────────────┘
```

Diagrama 9

35

Tercera opción: Dios sí existe

Hasta aquí hemos usado el razonamiento de causa y efecto para concluir que el universo natural apunta más allá de sí mismo hacia un Ser eterno como la causa de su existencia. Este es un *argumento cosmológico* para la existencia de Dios, porque está basado en evidencias tomadas de la totalidad del cosmos. Pero es limitado, dado que no prueba que este Ser eterno es el Dios personal revelado en la Biblia.

Cuando una persona está dispuesta a admitir la existencia de alguna clase de Ser eterno o Dios, la pregunta siguiente es si este Ser es impersonal o personal. Para responder esta pregunta, es necesario precisar nuestro enfoque; apartándonos del universo en su conjunto para dirijirnos a aspectos específicos de la creación. ¿Qué causa es suficiente para explicar los efectos del orden y el designio en el universo, en la personalidad y la conciencia moral del hombre?

Antes de considerar el argumento del designio, observemos que hasta el argumento cosmológico favorece una causa personal sobre una impersonal para el origen del cosmos. Si siempre existió una causa impersonal, ¿por qué el universo surgió a la existencia hace sólo un tiempo finito? ¿Qué impidió que la causa produjera el efecto (el universo) hace una eternidad? No pudo ser por cierto un acto de la voluntad. Sólo un Ser personal pudo hacer la elección de crear el universo hace una cantidad limitada de tiempo.

Ahora estamos listos para ir más allá del *hecho* del universo temporal para considerar la *forma* del universo. Vivimos en un universo de orden, de complejidad y simetría, no en un multiverso de caos y confusión. Toda la empresa científica está construida sobre la presunción de que el universo es ordenado y predecible. Podemos hallar miles de ejemplos de orden y propósito en el mundo,

36

especialmente en los sistemas vivos. Este es el argumento del designio, también conocido como el *argumento teleológico,* de la palabra griega *telos,* que significa fin o meta.

Si examináramos una radio, encontraríamos que sus partes componentes están diseñadas para trabajar juntas con el objeto de cumplir una función específica. Cuanto más comprendemos los principios de la electrónica y la forma en que los componentes, esto es, transistores, capacitores, resistores y transformadores trabajan de acuerdo con estos principios, tanto más podemos apreciar la inteligencia que trabaja con un fin determinado y un designio creador, requeridos para hacer una radio. No obstante, la radio es sólo un juego de niños cuando la comparamos con la enorme complejidad y sutileza de una célula viva. Los biólogos sólo están comenzando a percatarse de cuán profundos son realmente los sistemas vivos; y, sin embargo, muchas personas aún se aferran a la teoría de que, dado el tiempo suficiente, este diseño puede ser producido por la casualidad.

Aquellos que ponen su fe en la evolución atea deben mantener la posición filosóficamente absurda de que el caos produjo orden, que la materia sin vida produjo vida, que la casualidad produjo inteligencia, y los accidentes produjeron propósito. Es absurdo decir que un efecto puede ser mayor que su causa. Es por eso que esta gente escribe la palabra naturaleza con una N mayúscula y deja que el propósito inteligente (teleología) se les deslice por la puerta trasera bajo la apariencia de "selección natural". De esta forma, el proceso evolucionista mismo se convierte en dios substituto en un universo que de otra manera sería totalmente impersonal. (Ver el apéndice sobre la evolución al final de este capítulo.)

En todas las áreas de la vida pensamos teleológicamente, presumimos propósito y orden cuando encontramos otras mentes y cuando interpretamos los datos recibidos a través nuestros sentidos. ¿Por qué abandonar este principio coherente cuando consideramos en su conjunto el propósito en el universo?

Una evidencia aún más firme en favor de la personalidad del Creador es la personalidad del hombre. La personalidad se refiere al intelecto, las emociones y la voluntad del hombre. La cuestión básica en este *argumento antropológico* es, una vez más, la causa y efecto: Lo impersonal no tiene capacidad de pensar, sentir o elegir y es, por lo tanto, vastamente inferior a aquello que es personal. ¿Cómo puede, entonces, un agente impersonal causar seres conscientes y personales? Podemos fortalecer este argumento examinando con mayor detalle las tres áreas básicas de la personalidad. Las tres cualidades de intelecto, sentimiento y voluntad, forman la base para los argumentos desde el pensamiento, la estética y la moralidad.

El argumento del *pensamiento* demuestra que la mente humana no puede ser producto de un proceso impersonal. Es contraproducente argumentar que la mente es sólo el cerebro físico, un mecanismo orgánico electroquímico que evolucionó como resultado de causas irracionales. Hacerlo así sería usar el razonamiento humano para cuestionar la validez del razonamiento humano. Esto es como tratar de probar que no existen pruebas.

El pensamiento humano trasciende el cerebro y el mundo material cuando reflexiona acerca de conceptos abstractos como la justicia, la sabiduría y el espíritu. No podemos sólo pensar acerca del futuro, sino también sobre el proceso de pensar acerca del futuro.

El argumento de la *estética* apela a un Dios personal como la única explicación adecuada de la experiencia estética universal del hombre. Aunque hay diferencias en gusto, existe, no obstante, un consenso sorprendentemente uniforme concerniente a la belleza y la grandeza en el arte, la literatura, la música, la arquitectura, etc. Esta conciencia y aprecio de lo bello no se puede reducir a una respuesta mecánica a la información sensorial. La capacidad estética trasciende el mundo material, y una fuerza impersonal es insuficiente para crear esta cualidad trascendente.

El argumento de la *moralidad* sostiene que la conciencia moral del hombre requiere un Dios personal para tener algún significado final. Al igual que la experiencia estética, la experiencia moral es un fenómeno humano universal. Existen variaciones, pero en todas las épocas y países, cualidades como la honestidad, la sabiduría, el coraje y la rectitud, son consideradas virtudes. Aun cuando una persona afirme que las ideas morales son productos subjetivos del condicionamiento cultural, se delata a sí misma cada vez que critica o alaba. Si un escéptico dice, "¿Cómo pudiste ser tan egoísta?" está apelando realmente a una norma moral objetiva: la consideración a las necesidades de los otros. De lo contrario, su crítica carece de peso. Para que la experiencia moral sea válida (y todos nosotros *vivimos* como si lo fuera), debe estar basada en algo más que las preferencias individuales o de grupo. Los grupos y las sociedades pueden transitar sendas tan malvadas como las que elige cualquier individuo. El único fundamento absoluto de la moralidad es el carácter inmutable del Creador personal del universo. La rectitud, el amor, la justicia y la misericordia encuentran su base verdadera en la personalidad de Dios. Estos atributos no tienen importancia definitiva si el universo es producto de causas impersonales.

Si juntamos todos estos argumentos, nos queda un Dios eterno, personal y ético como la única causa suficiente del universo, del orden y el designio dentro del universo, y la personalidad del hombre. Vimos anteriormente que nadie puede vivir coherentemente con una filosofía que excluye el significado, el valor y el propósito en la vida. Anhelamos estas cosas porque fuimos hechos para hallarlas todas en el infinito Dios personal que las hace reales.

No somos simples entidades biológicas; somos criaturas espirituales, hechos a la imagen de Dios y diseñados para recibir y manifestar Su vida.

Además, estos argumentos no proporcionan la clase de prueba absoluta que habrá de abrumar a una persona que decide rechazar a Dios. Pero pueden ayudar a que un agnóstico no militante reconozca la racionalidad de la fe en Dios. Pueden hacerlo también consciente del peligro de quedarse a horcajadas en la valla que separa el rechazar y el aceptar a Dios.

Supongamos que un médico le dijera que sufre usted una enfermedad que terminará con su vida si no la trata. Tiene una probabilidad de 50-50 si se opera. Perturbado, usted busca otras dos opiniones y ambas concuerdan con la primera. Ahora la elección es suya, pero sólo puede postergar su decisión hasta cierto punto. Usted elegiría sin duda la operación, porque una solución posible es mejor que la falta de solución.

La falta de decisión en el agnosticismo es más imprudente aún que una postergación indefinida de la operación, porque las probabilidades son mayores y los riesgos más altos. Si Dios existe, el agnosticismo es eternamente insensato. El agnóstico no gana nada; lo pierde todo.

Desde la perspectiva bíblica, el agnosticismo no es simplemente un proceso intelectual de reservar el juicio. Es realmente una supresión de la verdad que Dios ha implantado dentro del corazón humano: "Porque la ira de Dios se revela desde el cielo contra toda impiedad e injusticia de los hombres que detienen con injusticia la verdad; porque lo que de Dios se conoce les es manifiesto, pues Dios se lo manifestó" (Ro. 1:18-19). Esta es una cuestión *moral*, no meramente intelectual. La evidencia es no sólo interna, sino, como hemos estado argumentando, lo es también externa: "Porque las cosas invisibles de él, su eterno poder y deidad, se hacen claramente visibles desde la creación del mundo, siendo entendidas por medio de las cosas hechas, de modo que no tienen excusa. Pues habiendo conocido a Dios, no le glorificaron como a Dios, ni le dieron gracias, sino que se envanecieron en sus razonamientos, y su necio corazón fue entenebrecido" (Ro. 1:20-21).

Los argumentos en este capítulo no serán efectivos a menos que el Espíritu Santo supere la rebelión natural en el corazón del incrédulo. La responsabilidad del no cristiano es responder con fe al ministerio convencedor del Espíritu Santo. "Pero sin fe es imposible agradar a Dios; porque es necesario que el que se acerca a Dios crea que le hay, y que es galardonador de los que le buscan" (Heb. 11:6).

Cuando una persona reconoce la existencia del Dios infinito y personal, debe llegar a conocer a este Dios en una forma personal. En ese momento, tiene que ser confrontado con las declaraciones y credenciales de Jesucristo (ver Capítulo 8).

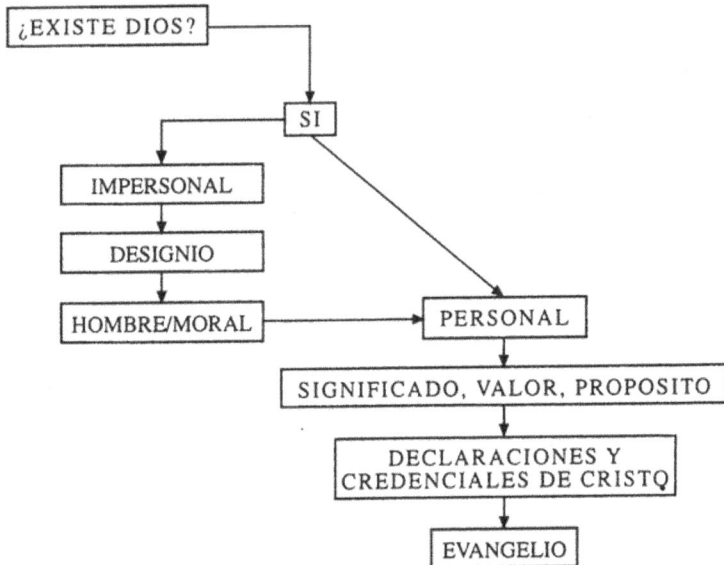

Diagrama 10

41

Jesús es el Creador del cosmos, la Palabra divina que se hizo carne y vino a la tierra en semejanza de hombre. "A Dios nadie le vio jamás; el unigénito Hijo, que está en el seno del Padre, él le ha dado a conocer" (Jn. 1:18). Si consideramos la persona y la obra de Jesucristo, vemos la persona y el carácter de Dios.

La presentación de las declaraciones y credenciales de Cristo debería ser seguida por una explicación del Evangelio y de lo que significa creer en Cristo (ver Capítulo 13).

El Diagrama 10 muestra la tercera opción a esta pregunta.

Resumen y Organigrama

El ateísmo es irracional porque una persona tendría que ser omnisciente para saber que Dios no existe. Además, si no hubiera Dios, la vida humana estaría despojada de significado, de valor y de propósito final. El agnosticismo no es tan irracional, pero el agnóstico tiene que darse cuenta de que el peso de la evidencia está a favor del teísmo. No se puede ofrecer ninguna prueba absoluta que obligue al escéptico a creer en contra de su voluntad, pero se puede elaborar un fuerte argumento que aplique al universo el razonamiento de causa y efecto, el orden y el propósito en el universo, y la personalidad del hombre (pensamiento, estética y moralidad). El argumento a partir del universo está diseñado para demostrar que el universo no es eterno y, por lo tanto, para su existencia, depende de un Ser eterno. Este Ser debe ser personal, porque un agente creador impersonal no podría dar razón del pensamiento y la moralidad humanas. Aquellos que cuestionan la existencia de Dios deben suprimir el testimonio interno y externo que su Creador les ha dado (Ro. 1:18-21). La manifestación más clara de Dios en la historia humana.

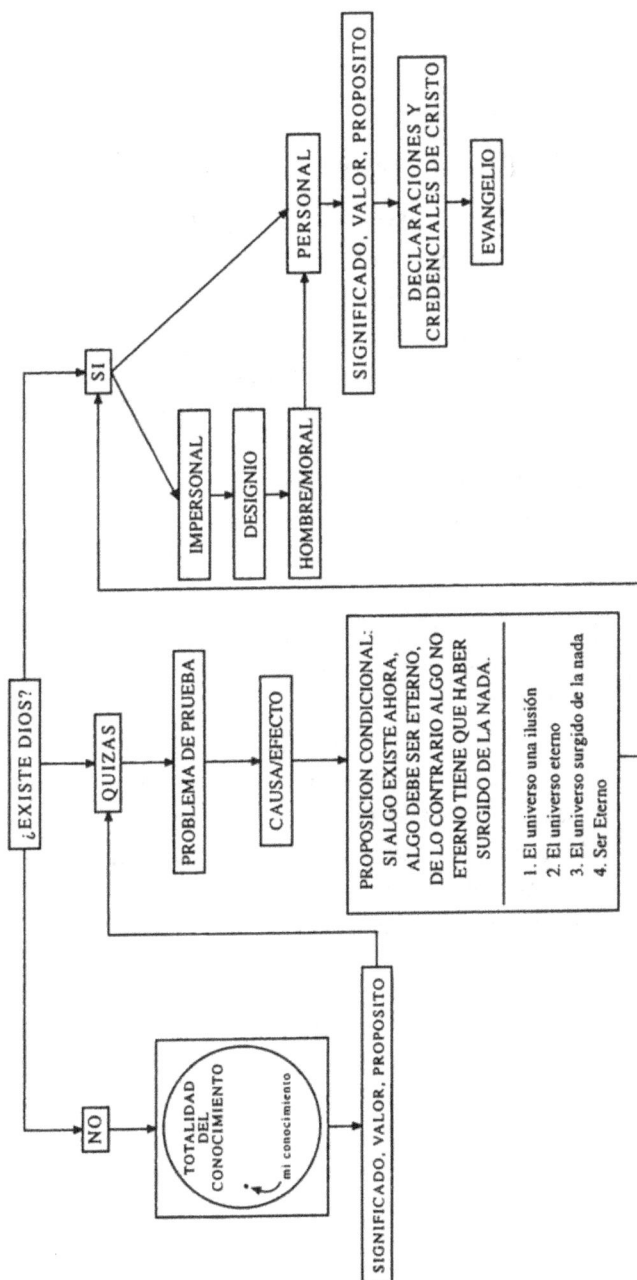

Diagrama 11

fue la Encarnación de Jesucristo, quien es el Mediador entre Dios y los hombres.

Lecturas Suplementarias

(1) Oliver R. Barclay, *Reasons for Faith* (InterVarsity Press). Incluye un argumento claro a favor de la existencia de Dios el Creador.

(2) Colin Chapman, *Christianity on Trial* (Tyndale House). Una buena fuente de citas de no cristianos sobre las cuestiones de significado, valor y propósito.

(3) William Lane Craig, *The Existence of God and the Beginning of the Universe* (Here's Life). Muy buen material sobre la Proposición Condicional.

(4) Arlie J. Hoover, *The Case for Christian Theism* (Baker). Los Capítulos 1, 4, 6, 7 son útiles sobre las cuestiones de ateísmo, prueba y los argumentos teístas.

(5) R. C. Sproul, *If There Is a God, Why Are There Atheists?* (Bethany Fellowship). Una presentación precisa de la psicología del ateísmo.

(6) R. C. Sproul, *Objections Answered* (Regal Books). El Capítulo 7 presenta un argumento suscinto a favor de la existencia del Dios eterno.

Apéndice sobre la evolución

Todo el que cree en la Biblia acepta el hecho de que Dios es el Creador del universo. Pero aunque los evangélicos están de acuerdo en el *quién*, no todos lo están en el *cómo* de la creación. Muchos creen que esta es una tierra joven y que los seis días de la creación en Génesis 1 son días de 24 horas. Otros creen que estos días son figurados, y que Dios intervino directamente en diversos puntos del largo proceso evolucionista.

Aquí la cuestión no es quién tiene razón, sino cómo enfrentar la cuestión de la evolución cuando el no cristiano la plantea como objeción a la existencia de Dios o a la confiabilidad del relato creacionista del Génesis. Usted debería ocuparse de esta cuestión tan rápidamente como le sea posible, de forma que no se convierta en una barrera a la discusión acerca de Dios o la Biblia. Resista la tentación de tratar de probar demasiadas cosas. Quizás usted crea que la tierra es joven, pero la cuestión más básica es la evolución antiteista contra la creación por Dios (sin entrar a considerar el método y el tiempo que El usó).

El modelo evolucionista noteísta presume que sistemas no vivos generaron vida por medio del tiempo y el azar, y que la microevolución (pequeños cambios) conduce a la macroevolución (grandes cambios, como en la teoría que va del microbio al hombre). Como dijimos anteriormente, el problema filosófico con este modelo es que hace los efectos (complejidad, vida, inteligencia, personalidad) mayores que las causas (desorden, ausencia de vida, interacciones y mutaciones al azar, y acontecimientos impersonales).

Hay también problemas científicos en relación a la evolución antiteísta. No ofrece ningún mecanismo viable que dé cuenta de la primera célula viva, y mucho menos de la complejidad del cerebro humano.

La producción química de una primera célula viva tendría que seguir esta secuencia: (1) Átomos al azar deben ser transformados en aminoácidos. (2) Estos aminoácidos deben enlazarse entre sí para formar cadenas (polipéptidos). (3) Estas cadenas deben hacerse largas (cientos de aminoácidos) y deben formarse en una secuencia ordenada, puesto que hay 20 clases de aminoácidos. Esto producirá una molécula de proteína simple. (4) Deben producirse proteínas más complejas. (5) Deben formarse y mantenerse cadenas moleculares muy largas y altamente ordenadas conocidas como ADN. (6) Se debe producir una fábrica química enormemente compleja, completa con formaciones de proteínas especiales, enzimas, ADN, ARN, ribosomas, una pared de celular, etc. Esta célula individual debe ser capaz de reproducirse y de realizar todas las funciones de la vida.

Sin un agente ordenador racional, cada paso excepto el primero, requeriría nada menos que un milagro estadístico, aun bajo circunstancias altamente ideales.

Mucha gente argumenta que, con suficiente tiempo, hasta los acontecimientos más improbables se hacen probables. Esto suena razonable sólo hasta que se usan números específicos. Consideremos el argumento de George Bernard Shaw: si un millón de monos escriben constantemente en un millón de máquinas de escribir durante un tiempo suficientemente largo, uno de ellos tipiaría eventualmente una obra de Shakespeare. Supongamos que un millón de monos escribieran 24 horas al día a una velocidad de 100 palabras por minuto en máquinas de escribir de 40 teclas. Si cada palabra de la obra contiene cuatro letras, la primera palabra sería escrita por uno de los monos en unos 12 segundos. No obstante, serían necesarios alrededor de cinco días para lograr las primeras dos palabras (ocho letras) en una de las máquinas de escribir. ¿Cuánto tiempo haría falta para conseguir las primeras cuatro palabras? ¡Alrededor de 100 mil millones de años! Nadie podría imaginar la cantidad de tiempo que sería necesaria para producir la primera escena.

Comenzando con el primer paso, muchos evolucionistas suponen la existencia de una atmósfera terrestre primordial sin oxígeno, de manera que se pudieran formar los aminoácidos. Sin embargo, la propia atmósfera que podría producirlos los llevaría inmediatamente a su destrucción (debido a la luz ultravioleta que penetraría en esta atmósfera libre de oxígeno) a menos que fueran protegidos. Se deben multiplicar las presunciones infundadas para superar este problema.

Al siguiente nivel, supongamos un ambiente ideal con un caldo primordial lleno de aminoácidos y los catalizadores adecuados, con precisamente la temperatura y humedad adecuadas. Algunos calculan que bajo estas condiciones favorables las probabilidades de obtener dipéptidos (dos aminoácidos unidos) serían de alrededor de 1 en 100. Pero las probabilidades de formación de tripéptido sería de alrededor de 1 en 10.000. Para conseguir un polipéptido de sólo 10 aminoácidos, la probabilidad sería de 1 en 100.000.000.000.000.000.000 (100 trillones). Sin embargo, las proteínas en las cosas vivas más simples tienen cadenas de por lo menos 400 aminoácidos en promedio.

Para empeorar el cuadro, todas las proteínas están construidas de aminoácidos que son exclusivamente "zurdas" en su orientación molecular. Los aminoácidos zurdos y diestros son imágenes especulares unos de otros, y las probabilidades de formación que tienen son aproximadamente las mismas. Aunque ambas clases pueden unirse una con otra, los primeros sistemas vivos deben de haber sido construidos sólo con componentes zurdos. Algunos científicos han evocado aquí la selección natural, pero esto se aplica solamente a sistemas que ya pueden reproducirse a sí mismos. Sin un agente ordenador inteligente, tenemos sólo la probabilidad para explicar este fenómeno sorprendente. Para una cadena de 400 aminoácidos zurdos, las posibilidades serían aproximadamente equivalentes a las de arrojar al aire una moneda ordinaria y sacar cruz 400 veces seguidas. Las posibilidades para eso serían aproximadamente de 1 por 10 elevado a la potencia 120 (un 1 seguido de 120 ceros). Todo esto para *una* molécula de proteína, y serían necesarias cientos de moléculas similares en el primer sistema vivo.

Nada de esto da razón del hecho de que las 20 clases de aminoácidos operan como las letras de un alfabeto, y ellas deben enlazarse en una secuencia significativa para formar una proteína útil. Una secuencia aleatoria de aminoácidos sería totalmente inútil.

El ADN es mucho más complejo que todo esto, y también está construido a partir de un alfabeto altamente organizado. Las letras son moléculas llamadas nucleótidos. Una célula contiene una cadena de alrededor de tres mil millones de pares de estos nucleótidos (cada gen tiene alrededor de 1.200 pares de nucleótidos). El orden de estos nucleótidos o bases es crucial porque cada triplete de bases a lo largo de esta inmensa cadena es una palabra. Cada palabra representa una de las 20 clases de aminoácidos. Usando estas palabras el ADN puede crear literalmente cualquier clase de proteína que la célula necesite.

El tiempo necesario para sintetizar un gen siquiera (un párrafo de estas palabras) ha sido calculado por algunos científicos mediante suposiciones absurdamente generosas. Usando una variante de una ilustración muy conocida, supongamos que un pájaro viniera una vez cada mil millones de años y de una piedra del tamaño del sistema solar quitara sólo un átomo . El tiempo requerido para que la piedra sea reducida a nada sería despreciable comparado con el que haría falta para crear por casualidad un gen útil aun tomando en cuenta afinidades químicas y un ambiente ideal. Haría mucho tiempo que ¡los monos de Shaw habrían aporreado en las máquinas de escribir las palabras de Shakespeare!

Pero nada de esto puede compararse con la *gran* complejidad de una célula viva. Hasta el sistema vivo más simple requeriría información elaboradamente codificada, crecimiento, reproducción, estabilidad, adaptabilidad, respuesta ambiental y metabolismo. No obstante, los evolucionistas demandan la generación espontánea de vida a través de la interacción química porque piensan que la única opción sería un milagro. En realidad, no se puede evitar un milagro. La única cuestión es si la vida surgió del caldo primordial o por obra del Dios viviente.

Además, nada de lo anteriormente dicho considera el hecho de que toda reacción química a lo largo del camino que va desde los aminoácidos hasta la vida, es reversible. Esto significa que cada vez que se alcanza un punto de complejidad más alto, este es inestable comparado con su ambiente y puede desintegrarse en sus componentes. Un enlace polipéptido de cuatro aminoácidos puede descomponerse fácilmente en cuatro aminoácidos separados.

Hemos mencionado la segunda ley de la termodinámica en conexión con la edad del universo. Esta misma ley fundamental nos dice que todos los procesos naturales causan un aumento neto en la entropía (desorden) y una pérdida neta de energía útil. Cualquier sistema librado a sí mismo declinará y degenerará. La energía libre del sol puede causar ligeros aumentos en la complejidad, pero el índice de desintegración pronto se equipara con el de incremento. La única forma de construir estructuras tan complejas como la proteína es tener una máquina ya existente que pueda transformar la energía pura en una forma más altamente organizada. La energía solar puede ser abundante, pero es inútil para construir sistemas complejos, a menos que tales sistemas ya existan. La vida viene sólo de la vida, la complejidad sólo de la complejidad.

La fe en una generación de vida espontánea original va contra toda experiencia y evidencia.

Se ha dicho que "la teleología es una dama sin la cual ningún biólogo puede existir; y sin embargo, siente vergüenza de ser visto con ella en público." El diseño requiere un diseñador, y esto es precisamente lo que falta en la evolución no teísta.

Desde luego, el tema de la evolución acarrea otras cuestiones, tales como las mutaciones y la selección natural, la anatomía comparada, el registro de los fósiles, y los hombres fósiles. Estas no son cuestiones triviales, pero lo que estamos tratando de hacer en relación con la cuestión referida a la existencia de Dios, es demostrar que el mecanismo impersonal de evolución no producirá por sí mismo la vida o la personalidad. El hecho de que Dios supervisara o no alguna clase de proceso evolucionista, es una cuestión enteramente diferente y no necesita ser planteada para contestar esta pregunta.

4

¿POR QUÉ CREER
EN MILAGROS?

Preguntas que se hacen a menudo:

¿Cómo puede una persona racional aceptar hoy en día las historias de milagros de la Biblia?

¿Son los milagros contrarios a las leyes de la ciencia moderna?

No existe base histórica para los milagros en la Biblia ¿Son ellos simplemente mitos y leyendas inventados para crear la fe religiosa?

Si hubo milagros entonces, ¿por qué no realiza Dios milagros hoy en día?

Tres opciones

La primera respuesta opcional niega rotundamente hasta la posibilidad de la ocurrencia de milagros. La suposición es que no pueden ocurrir y, por lo tanto, no ocurren. La segunda opción acepta que Dios podría realizar milagros pero cuestiona que El haya decidido hacerlos. De acuerdo a esta opinión, la evidencia es insuficiente para resolver la cuestión, o es irrazonable esperar que Dios Todopoderoso utilice los milagros para que la gente crea en El. La tercera opción es que Dios ha intervenido en la historia de maneras milagrosas para realizar Sus propósitos (ver Diagrama 12).

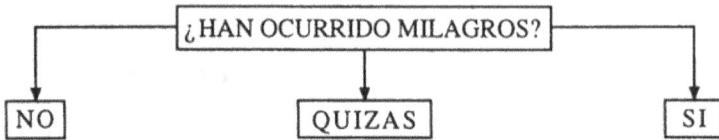

Diagrama 12

Una de las características singulares del cristianismo es que sus enseñanzas están basadas directamente sobre los actos milagrosos de Dios a favor de Su pueblo. En la mayoría de las otras religiones, hay muy pocos relatos de milagros, y ellos están encubiertos en lenguaje mitológico. Los milagros son más prominentes en las escrituras del hinduismo, pero ni siquiera esa religión se desmorona si se le quitan los milagros. Pero los milagros de la Biblia están firmemente fijados en la historia del espacio-tiempo, y la verdad del cristianismo se sostiene o cae con la historicidad de estos milagros, especialmente la Resurrección. Pasajes tales como Juan 10:25; 14:11; 15:24 y 1 Corintios 15:12-19 subrayan la centralidad de los milagros para las afirmaciones de verdad del cristianismo.

Primera Opción: Los milagros no son posibles

Los que sostienen esta posición afirman que las clases de milagros descritos en la Biblia no pueden ocurrir por razones filosóficas o científicas. La filosofía del naturalismo afirma que el universo opera de acuerdo a causas naturales uniformes, y es imposible que cualquier fuerza fuera del universo intervenga en el cosmos. Esto, desde luego, es una suposición antisobrenatural que sólo los ateos pueden sostener en forma coherente.

Algunos filósofos han definido los milagros, en efecto, como acontecimientos que no pueden ocurrir. David Hume (1711-1776), en su refutación de los milagros, sostiene que ninguna cantidad de evidencia puede establecer que un milagro haya ocurrido. Argumenta que esto se debe a la uniformidad de la ley natural (la idea de que las leyes de la naturaleza son inmutables e inviolables; Hume niega en realidad este principio en otras obras). La uniformidad de la ley natural es a su vez apoyada por la experiencia uniforme de hombres, contraria a la ocurrencia de milagros. ¿Pero qué se puede decir acerca de los informes de milagros documentados? ¡Deben ser falsos, porque violan la uniformidad de la ley natural! Esto es argumentar en círculo, porque supone la propia cosa que debe ser probada. No es razonable definir algo como imposible para concluir después, a partir de la definición, que no existe evidencia para ello. Este es un caso de determinar el veredicto antes de examinar abiertamente la evidencia en sus propios méritos.

La suposición antisobrenatural debe ser vista por lo que es: una presuposición de que Dios, no existe, o no puede inmiscuirse directamente en el proceso histórico. La presuposición ha llegado a ser silenciosamente parte de toda la empresa científica, de modo que muchos científicos excluyen la posibilidad de milagros desde el comienzo. Pero cuando plantean esta objeción, están caminando en el terreno de la metafísica (filosofía), no de la ciencia.

El método científico es obviamente útil para obtener una gran cantidad de conocimiento, pero recordemos que la ciencia está limitada en su campo de acción al estudio de los fenómenos naturales, en especial aquellos que son repetibles. Quienes olvidan este hecho cometen uno de los grandes errores de nuestra época la degeneración de la ciencia (un método para obtener conocimiento teórico y aplicado) en cientificismo (una visión mundial naturalista). Las leyes científicas son descriptivas, no prescriptivas; describen la forma en que opera la naturaleza, pero no pueden hacer que los acontecimientos ocurran.

Puesto que los milagros, si ocurren, están potenciados por algo superior a la naturaleza, deben superar los procesos o las leyes ordinarias de la naturaleza. Si usted diera un salto desde el borde de un escarpado acantilado, el fenómeno que llamamos la ley de gravedad lo llevaría seguramente a un fin prematuro. Pero si saltara del mismo lugar con un ala delta, los resultados serían (¡esperemos!) totalmente diferentes. El principio de aerodinámica supera en este caso la atracción de la gravedad mientras el planeador esté en el aire. De manera similar, la ocurrencia de un milagro significa que un principio superior (sobrenatural) ha superado a un principio inferior (natural) mientras dura el milagro. Afirmar que los milagros violan o contradicen las leyes naturales es tan incorrecto como decir que el principio de aerodinámica viola la ley de gravedad.

Debido a que los milagros son realizados por una agencia sobrenatural, no hay explicación natural acerca de la forma en que ocurren. Pero nuestra incapacidad para explicarlos ciertamente no significa que no pueden ocurrir. Los científicos no saben explicar todavía muchos fenómenos que no son milagrosos, pero estos fenómenos de todas maneras ocurren.

Otra objeción científica a los milagros es que ellos destruyen la regularidad de la naturaleza. El método científico se erige sobre la suposición de que vivimos en un universo ordenado. Pero si las intervenciones divinas pueden ocurrir en cualquier momento, cualquier cosa puede ocurrir, y el orden es reemplazado por la confusión. Esta objeción es causada por una comprensión equivocada de la enseñanza bíblica sobre los milagros. La Biblia afirma que este es un universo ordenado porque ha sido creado y sostenido por un Diseñador inteligente. Dios ha instituido lo que llamamos las leyes de la naturaleza, pero Él no está limitado por ellas. En ocasiones decide suplantarlas con el objeto de revelar algo acerca de Sí mismo a los hombres. Pero un examen de la Biblia demuestra que estas intervenciones soberanas, o milagros, no son acontecimientos comunes sino inusitados. En realidad, por su misma naturaleza, el milagro debe ser un acontecimiento singular que se destaca contra el telón de fondo de las ocurrencias ordinarias y regulares. De modo que es tan devastador para el concepto de milagros creer que estamos rodeados por ellos como decir que no hay tales cosas.

La canción popular "Creo en los milagros" ilustra el milagro haciendo referencia a un lirio que trata de abrirse camino a través del césped duro y obstinado. Aunque el crecimiento de una planta y el diseño del cuerpo humano están entre las maravillosas obras de Dios, no es realmente correcto llamar a estas milagros. Hacerlo sería convertirlo todo en milagros. Esto diluiría tanto el concepto de lo milagroso que lo haría inútil. Lo que queremos decir y lo que la mayoría de la gente que plantea esta cuestión quiere decir con el término "milagro", se refiere a un fenómeno que ocurre en la historia, en el espacio y en el tiempo de un modo tan radicalmente diferente de las operaciones ordinarias de la naturaleza, que sus observadores están en lo justo al atribuirlas a la directa intervención de un agente sobrenatural.

Los milagros de la Biblia están significativamente agrupados alrededor de tres períodos breves, asociados con la entrega por Dios de una nueva revelación: los tiempos de Moisés y Josué, de Elías y Eliseo, y de Cristo y los apóstoles. Estos milagros fueron señales irrefutables dadas por Dios, diseñadas para autenticar la Palabra revelada por

55

El (la Ley, los Profetas, y el Nuevo Testamento). Estos tres períodos están separados por siglos en los que sólo se registran muy pocos milagros. La brecha entre Josué y Elías es de alrededor de 540 años, y la que separa a Eliseo y Cristo, de alrededor de 830 años. La Biblia no es un registro de un milagro tras otro. Sus milagros fueron acontecimientos singulares que produjeron una respuesta profunda en aquellos que tuvieron el privilegio de observarlos.

Al superar esta objeción a los milagros, considere estas cuestiones filosóficas y científicas, porque frecuentemente salen a la superficie. Pero el tema clave detrás de toda esta cuestión está en el hecho de si Dios existe o no. Si Dios creó el universo, la realidad tiene una dimensión sobrenatural, y esto significa que los milagros *son* posibles. Si el cuestionador pone reparos a la existencia de Dios, pudiera ser necesario ocuparse de esta cuestión más básica (ver Capítulo 3) antes de avanzar más en del tema de los milagros.

Por otra parte, algunas personas quizás prefieran ahondar en el tópico de los milagros désarrollando el argumento histórico a favor de la resurrección de Jesucristo. Si una persona se convence de la resurrección, es por cierto más probable que crea en la existencia de Dios.

A propósito, la posibilidad que existan los milagros es relativa, no absoluta. Para Dios no hay milagros, debido a Su omnipotencia y omnisciencia: no hay poder superior al Suyo, y El no puede sorprenderse. La historia de Edwin Abbott, *Flatland* (1884), se usa a menudo para ilustrar la diferencia que produciría otra dimensión. En este libro, un ser esférico procedente de un mundo tridimensional visita a una criatura llamada Cuadrado, que vive en el mundo bidimensional de Planolandia. Sin embargo, el concepto de altura carece de significación para Cuadrado. El sólo puede percibir cosas en las dos dimensiones de largo y ancho. Cuando el ser esférico intersecta el plano de Planolandia, Cuadrado se sorprende de ver un círculo que se expande y contrae (una esfera que pasa a través de un plano aparecería sobre el plano como un círculo con un diámetro que aumenta y decrece). La esfera asegura además que es capaz de mirar dentro de muchas de las casas de Planolandia al mismo tiempo. Lo que es normal para la esfera, es considerado milagroso para los habitantes de Planolandia.

La idea de una ley superior puede ser ilustrada también mediante la historia del Marciano que decidió venir a nuestro planeta a observar la vida humana. Después de aterrizar su pequeña nave espacial sobre un edificio en Chicago, el Marciano comenzó a estudiar el efecto que las luces del tránsito tienen sobre el movimiento de los vehículos en las calles. A lo largo de una hora observó que había una pauta uniforme: cuando las luces eran verdes los vehículos se movían; con el amarillo aminoraban la marcha; y con el rojo se detenían. Después de formular esto como una ley del tráfico, estaba a punto de alejarse cuando de pronto avistó un vehículo con luces brillantes intermitentes en la parte superior y que hacía ruidos fuertes. Para asombro del Marciano, este vehículo atravesó una luz roja, violando la ley uniforme que acababa de formular. "¡Aha!" dijo, "¡Debe de haber una ley superior! Cuando uno tiene una luz intermitente y un sonido fuerte, puede atravesar el cruce sin tomar en cuenta cuál sea el color de la luz."

Si una persona reconoce la existencia de Dios, no puede negar rotundamente la posibilidad de que hayan ocurrido milagros. Ahora bien, esta cuestión no tiene que ver con la filosofía, sino con la historia. Los milagros son posibles, ¿pero existe suficiente evidencia para demostrar que hayan ocurrido algunos?

Antes de considerar esta cuestión bajo la opción Quizás, ver Diagrama 13 para la opción No.

```
                    ┌─────────────────────────────┐
         ┌──────────│  ¿HAN OCURIDO MILAGROS?      │
         │          └─────────────────────────────┘
      ┌──────┐
      │  NO  │
      └──────┘
         │
  ┌──────────────────┐
  │ PROBLEMA FILOSOFICO │            ┌──────────────┐
  │   Y CIENTIFICO   │              │  PROBLEMA    │
  └──────────────────┘              │  HISTORICO   │
         │                          └──────────────┘
  ┌──────────────────┐
  │ EL PROBLEMA CLAVE │
  │  ¿EXISTE DIOS?   │
  └──────────────────┘
      ↙        ↘
  ┌──────┐    ┌────────────────┐
  │  SI  │    │  NO O QUIZAS    │
  └──────┘    └────────────────┘
                    │
           ┌──────────────────────┐
           │ VER CAP. 3 SOBRE LA   │
           │ EXISTENCIA DE DIOS    │
           └──────────────────────┘

  ┌───────────────────────────────┐
  │      SI DIOS EXISTE,           │
  │ LOS MILAGROS SON POSIBLES.     │
  │  ¿PERO INTERVIENE DIOS         │
  │    EN LA HISTORIA?             │
  └───────────────────────────────┘
```

Diagrama 13

Segunda Opción: Los milagros son posibles pero pueden no haber ocurrido

Hemos visto que la barrera básica filosófica y científica a la cuestión de los milagros es la existencia de Dios. Su existencia abre la posibilidad de los milagros, pero no todos los que creen en Dios admiten que hayan ocurrido milagros.

La especulación nunca resolverá la cuestión de si Dios ha intervenido milagrosamente en los asuntos humanos. Para encontrar una respuesta debemos usar evidencias históricas. La Biblia toma en serio la historia porque Dios usó la historia como Su medio para la revelación de Su carácter y del programa redentor para Su pueblo. Dios ha obrado por medio de personas y acontecimientos específicos, y el abundante uso que hace la Biblia de documentación geográfica y cronológica liga la revelación de Dios al mundo real. La Biblia no es un tejido de mitos que ocurrieron "allá lejos y hace tiempo". Sus confiables relatos por lo general nos cuentan dónde y cuándo tuvieron lugar los acontecimientos, y a menudo los relacionan con los asuntos de otras naciones. Los milagros se registran en la Biblia con la misma atención a los detalles históricos que los acontecimientos no milagrosos. Digamos de nuevo que esto no ocurre en las escrituras de otras religiones.

Hay quienes argumentan que está por debajo de la dignidad de Dios sobrepasar las pautas normales de la naturaleza con el objeto de revelarse a los hombres. ¿Pero qué mejor manera puede usar el Dios soberano que creó la naturaleza para manifestarse a la humanidad? Verdaderamente, la más clara manifestación de Dios a la humanidad fue Su revelación personal en Jesucristo, el más grande modelo de humildad y de espíritu de servicio que el mundo haya conocido jamás. Pero este Siervo Sufriente realizó más milagros que cualquier otro hombre haya realizado antes o después de El (cf. Juan 20:30; 21:25).

Si estuviéramos restringidos a la revelación general que Dios hace de Sí mismo en la naturaleza (teología natural), nuestro conocimiento de El sería demasiado limitado y altamente especulativo. Es a través de Su revelación especial en palabras y obras que podemos alcanzar la sabiduría que conduce "a la salvación por la fe que es en Cristo Jesús" (2 Ti. 3:15). La Biblia afirma que esta revelación especial incluye acontecimientos milagrosos, y sería incorrecto excluir la ocurrencia de milagros sin una investigación abierta de estos informes históricos. Cuando dé respuesta a esta objeción acerca de la revelación especial de Dios y sobre la cuestión de los milagros, usted debería limitar la investigación histórica a los milagros de Jesucristo, puesto que el cristianismo está basado sobre Su persona y Su obra. En este punto algunas personas pueden objetar la confiabilidad de los relatos evangélicos y afirmar que los escritores del Nuevo Testamento adornaron la historia de Jesús agregando mitos acerca de milagros que El nunca realizó. Para refutar este malentendido popular, use material del Capítulo 6 acerca de la confiabilidad de la Biblia. No hubo suficiente tiempo entre la vida de Cristo y la escritura de los Evangelios para dar lugar a la evolución del Cristo mitológico, y había demasiados testigos oculares que hubieran refutado con vehemencia semejante tergiversación.

Los cuatro Evangelios registran 35 de los muchos milagros que Cristo realizó en Su breve ministerio público. En estos milagros, El demostró Su autoridad sobre la naturaleza, la enfermedad, los demonios y la muerte. Ellos siempre tuvieron un propósito redentor y nunca fueron realizados para deslumbrar a la gente o exhibir ostentosamente Sus poderes sobrenaturales. Efectivamente, fueron realizados con gran moderación, no con orgullo, y los relatos del Evangelio tienden a exponerlos con reticencia antes que con énfasis. Los milagros de Cristo fueron hechos públicamente, algunas veces delante de miles de testigos oculares. Es además significativo que muchos de estos testigos oculares fueron hostiles a Cristo, incluyendo los fariseos, saduceos y herodianos. Ninguno de los críticos de Cristo negó que El realizaba estos milagros. Sólo podían objetar la fuente de poder que El usaba (cf. Mateo 12:24) y Su autoridad personal para hacerlos (cf. Mateo 22:1-23). Es por esto que con valentía Pedro pudo referirse en su sermón de Hechos 2 en el día de Pentecostés a "Jesús nazareno, varón aprobado por Dios entre vosotros con las maravillas, prodigios y señales que Dios hizo entre vosotros por medio de él" (Hechos 2:22).

Los milagros de Cristo lo ponen claramente aparte de

los fundadores y líderes de otras religiones del mundo. Debido a su singularidad, se han hecho intentos por desacreditar sus milagros ofreciendo explicaciones naturales para sus logros sobrenaturales. Por ejemplo, que él no caminó realmente sobre el agua del Mar de Galilea; caminaba realmente sobre un banco de arena que estaba apenas debajo de la superficie del agua. O, no alimentó a las multitudes multiplicando los cinco panes y los dos peces cuando compartió el almuerzo del muchacho; la gente se alimentó siguiendo este ejemplo de compartir su alimento unos con otros. Desde luego, explicaciones como estas pueden ser creadas sólo haciendo una grave injusticia al texto. No sólo se tergiversan los pasajes, sino la misma gente hubiera tenido que ser tonta para aceptar como milagros tales cosas. Esto último es precisamente lo que dan a entender algunos críticos que son culpables de lo que C. S. Lewis llamó "esnobismo cronológico". Es la arrogante suposición de que la gente en épocas pasadas era tan crédula que podía ser embaucada haciéndole creer que prácticamente cualquier cosa era un milagro.

Es fácil visualizar una versión actualizada del libro de Mark Twain *A Connecticut Yankee in King Arthur's Court* (Un Yanqui de Connecticut en la Corte del Rey Arturo). ¿Cómo reaccionaría la gente de la Edad Media si uno pudiera mostrarle cómo funciona un reloj digital o una calculadora accionada por batería? Llegaría a la conclusión de que estas cosas deben ser divinas o demoníacas, pero esta no es una analogía justa. ¿Cómo reaccionaría *usted* si alguien se acercara caminando a su bote en medio de un lago o le diera instantáneamente la vista a algún miembro de su familia que nació ciego? La Palestina del siglo I era parte del Imperio Romano, y sus habitantes, gente civilizada. Ellos sabían exactamente tan bien como nosotros que no hay explicaciones naturalistas para tales acontecimientos. Muchos escépticos se vieron obligados por la evidencia a reconocer, contra sus prejuicios, que estas cosas ocurrieron (cf. Juan 20:24-29). De todos sus milagros, Cristo escogió uno como la señal más grande para los no creyentes: "la señal del profeta Jonás" (la resurrección; Mateo 12:39-40).

La evidencia histórica a favor de la resurrección es muy fuerte, y debido a sus importantes consecuencias personales, este es el milagro que hay que usar cuando se responde la pregunta, "¿Por qué creer en milagros?" Si la abundante evidencia convence a la persona que la resurrección ocurrió, la pregunta de los milagros debe ser respondida con la afirmativa. Ver el apéndice a este capítulo para tener un método, junto con un organigrama, de presentación del argumento a favor de la resurrección.

Es mejor usar los milagros de Cristo y la resurrección en particular para responder esta pregunta en lugar de recurrir a ejemplos contemporáneos. La Biblia tiene que ser presentada como la autoridad final del creyente para hallar la verdad. (La opción Quizás a la pregunta de los milagros está en el Diagrama 14).

Tercera Opción: Han ocurrido milagros

Aun cuando una persona admita que la Resurrección y otros acontecimientos milagrosos relatados en la Biblia ocurrieron, eso no es suficiente. Muchos creen estas cosas pero aun así se niegan a poner su confianza en Cristo. Los milagros que hay en la Biblia eran señales que autenticaron el mensaje y los mensajeros de Dios, pero aquellos que los vieron no siempre respondieron con fe.

Las Escrituras ponen en claro que el corazón de una persona no regenerada está en enemistad con Dios y rehusa someterse a Su revelación y autoridad. Es por esto que el concilio o Sanedrín procuró sofocar el mensaje acerca del Cristo resucitado aun cuando no podían negar la Resurrección o la sanidad que Pedro dio al hombre que había sido cojo de nacimiento (Hechos 4:16-17; cf. Lucas 16:31; Juan 12:10-11). Sólo la obra del Espíritu Santo de convencer a los no creyentes "de pecado, de justicia y de juicio" (Juan 16:8) puede penetrar la ceguera espiritual de los no cristianos.

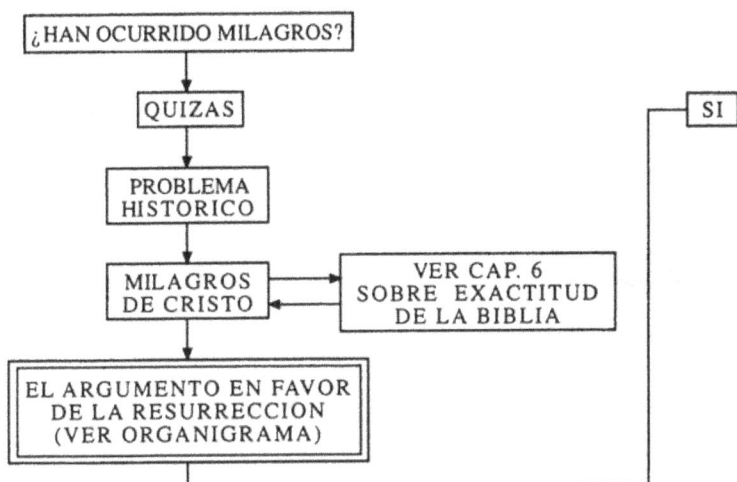

Diagrama 14

Algunos objetan que la revelación de Dios es demasiado remota. Si El desea que la gente crea, debería revelarse de una manera más directa. En efecto, el objetor desea que Dios lo derrote en forma abrumadora y lo haga entrar en el reino obligándolo a creer. ¿Qué haría falta una agrupación de nubes que forme las palabras de Juan 3:16? ¿Un ángel resplandeciente cerniéndose sobre su cama a las 3 de la madrugada? Quizás el cumplimiento de la modesta solicitud de Felipe bastaría: "Señor, muéstranos el Padre, y nos basta" (Juan 14:8). Sin embargo, Dios ya ha hecho más que suficiente. Cuando Jesucristo vuelva a la tierra, no vendrá a ofrecer salvación sino a juzgar a aquellos que han rechazado la oferta de salvación de Dios por medio de la fe en Su obra consumada. Los milagros no pueden crear fe, pero sí pueden ser usados por el Espíritu Santo como catalizadores de la fe, especialmente cuando una persona comienza a considerar las afirmaciones y credenciales de Cristo (ver Cap. 8).

Los milagros de Cristo (especialmente la resurrección) demuestran la validez de Sus afirmaciones, y si ellas son verdaderas, tienen consecuencias profundas para el destino eterno de cada ser humano. Esto nos lleva en forma natural a la presentación del Evangelio y al significado bíblico de creer en Jesucristo (ver Cap. 13).

La tercera opción a la pregunta acerca de los milagros se ve en el Diagrama 15.

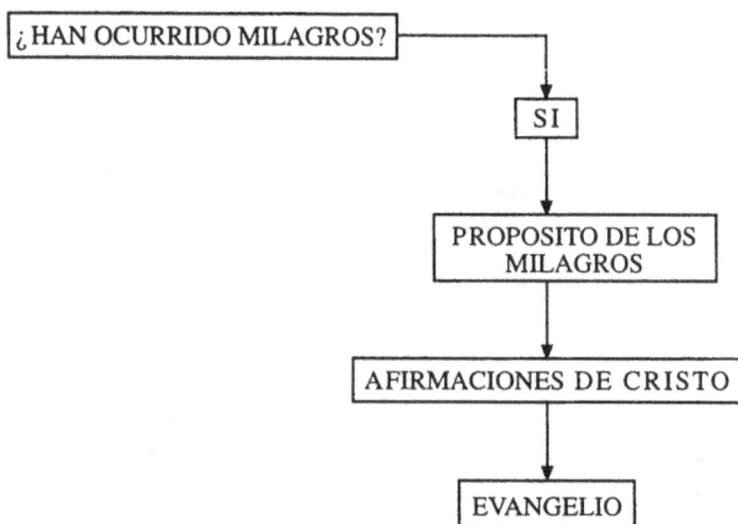

```
┌─────────────────────────────┐
│ ¿HAN OCURRIDO MILAGROS?      ├────────────┐
└─────────────────────────────┘            │
                                            ▼
                                    ┌───────────┐
                                    │    SI     │
                                    └───────────┘
                                            │
                                            ▼
                            ┌──────────────────────────┐
                            │   PROPOSITO DE LOS        │
                            │       MILAGROS            │
                            └──────────────────────────┘
                                            │
                                            ▼
                        ┌──────────────────────────────┐
                        │ AFIRMACIONES DE CRISTO        │
                        └──────────────────────────────┘
                                            │
                                            ▼
                                ┌──────────────────┐
                                │   EVANGELIO       │
                                └──────────────────┘
```

Diagrama 15

Resumen y Organigrama

Quienes objetan a la posibilidad de los milagros por lo general suponen que las leyes naturales del universo no pueden ser invalidadas por alguna fuerza externa; se trata de un sistema cerrado. Esta suposición antisobrenatural ha influido profundamente a muchos científicos que argumentan que un universo abierto a los milagros no sería ordenado. Pero la investigación científica no está amenazada por la ocurrencia de milagros, porque ellos son por definición acontecimientos inusuales que involucran una suspensión muy breve de los procesos normales de la naturaleza por un poder superior. La pregunta real detrás de este tema es si Dios existe o no. Si existe, los milagros son posibles. ¿Cómo podemos saber si Dios ha decidido intervenir en Su creación a través de obras milagrosas? Para responder a esto debemos pasar de la filosofía a la historia. Según la Biblia, Dios ha elegido revelarse en formas históricas, y estas incluyen los milagros divinamente permitidos. Los milagros de Cristo pueden estar sujetos a escrutinio histórico debido a la confiabilidad de los documentos del Nuevo Testamento. La señal más clara para los no creyentes es Su resurrección, y una presentación de los argumentos a favor de la resurrección es la mejor manera de afirmar que han ocurrido milagros. Pero la creencia en los milagros de Cristo no es garantía de fe salvadora. Muchos han reconocido la resurrección sin recibir a Cristo como su Salvador. El no creyente tiene que considerar las consecuencias de las afirmaciones y credenciales de Cristo para su vida y responder a la obra convincente del Espíritu Santo.

Lectura Suplementaria

(1) William Lane Craig, *The Son Rises: Historical Evidence for the Resurrection of Jesus Christ* (Moody). Un nuevo resumen de la mejor evidencia a favor de la resurrección física de Cristo.

(2) Gary R. Habermas, *The Resurrection of Jesus* (Baker). El Capítulo 1 ofrece una argumentación concisa en favor de la resurrección. Habermas relaciona la resurrección con la existencia de Dios, la deidad de Cristo, la inspiración de las Escrituras y la salvación.

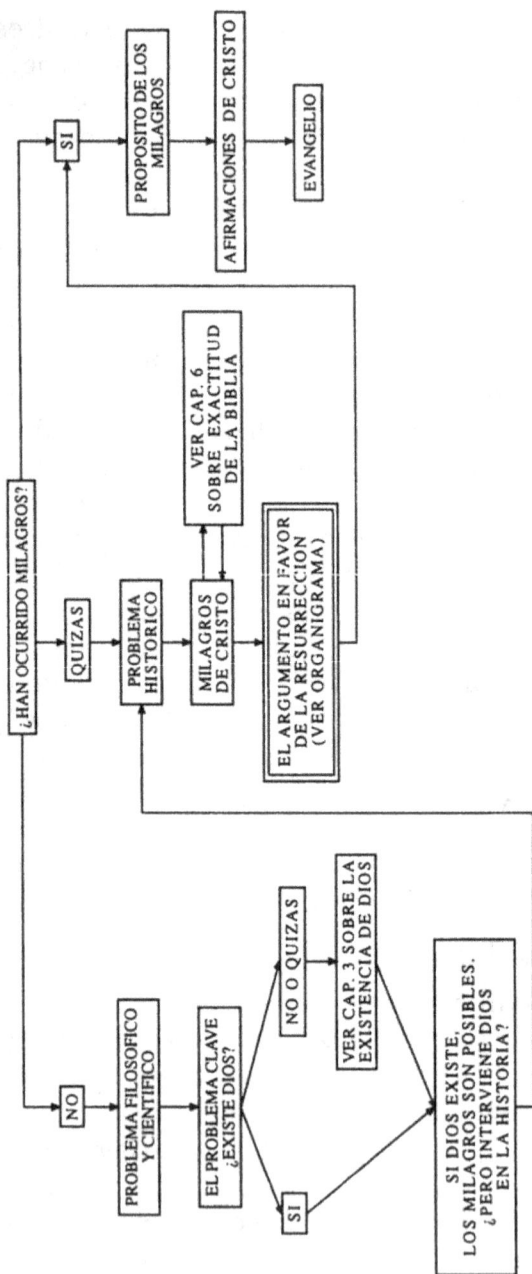

Diagrama 16

66

(3) Arlie J. Hoover, *The Case for Christian Theism* (Baker). Los capítulos 11 y 12 analizan los milagros en general y los milagros de Cristo. El capítulo 16 presenta la evidencia a favor de la resurrección de Cristo.

(4) Gordon R. Lewis, *Judge for Yourself* (InterVarsity Press). El Capítulo 4 desarrolla el tema de los milagros.

(5) C. S. Lewis, *Miracles* (Macmillan). Una refutación precisa de las objeciones filosóficas a los milagros.

(6) Josh McDowell, *Evidencias que exigen un veredicto (Editorial Vida)*. El capítulo 10 es una buena compilación de citas que argumentan en favor de la resurrección histórica.

(7) Josh McDowell, *The Resurrection Factor* (Here's Life). Una presentación detallada de las evidencias en favor de la resurrección de Cristo que sistemáticamente refuta las objeciones de los críticos.

(8) Frank Morison, *¿Quién movió la piedra?* (Editorial Caribe). Un tratamiento clásico de la resurrección por un abogado que originalmente tenía la intención de refutarla.

(9) Merrill C. Tenney, *The Reality of the Resurrection* (Moody). Un desarrollo detallado de los antecedentes históricos y de los relatos escriturales de la Resurrección.

Apéndice sobre la Resurrección

El Nuevo Testamento pone en claro que la resurrección física de Jesucristo es uno de los pilares que sostiene la fe cristiana. Pablo dijo a los corintios: "Si Cristo no resucitó, vuestra fe es vana; aún estáis en vuestros pecados. Entonces también los que durmieron en Cristo perecieron.

Si en esta vida solamente esperamos en Cristo, somos los más dignos de conmiseración de todos los hombres" (1 Co. 15:17-19). La predicación de los apóstoles en Hechos giraba alrededor del eje de la resurrección histórica (por ejemplo Hechos 1:22; 2:24-32; 3:15; 4:10; 10:40-41; 13:30-37; 17:31; 26:6-8, 23). Sin la resurrección de Cristo, el cristianismo no podría soportar los ataques críticos.

Algunos pensadores que procuraron refutar la Resurrección invalidando de esa forma el cristianismo, se encontraron confrontados en cambio por tal peso de evidencia a favor de la Resurrección que esto los obligó a doblar las rodillas delante del Cristo viviente. Hace varios años, el abogado Frank Morison planeaba escribir un libro que enterraría el mito de la resurrección. Pero su libro, *Quién movió la piedra?* hizo exactamente lo opuesto, y Morison se convirtió al cristianismo por la evidencia histórica de la tumba vacía.

El general Lew Wallace decidió crear una novela histórica acerca de un judío contemporáneo de Jesús. Ocurrió algo totalmente inesperado, sin embargo, mientras investigaba los antecedentes para escribir el libro. La evidencia histórica a favor de la resurrección lo abrumó, por lo que escribió *Ben Hur*, como nuevo creyente en Cristo.

Dos ejemplos relativamente recientes son C. S. Lewis y Malcolm Muggeridge. Lewis registra su renuente marcha desde el ateísmo al cristianismo en su autobiografía, *Surprised by Joy*. El no deseaba conocer a Cristo, pero la evidencia lo introdujo al reino "pataleando y chillando". Muggeridge, un ex editor de la revista *Punch* y provocativo analista de la cultura moderna, es un converso reciente al cristianismo. Su viaje desde el escepticismo está relatado en *Jesus Rediscovered* y en *Chronicles of Wasted Time*.

Hechos históricos

Los hechos que afectaron tan profundamente a estos hombres están bien asentados en procedimientos históricos y críticos. Hoy en día el consenso del saber reconoce su historicidad, aun cuando los eruditos no se ponen de acuerdo respecto a la inspiración de las Escrituras o de la interpretación de los datos históricos.

Hagamos una lista de ellos. Los primeros tres se relacionan con los acontecimientos *preresurrección*:

(1) Jesús sufrió la muerte por crucifixión. Soportó seis juicios (tres religiosos y tres civiles) que se extendieron a lo largo de la noche y hasta entrada la mañana. Como resultado, Jesús fue cruelmente golpeado en el rostro y en el cuerpo, le arrancaron la barba, le pusieron una corona de espinas que se clavó en su cuero cabelludo, y lo flagelaron con los mutilantes látigos romanos. Después sus atormentadores obligaron a Jesús a cargar sobre su espalda sangrante el pesado madero para la crucifixión y atravesaron sus manos y pies con clavos de hierro para asegurarlo a la cruz. Después de su muerte, uno de los verdugos le dio un lanzazo en el costado e inmediatamente manó "sangre y agua". Luego el centurión declaró muerto a Jesús (Marcos 15:44-45).

(2) El cuerpo de Jesús fue colocado por sus amigos en una tumba bajo una guardia de seguridad. La tumba de José de Arimatea estaba excavada en la roca sólida y tenía una única entrada que se clausuraba haciendo rodar delante una piedra "muy grande" (Marcos 16:4). La piedra encajaba en una acanaladura y varios hombres tendrían que hacerla subir por una pendiente para acceder a la tumba. Los amigos de Jesús envolvieron su cuerpo con lienzos, aromatizándolo con alrededor de 100 libras de especias (Juan 19:39-40), y Pilato envió una guardia de soldados frente a la tumba cuando la piedra fue puesta en su lugar (Mateo 27:65-66). Un sello romano sobre la

piedra certificaba que el cuerpo estaba adentro y que nadie había tocado la tumba indebidamente.

(3) Los discípulos estaban totalmente desanimados debido a la crucifixión y no abrigaban esperanzas de que Jesús se levantaría de los muertos. A pesar de las repetidas predicciones de Jesús acerca de Su resurrección, ninguno de Sus seguidores esperaba que esto ocurriera (ver Lucas 24).

Los cinco datos históricos restantes se relacionan con acontecimientos *posresurrección*:

(4) María Magdalena, la amiga de Jesús, y otros seguidores, hallaron al tercer día la tumba vacía. Este hecho fue objeto de debate en el pasado, pero estudios recientes realizados hasta por teólogos críticos han llevado a un creciente consenso erudito de que la tumba estaba en verdad vacía. Esto fue claramente admitido aun por los enemigos de Jesús, porque los principales sacerdotes y ancianos sobornaron a la guardia para que dijera que el cuerpo había sido robado por Sus discípulos (Mateo 28:11-15). Por cierto que si la tumba estaba todavía ocupada cuando el rumor acerca de Su resurrección comenzó a difundirse, las autoridades hubieran hecho exhumar el cuerpo para ponerlo en exhibición, con el objeto de sofocar los insidiosos rumores. Pero nunca se presentó al público un cuerpo y jamás se negó que la tumba estuviera vacía.

(5) El sello romano fue roto y la piedra grande retirada del sepulcro.

(6) La guardia abandonó la tumba vacía para informar a los principales sacerdotes lo que había ocurrido. Los sobornaron y prometieron protegerlos de cualquier castigo por orden de Pilato, puesto que él pudo hacerlos ejecutar por incumplimiento del deber.

(7) Los lienzos que envolvían a Jesús fueron hallados vacíos pero sin tocar (Juan 20:3-8).

(8) Los seguidores de Jesús informaron que Jesús se

les apareció en forma física en varias ocasiones. Estos eran relatos de testigos oculares, e involucraban una variedad de circunstancias (por ejemplo, bajo techo y afuera) y personas. En una ocasión, Jesús apareció a más de 500 personas (1 Corintios 15:6). En estas apariciones, Cristo afirmó que estaba en un cuerpo real y ofreció amplia demostración de esta verdad. Los primeros testigos fueron mujeres, y es improbable que un relato fraguado hubiera incluido este dato, puesto que los tribunales judíos consideraban no confiable el testimonio de las mujeres. Jesús también apareció a su hermano Santiago y posteriormente a Pablo. En todos los casos, las vidas de estos testigos fueron radicalmente transformadas, hecho especialmente difícil de explicar en el caso de Pablo, aparte de la resurrección.

Estas circunstancias no pueden ser ignoradas por historiadores y teólogos, pero pueden ser interpretadas de diversas formas, y así ha ocurrido, para evitar la conclusión de que Jesús se levantó de entre los muertos. Se han propuesto varias teorías naturalistas en relación a la tumba y las apariciones, pero ninguna da una explicación de los datos históricos. Además, hay una cantidad de evidencia circunstancial que suplementa estos datos y fortalece aún más los argumentos a favor de la resurrección.

Explicaciones relativas a la tumba

La tumba de Jesús estuvo ocupada o vacía el primer día de la semana. Consideraremos primero cuatro teorías que afirman que la tumba estaba ocupada todavía. Luego examinaremos cuatro teorías naturalistas que intentan explicar porqué la tumba estaba vacía.

La primera opción es que la tumba estaba *ocupada* todavía:

(1) La ubicación de la tumba era desconocida. Esta teoría

71

es completamente inaceptable debido a que los cuatro Evangelios declaran que José de Arimatea obtuvo permiso de Pilato para sepultar el cuerpo de Jesús en su tumba recientemente excavada, cercana al lugar de la crucifixión. Por cierto que él conocía la ubicación de la tumba en su jardín privado. Los relatos aclaran además que las mujeres y los discípulos no tuvieron dificultad para encontrar la tumba, y la guardia conocía por cierto también la ubicación. Una variante de esta teoría sostiene que el cuerpo de Jesús fue arrojado en una fosa común destinada a los ejecutados. Esta opinión sólo puede ser mantenida mediante una rotunda negación de los cuatro relatos de la sepultura, y no existe la más mínima evidencia para hacerlo.

(2) Las mujeres y los discípulos fueron a la tumba equivocada. Esta teoría elimina el "Ha resucitado" de Marcos 16:6, arguyendo que la declaración del joven a las mujeres fue simplemente, "No está aquí; mirad el lugar en donde lo pusieron." Les estaba diciendo que se habían equivocado de tumba, pero las mujeres lo entendieron mal. No existe base textual para cambiar el versículo, y para ser verdadera esta teoría tendría que tergiversar también otros muchos versículos. Además, requiere la conclusión absurda de que Pedro y Juan, y en última instancia José de Arimatea, la guardia y las autoridades judías y romanas, fueron *todos* a la tumba equivocada, y que la tumba correcta nunca fue hallada.

(3) Jesús resucitó espiritualmente, no corporalmente. Esta componenda "piadosa" rechaza la resurrección física de Jesús pero sostiene que El está vivo. Sus apariciones a los discípulos fueron auténticas, pero ellos interpretaron mal la naturaleza de su resurrección. Al igual que otras teorías, ésta hace una grave injusticia a los relatos históricos. En las narrativas de la posresurrección, Jesús puso un énfasis especial en el hecho de que su cuerpo había resucitado: "Mirad mis manos y mis pies, que yo mismo

soy; palpad, y ved; porque un espíritu no tiene carne ni huesos, como veis que yo tengo" (Lucas 24:39). Los discípulos abrazaron sus pies (Mateo 28:9), María se aferró a Él (Juan 20:17), y Él comió parte de un pescado asado delante de los discípulos (Lucas 24:42-43). Jesús enfatizó su resurrección física porque una resurrección puramente espiritual (con Su cuerpo pudriéndose en la tumba) hubiera sido inaceptable para los judíos; el judaísmo del primer siglo aguardaba, correctamente, la restauración de toda la persona, incluyendo el cuerpo.

(4) Un hermano gemelo o alguien que se parecía a Jesús fue crucificado y sepultado en Su lugar. Esta teoría desesperada no tiene ni una pizca de evidencia para apoyarla y contradice muchos pasajes claros. Por ejemplo, Jesús llevaba las marcas de su crucifixión y la herida de la lanza en su cuerpo de resurrección (ver Juan 20:24-28) y ascendió físicamente al cielo a la vista de los discípulos (Hechos 1:9).

La opción restante es que la tumba estaba *vacía*:

(1) Uno o más de los amigos de Jesús robó su cuerpo. Esta fue la explicación original para la tumba vacía (ver Mateo 28:11-15); los soldados fueron sobornados por los principales sacerdotes y ancianos para que mintieran diciendo que los discípulos robaron el cuerpo mientras ellos dormían. Por supuesto que si ellos estaban durmiendo, ¿cómo podían saber que los discípulos eran los responsables? Esto requeriría también que toda la guardia estuviera dormida al mismo tiempo, circunstancia aún más improbable por el hecho de que sus vidas corrían grave riesgo si el cuerpo era robado. Además, el ruido producido para hacer rodar la enorme piedra separándola de la entrada del sepulcro habría despertado seguramente a algunos de los soldados. A estos problemas se suma el hecho de que ni José de Arimatea ni los discípulos habrían tenido motivo real alguno para robar el cuerpo. Ellos no esperaban que ocurriera la resurrección y no tenían

nada que ganar y todo que perder perpetrando un fraude deliberado. Los discípulos soportaron un gran sufrimiento a causa de su testimonio acerca del Señor resucitado, la mayoría de ellos con peligro de muerte. Semejante conducta hubiera sido absurda si sabían que todo era mentira. Esta clase de engaño es incoherente también con el alto carácter moral exhibido en las epístolas del Nuevo Testamento. Finalmente, ¿cómo habría podido este grupo de hombres asustados superar a una guardia armada de soldados profesionales?

(2) Los enemigos de Jesús robaron el cuerpo. Esta teoría tiene además el problema del motivo: ¿Por qué querrían las autoridades judías o romanas robar el cuerpo cuando esto es precisamente lo que procuraban evitar? Aun cuando hubieran retirado el cuerpo por motivos de seguridad, habrían afirmado tal cosa, exhibiéndolo, de ser necesario, para poner fin a los rumores de la resurrección que estaban circulando en Jerusalén. El completo silencio por parte de las autoridades judías y romanas proclamaba ruidosamente su reconocimiento de que el cuerpo había desaparecido inexplicablemente.

(3) Jesús "sufrió un síncope" en la cruz y parecía estar muerto. Fue resucitado por el aire fresco de la tumba y sus discípulos quedaron convencidos de que se había levantado de entre los muertos. Esta teoría racionalista del siglo dieciocho, cuando se la analiza, exige la ocurrencia de un milagro tan grande como la propia resurrección. Significa que Jesús soportó las bofetadas en sus juicios, la corona de espinas, los terribles azotes, la crucifixión, y hasta el lanzazo en su costado, y de alguna manera sobrevivió. Los verdugos profesionales estaban convencidos de su muerte y su cuerpo fue envuelto en lienzos junto con 100 libras de especias. A pesar de la gran pérdida de sangre y de las muchas horas en la tumba fría sin alimento, agua o asistencia, Él revivió. Después logró escapar de los lienzos y las especias, volviéndolos a colocar

cuidadosamente en la tumba. Hizo rodar la gran piedra haciéndola subir una pendiente para alejarla de la entrada, superó a los guardias armados, caminó varias millas con los pies horadados, y convenció a sus discípulos de que había vencido la muerte como el resucitado Autor de la vida. Esta absurda teoría querría hacernos creer también que Jesús siguió viviendo después de todo esto y murió de muerte natural en el anonimato.

(4) Jesús deseaba engañar a sus discípulos para que pensaran que El era el Mesías, fraguando el cumplimiento de los pasajes mesiánicos del Antiguo Testamento. Se confabuló con José de Arimatea para recibir durante su crucifixión una droga que lo haría aparecer como muerto. José debería después colocar a Jesús en su tumba y revivirlo para que los discípulos creyeran que había resucitado. Pero la lanza romana cambió estos planes y Jesús sólo vivió breve tiempo después de ser revivido. José retiró el cuerpo, y cuando un cierto "joven" apareció algunas veces ante los confusos discípulos, ellos pensaron que era Jesús. Esta extravagante escena aparece en *The Passover Plot*, el invento de Hugh Schoenfield, y requiere una distorsión tan grande de los relatos históricos como las teorías anteriores. Schoenfield simplemente rechaza los muchos pasajes que refutan esta teoría y se apoya sobre unos pocos versículos tomados completamente fuera de contexto. Esta teoría de la antiresurrección carece totalmente de evidencia, convirtiendo a Jesús en un impostor malicioso y a los discípulos en una banda de crédulos irracionales.

Ninguna de estas teorías se acerca siquiera a explicar los hechos históricos asociados con la tumba vacía, las apariciones del Cristo resucitado, y los cambios radicales que se produjeron en la vida de los discípulos. Sin ninguna base tergiversan la evidencia clara y requieren más fe para ser creídas que la resurrección misma . Resulta irónico que los principales sacerdotes y los fariseos hicieran semejante esfuerzo para asegurar la tumba, porque de no haberlo hecho, el argumento a favor de la resurrección no hubiera sido tan fuerte.

Explicaciones de las apariciones

(1) Todos los discípulos mintieron acerca de haber visto a Jesús resucitado. El primer problema con esta opinión es que contradice los relatos históricos. También significa que *todos* los discípulos que afirmaron haber visto al Señor (incluyendo las 500 personas mencionadas por Pablo) eran mentirosos. Para empeorar las cosas, estas personas no tenían nada que ganar perpetuando semejante falsedad, y muchas de ellas padecieron por este testimonio, hasta el punto de sufrir muertes violentas. ¿Habría estado tanta gente dispuesta a dar su vida por amor a un fraude?

(2) Las apariciones posresurrección de Cristo fueron sólo alucinaciones en la mente de los discípulos. Hay una cantidad de razones por las que la teoría de la alucinación no se adecua a los hechos: (a) las alucinaciones son privadas, no experiencias públicamente compartidas. Pero de acuerdo a los relatos, Jesús apareció varias veces a grupos de personas, incluyendo una multitud de 500. (b) Generalmente las alucinaciones están restringidas a ciertos lugares y horas del día que les favorecen, pero Cristo apareció en una diversidad de ubicaciones y horarios. No había una pauta determinada en sus apariciones. (c) Sólo cierta clase de personas (por ejemplo, aquellas con tendencias esquizoides, los ascetas, quienes usan drogas alucinógenas) están sujetas a experiencias alucinatorias, pero las apariciones de Cristo involucraron a un gran espectro de personalidades. (d) Después que Cristo apareció durante un período de 40 días, sus apariciones cesaron súbitamente. Las alucinaciones, por otra parte, se reiteran generalmente durante un largo período y no

se detienen en forma abrupta. (e) Las alucinaciones son estimuladas por las expectativas, pero los discípulos no tenían ninguna esperanza acerca de la resurrección de Cristo. Ante los primeros informes fueron totalmente escépticos. (f) Los discípulos tocaron, hablaron y comieron con el Señor en diversos momentos, y no se puede decir por cierto que esto sea una característica de las alucinaciones.

(3) Toda la historia del Jesús resucitado, incluyendo las apariciones, es simplemente una elaborada leyenda creada por la iglesia primitiva. Para responder a esta objeción, puede ser necesario examinar la cuestión referente a la confiabilidad de la Biblia (ver Capítulo 6). Estos relatos están apoyados por testimonios de testigos oculares y han circulado ampliamente sin ser objetados por los amigos o enemigos de Jesús. Pedro declaró firmemente, "Porque no os hemos dado a conocer el poder y la venida de nuestro Señor Jesucristo siguiendo fábulas artificiosas, sino habiendo visto con nuestros propios ojos su majestad" (2 Pedro 1:16). Las fechas de los documentos del Nuevo Testamento también imposibilitan el desarrollo de semejante leyenda porque no hubo tiempo suficiente. Con cada año que transcurre, descubrimientos arqueológicos adicionales continúan reivindicando la confiabilidad histórica de las Escrituras.

Evidencia circunstancial

(1) Cristo predijo Su propia resurrección al tercer día y anunció que esta sería la señal más importante para la consolidación de Sus afirmaciones de la verdad. El Señor demostró Su presciencia de este acontecimiento crucial varias veces (por ejemplo, Mateo 12:38-40; Marcos 8:31; 10:33-34; Juan 2:18-22).

(2) El silencio de los líderes judíos acerca de la resurrección testificaba elocuentemente que ellos sabían que estas cosas

eran innegables. Hubieran ofrecido por cierto una refutación de esta afirmación cristiana de haber habido alguna base para hacerlo.

(3) Antes de la resurrección, los discípulos eran hombres temerosos cuya fe era débil y todos abandonaron a Jesús después de su arresto. Pero cuando llegó el Día de Pentecostés siete semanas más tarde, estaban proclamando con valentía a Cristo ante las multitudes en Jerusalén. Esta transformación fue completa, permanente y unánime. Todos ellos sufrieron por amor al mensaje del Señor resucitado, y casi todos murieron como mártires. Resulta evidente que estaban totalmente convencidos de la verdad de la resurrección, y su posición les permitía por cierto saber si ésta había ocurrido verdaderamente.

(4) El éxito de la iglesia cristiana primitiva a pesar de una feroz oposición es otra evidencia a favor de la resurrección. La iglesia comenzó en la propia Jerusalén, la ciudad de la tumba vacía, y la predicación de los apóstoles se centró en el Salvador resucitado. Sin la resurrección, la iglesia no hubiera empezado a existir.

(5) El desplazamiento del sábado al domingo como el día de adoración para los cristianos judíos primitivos (cf. Hechos 20:7; 1 Corintios 16:1-2) fue un acto radical que nunca habría ocurrido si Cristo no hubiera resucitado en el primer día de la semana (Mateo 28:1; Lucas 24:1).

(6) Los sacramentos del bautismo y la comunión están relacionados con la resurrección, y hubieran carecido de sentido en la iglesia primitiva aparte de la realidad histórica de la resurrección.

(7) La forma en que la iglesia del siglo primero pasó por alto la tumba de Jesús ilustra también el hecho de que estos cristianos sabían que estaban sirviendo al Señor resucitado.

(8) Las conversiones de Santiago y de Pablo ofrecen importante evidencia circunstancial en favor de la

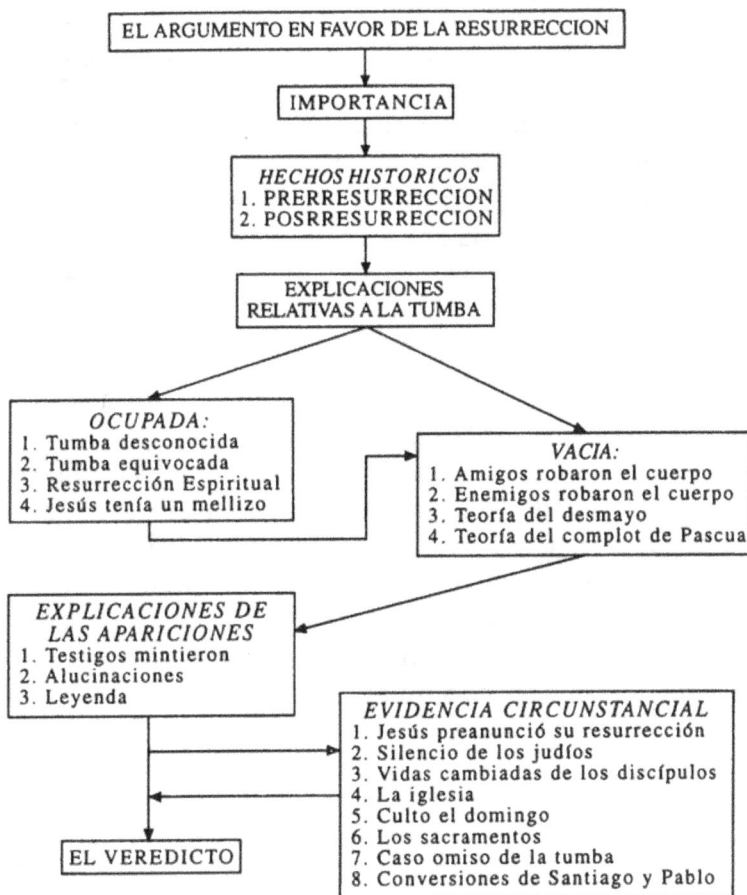

```
┌──────────────────────────────────────────────┐
│ EL ARGUMENTO EN FAVOR DE LA RESURRECCION       │
└──────────────────────────────────────────────┘
              │
         ┌──────────────┐
         │ IMPORTANCIA  │
         └──────────────┘
              │
    ┌───────────────────────────┐
    │ HECHOS HISTORICOS          │
    │ 1. PRERRESURRECCION        │
    │ 2. POSRRESURRECCION        │
    └───────────────────────────┘
              │
    ┌───────────────────────────┐
    │ EXPLICACIONES              │
    │ RELATIVAS A LA TUMBA       │
    └───────────────────────────┘
```

OCUPADA:
1. Tumba desconocida
2. Tumba equivocada
3. Resurrección Espiritual
4. Jesús tenía un mellizo

VACIA:
1. Amigos robaron el cuerpo
2. Enemigos robaron el cuerpo
3. Teoría del desmayo
4. Teoría del complot de Pascua

EXPLICACIONES DE
LAS APARICIONES
1. Testigos mintieron
2. Alucinaciones
3. Leyenda

EVIDENCIA CIRCUNSTANCIAL
1. Jesús preanunció su resurrección
2. Silencio de los judíos
3. Vidas cambiadas de los discípulos
4. La iglesia
5. Culto el domingo
6. Los sacramentos
7. Caso omiso de la tumba
8. Conversiones de Santiago y Pablo

EL VEREDICTO

Diagrama 17

79

resurrección. Santiago estaba opuesto a las afirmaciones de su medio hermano Jesús (Juan 7:5, pero después que Jesús resucitado se le apareciera, ocurrió en él una transformación (1 Corintios 15:7). Se convirtió en el líder de la iglesia de Jerusalén y se llamó a sí mismo "siervo de Dios y del Señor Jesucristo" (Santiago 1:1). El increíble cambio que ocurrió en el celoso joven fariseo, Saulo, es inexplicable también aparte de la resurrección. Saulo, el feroz perseguidor de los cristianos, se convierte de pronto en Pablo, el cristiano perseguido. Nunca fue el mismo después de haber visto la gloria de Cristo en el camino a Damasco.

El veredicto

Todos los intentos por hallar explicaciones naturalistas a los hechos históricos relacionados con la resurrección han fracasado. La evidencia directa concerniente a la tumba y a las apariciones, junto con las evidencias circunstanciales, establece más allá de una duda razonable la resurrección corporal de Jesucristo. El venció a la tumba, y ofrece vida de resurrección a aquellos que ponen su confianza en El. El Diagrama 17 se conecta con el organigrama "¿Han ocurrido milagros?" presentado anteriormente en este capítulo.

5

¿ES EL CRISTIANISMO SÓLO UNA MULETA PSICOLÓGICA?

Preguntas que se hacen a menudo:

¿Es el cristianismo, como todas las religiones, sólo una muleta para la gente emocionalmente débil?

¿Crea la gente a Dios sólo con el objeto de hacer frente al futuro?

¿Por qué tendría que importar lo que uno cree, siempre que tenga una fe sincera?

Si fue educado para creer en Dios, ¿puede negar ese precondicionamiento?

¿Y qué, si no necesito la religión?

Dos opciones

Para responder esta pregunta, debemos comprender primero la definición de la palabra *psicológico*. Esta ha sido definida en el diccionario como "lo que existe en la mente", o "la realidad según ella es percibida." Si una experiencia

81

es meramente psicológica, debe ser entonces totalmente subjetiva, sin ningún dato objetivo que sustancie una conclusión. O el cristianismo es una experiencia subjetiva que carece de realidad objetiva, o es una experiencia que tiene base objetiva (ver Diagrama 18).

Antes de examinar estas dos opciones, debemos aclarar que el hecho de ser completamente subjetiva no convierte necesariamente en falsa a una posición. Esto no hace sino abstraerla de la esfera de la investigación. Si el cristianismo puede ser relegado al estado de total subjetividad, sería muy difícil para nosotros probar la validez de nuestras afirmaciones. Recordemos, sin embargo, que muchos críticos han descubierto que el rincón de la subjetividad es muy cómodo, porque pueden remitir a él opiniones opuestas cuando se ven enfrentados a una decisión incómoda.

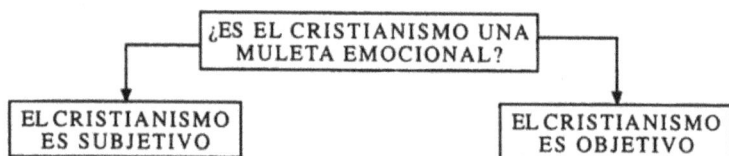

Diagrama 18

Primera Opción: El cristianismo es subjetivo

Durante siglos, la religión en general y el cristianismo en particular han sido catalogados como muletas emocionales. La palabra *muleta* tiene connotaciones negativas cuando se la aplica a la religión. Una muleta supone: (1) La presencia de un problema o necesidad y (2) la provisión de ayuda o asistencia. La ayuda y asistencia que otorga una muleta siempre deja algo que desear. Una muleta evoca la idea de un artefacto incómodo para ayudar a una persona a desempeñarse en forma vacilante en la vida.

Es una ayuda, no una solución al problema. De acuerdo a esta opinión, una persona religiosa opera estrictamente desde las emociones para satisfacer sus necesidades y superar sus debilidades. Los mayores escépticos de la religión, tales como Sartre, Russell, Marx, y Freud, han representado la religión como algo para los emocionalmente débiles, para aquellos que no pueden enfrentar solos el futuro. Marx vio el problema como económico; la religión es la zanahoria en la punta de un palo que las clases superiores usan para impedir que las clases inferiores se rebelen. Las masas fueron mantenidas a la zaga con la promesa de una existencia mejor en la vida venidera si perseveraban. Freud y otros relacionaron la religión con el temor que surge de contender con fuerzas naturales. Según Freud, el hombre inventó a Dios para ayudarlo a enfrentar los peligros y las cosas desconocidas de la vida. Ahora que el hombre se cree autosuficiente y menos supersticioso, ya no tiene necesidad de Dios.

Estamos de acuerdo en que la religión puede ser una muleta. Algunas personas altamente emocionales y débiles buscan la religión porque se sienten demasiado inseguras para enfrentar el futuro por sí solas. Inventan sus propios dioses para que las ayuden a soportar las cargas y aflicciones de la vida. El cristianismo es caricaturizado a menudo por los medios como un mecanismo de escape para la gente emocionalmente necesitada. Pero el hecho de que la religión *puede ser* una muleta no significa realmente que *siempre* lo sea.

Examinemos ahora algunas objeciones psicológicas al cristianismo. La primera objeción es el *precondicionamiento*. Algunos tratan de invalidar la afirmación que hace el cristianismo de ser objetivo, declarando que los cristianos fueron precondicionados para creer en Cristo por su familia y su cultura. Hacen dos suposiciones falsas:

(1) Todos los cristianos fueron criados en un ambiente cristiano. Por el contrario, si se hiciera un relevamiento

de cristianos, éste indicaría que muchos llegaron al cristianismo desde ambientes religiosamente hostiles o neutrales a él.

(2) Si una persona está precondicionada, su posición no es válida. Pero el precondicionamiento no convierte a una posición en verdadera o falsa. La pregunta que hay que hacer es, "¿Tiene mi precondicionamiento alguna realidad objetiva?" Saquemos esta declaración por un momento fuera de la esfera de la religión. La mayoría de las personas en América fueron precondicionadas en su infancia a creer en Santa Claus. Cuando crecieron, comprendieron que Santa Claus era en realidad su padre. Su precondicionamiento era falso debido a que el objeto lo era. Pero la mayoría de la gente fue también precondicionada en su infancia a creer que el fuego es sumamente caliente, y cuando crecieron, su experiencia confirmó aquel precondicionamiento. No permita que una persona caiga en la trampa de rechazar el cristianismo sólo porque fue precondicionada a creer en él en su infancia. El precondicionamiento no valida ni invalida una posición. Una investigación acerca de la validez de las afirmaciones del cristianismo debería conducir a buscar alguna clase de base objetiva.

Los críticos pueden atacar la afirmación del cristianismo de ser objetivo planteando una segunda objeción: *la creencia y las emociones no determinan la verdad.* Ellos dan por supuesto que los cristianos declaran que el cristianismo es verdad en base a sus propias creencias y emociones. Pero esta suposición es falsa. El cristianismo es verdadero a causa de Cristo y de quién El es, y no a causa de que los cristianos tengan creencias o emociones. La creencia que uno pueda tener en algo no hace a ese algo verdadero, e inversamente, la falta de creencia no hace que una cosa sea falsa.

Por ejemplo, supongamos que alguien decida creer que cada vez que arroja hacia arriba una pelota, ésta caerá otra vez. ¿La pelota cae porque él cree que lo hará? No, cae a causa de la gravedad y no de su creencia. Supongamos que otra persona ya no creyera en la existencia de la ley de gravedad. ¿Alentaríamos a esa persona a saltar desde el edificio más alto de la ciudad? Obviamente no, porque caería verticalmente a tierra. La ley de gravedad es válida en base a sus criterios objetivos, y no en base a la creencia o falta de creencia de uno.

Tomemos también el caso de un paciente que padece de una infección bacteriana mortal. Cuando este paciente recibe una dosis de morfina, los síntomas de la enfermedad quedan borrados a causa de los efectos adormecedores de la droga. El paciente cree que está curado. Pero creer en estar curado y *estar* curado son dos cosas diferentes. Supongamos ahora que el paciente recibe penicilina en lugar de morfina. Continúa sintiendo dolor mientras es curado y por eso cree que la medicina no le está haciendo efecto, pero su falta de creencia no altera la realidad de su cura. Debemos recordar que la creencia que uno tenga es sólo tan válida como el objeto en el cual está ella puesta. El cristiano no trata de validar el cristianismo en base a sus creencias y emociones subjetivas. Recurre en cambio a los datos objetivos concernientes a Cristo.

La tercera objeción que se plantea para demostrar que el cristianismo es subjetivo en vez de objetivo, es que *la experiencia no determina la verdad*. La suposición en este caso es que los cristianos han tratado de demostrar la verdad del cristianismo en base a su experiencia. Esto también es falso. La experiencia o falta de ella puede llevar a una persona a cierta conclusión, pero sigue siendo una conclusión subjetiva y por lo tanto ajena a la esfera de la investigación. La experiencia personal de un individuo puede verificar una verdad pero no probarla.

Una prueba del cociente intelectual afirma que un genio es un genio, pero la experiencia de realizar el examen no convierte a la persona en genio. Era un genio y el examen lo confirmó. Un ciego puede no haber visto nunca una puesta de sol, pero él no debería concluir de esto que las puestas de sol no existen.

De estas objeciones podemos concluir, en primer lugar, que el punto de vista cristiano no puede ser descartado en base al precondicionamiento. La pregunta verdadera debería ser, "¿Tiene alguna realidad objetiva el precondicionamiento de uno?" Segundo, una creencia o experiencia no prueba una posición, ni una falta de creencia o experiencia la invalida. Además, la cuestión verdadera es si la creencia o experiencia de uno tiene alguna realidad objetiva. Si no la tiene, la posición cristiana podría ser la de una muleta psicológica.

Antes de profundizar en el tema de si el cristianismo tiene alguna realidad objetiva o no, haríamos bien en asumir nosotros la posición de los críticos del cristianismo y ver las objeciones psicológicas que se pueden hacer al ateísmo.

En *Objections Answered* (Regal), R. C. Sproul describe el dilema de la siguiente manera:

> *Es innegable que el hombre tiene el poder de imaginación creativa y la capacidad de convertir sus fantasías en teorías o en sistemas religiosos desarrollados. Se debe admitir también que el hombre halla realmente en la religión un importante recurso de solaz y consuelo. No se discute que la gente es a menudo atraída a la religión por sus necesidades emocionales. Tampoco se discute que ha sido usada innumerables veces en la historia como instrumento de explotación. Pero lo mismo se puede decir del ateísmo (pp. 63-64).*

Parece que en muchas ocasiones le convendría al hombre no tener que responder a un Dios todopoderoso. Si no hay Dios, las consecuencias de las acciones de uno pueden ser minimizadas. ¿Pudiera ser que el ateo elimina a Dios con el objeto de reducir su temor de enfrentar a semejante Ser? El carácter mismo de Dios es perturbador para los hombres que están en rebelión contra El. El es santo, inmutable, todopoderoso y omnisciente. La capacidad de descartar el concepto de esta clase de Dios puede aliviar en gran medida la culpa en los corazones de los hombres.

La facilidad con que algunos ateos desechan a Dios nos hace recordar una historia de dos ranas. La primera rana observó que nunca había visto nada que fuera más grande o más fuerte que una rana. La otra verificó esto, cosa que les dio una sensación de seguridad. Sabían que nada las podía vencer, de manera que se lanzaron de un salto a la charca y se fueron a atender sus asuntos. La decisión de las ranas, aunque fue subjetiva, les resultaba muy cómoda.

Finalmente, debemos hacer al ateo las mismas preguntas que se le hicieron al cristiano. ¿Qué base objetiva tiene el ateo para desechar a Dios? ¿O es subjetiva su posición y por lo tanto una muleta psicológica? Puesto que hay una carencia de evidencia objetiva en la posición del ateo (ver capítulo 3), pareciera que su conclusión cae dentro de la esfera de lo subjetivo.

Romanos 1:18-32 nos da una idea clara de la progresión de los caminos pecaminosos del hombre y de cómo esto afecta la visión que el hombre tiene de Dios. Pablo declara que todos sabemos que Dios existe, tanto a causa de la evidencia que hay dentro de cada uno, como de la que vemos en la creación (1:19-20). Pero frente a este Dios santo, los hombres decidieron reprimir este conocimiento y hacerse necios antes que sabios (1:21-22). Después de reprimir su comprensión del Dios santo y verdadero, los hombres sustituyeron la adoración del Creador por la adoración de la creación (1:23-27). El resultado fue que Dios entregó a una mente depravada a aquellos que lo abandonaron (1:28-32).

Todos necesitamos hallar un significado a la vida. Es por eso que todas las sociedades tienen manifestaciones religiosas. La búsqueda de significado (preguntas básicas acerca de la vida) no es una señal de debilidad. No es cuestión de *si* buscamos significado; sólo es cuestión de *cómo* lo hacemos. Alguien dijo una vez que no importa lo que creemos en tanto creamos en algo. Pero la fe es sólo tan buena como el objeto en el que está puesta.

Tomemos, por ejemplo, la historia de dos hombres que realizaban una excursión en Colorado en el mes de enero. Cuando vieron que el crepúsculo avanzaba, su única esperanza de regresar a la cabaña antes de oscurecer era atravesar el lago helado. Uno de los hombres temía que el hielo no soportara su peso y se quedó dudando. El amigo le recordó que estaban en mitad de enero, que el hielo tenía por lo menos seis pies de espesor, y que no tenían por qué preocuparse. El hombre temeroso tenía poca fe, de modo que fue avanzando lentamente de regreso a la cabaña. El hielo no se quebró; su fe era pequeña pero el objeto de ella, fuerte. Algunos meses después, los dos hombres estaban haciendo otra excursión y el crepúsculo los sorprendió de nuevo. El que había sido temeroso sugirió ahora que cruzaran el lago. El otro, sin embargo, le dijo a su ahora valiente amigo que el mes de mayo estaba muy avanzado y que el hielo no tenía más espesor que un cuarto de pulgada. Pero no lo pudo disuadir, porque su fe era grande. Así que se alejó algunos pies de la orilla y el hielo se quebró con estrépito. Su fe era mucho más fuerte la segunda vez, pero el objeto de ella mucho menos seguro. Nuestra fe sólo es tan buena como lo es su objeto.

Antes de que pasemos a la opción "El cristianismo es objetivo", veamos la primera opción en el Diagrama 19.

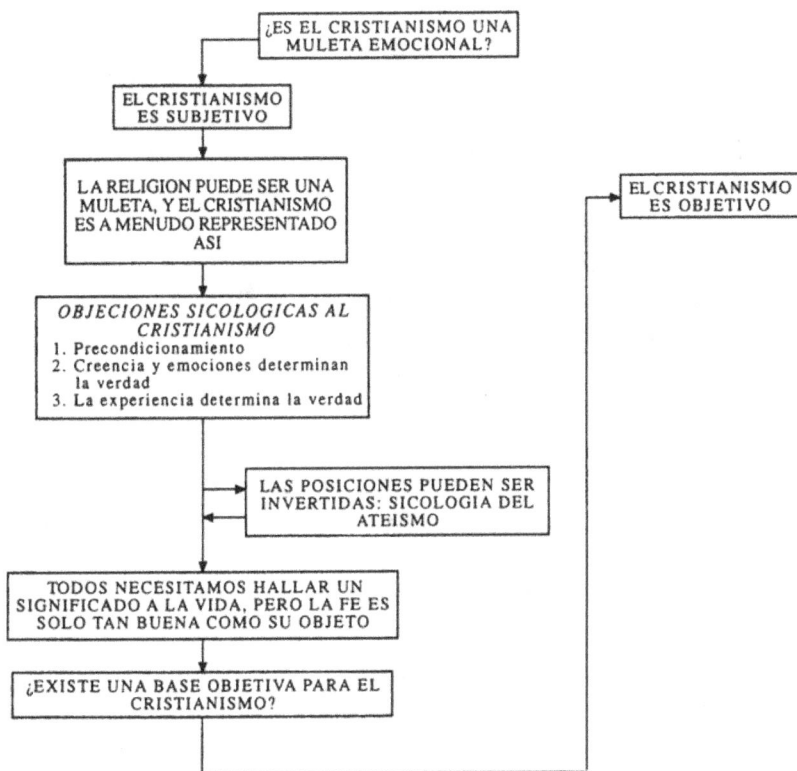

```
                    ┌─────────────────────────┐
                    │ ¿ES EL CRISTIANISMO UNA  │
                    │    MULETA EMOCIONAL?     │
                    └─────────────────────────┘

        ┌─────────────────────┐
        │   EL CRISTIANISMO    │
        │     ES SUBJETIVO     │
        └─────────────────────┘

    ┌───────────────────────────────┐              ┌──────────────────┐
    │ LA RELIGION PUEDE SER UNA      │              │  EL CRISTIANISMO │
    │ MULETA, Y EL CRISTIANISMO      │              │   ES OBJETIVO    │
    │ ES A MENUDO REPRESENTADO       │              └──────────────────┘
    │            ASI                 │
    └───────────────────────────────┘

    ┌───────────────────────────────────┐
    │ OBJECIONES SICOLOGICAS AL         │
    │         CRISTIANISMO              │
    │ 1. Precondicionamiento            │
    │ 2. Creencia y emociones determinan│
    │    la verdad                      │
    │ 3. La experiencia determina la    │
    │    verdad                         │
    └───────────────────────────────────┘

                    ┌───────────────────────────┐
                    │ LAS POSICIONES PUEDEN SER  │
                    │ INVERTIDAS: SICOLOGIA DEL  │
                    │         ATEISMO            │
                    └───────────────────────────┘

    ┌─────────────────────────────────────┐
    │ TODOS NECESITAMOS HALLAR UN          │
    │ SIGNIFICADO A LA VIDA, PERO LA FE ES │
    │ SOLO TAN BUENA COMO SU OBJETO        │
    └─────────────────────────────────────┘

    ┌─────────────────────────────────────┐
    │ ¿EXISTE UNA BASE OBJETIVA PARA EL    │
    │         CRISTIANISMO?                │
    └─────────────────────────────────────┘
```

Diagrama 19

89

Segunda opción: El cristianismo es objetivo

Mientras indagamos en busca de una realidad objetiva, debemos decidir cuánta y qué clase de prueba necesitaremos. Aquí debemos volver al capítulo 3 para repasar la sección referente a la prueba.

En nuestra búsqueda de prueba legal e histórica, nos dirigimos al objeto del cristianismo y examinamos la persona y la obra de Cristo. El acontecimiento histórico más crítico en esta conexión es la resurrección. La resurrección es la vena yugular del cristianismo si ella es verdadera, lo es el cristianismo.

En el apéndice al capítulo 4, examinamos con algún detalle la evidencia y establecimos más allá de una duda razonable la resurrección de Jesucristo. El objeto de fe en el cristianismo es seguro, y por lo tanto, la fe en este objeto está bien puesta. Puesto que los cristianos no basan su creencia en sentimientos subjetivos sino que tienen una realidad objetiva en la que confían, el cristianismo tiene un fundamento objetivo y no es meramente una muleta psicológica.

La declaración hecha por Cristo en Juan 14:6, "Yo soy el camino y la verdad y la vida; nadie viene al Padre sino por mí," expone la necesidad de todo hombre, mujer y niño. Si el cristianismo es verdadero, todos tenemos una real necesidad de Cristo, aun cuando no la experimentemos. Una persona puede tener una enfermedad rara y necesitar atención médica, aun cuando no la sienta. Los niños tienen una verdadera necesidad de comidas nutritivas y balanceadas, pero ellos pueden no sentir tal necesidad.

Anteriormente dijimos que una muleta presupone la existencia de un problema o necesidad y la provisión de ayuda o asistencia. Ya hemos visto la necesidad del hombre y su problema el pecado que dio por resultado la muerte y la separación de Dios (Romanos 3:23; 6:23). Pero

Cristo no ofrece una *muleta*; nos da una *cura*. El sustituyó nuestra vida por la suya para que no tuviéramos que pagar el castigo (Marcos 10:45). Esta sustitución fue un pago total, una restauración completa. Una persona con una muleta está obstaculizada y va rengueando por la vida con esa ayuda artificial. Los cristianos no reciben una muleta como asistencia mínima, sino una cura completa que les proporciona una abundancia máxima.

Los cristianos no deberían afirmar que el cristianismo es verdadero por haberlo experimentado; deberían decir más bien que el cristianismo es verdadero y que su experiencia lo confirma. La experiencia desempeña un rol de apoyo en la sustanciación de la validez del cristianismo. Imagine levantándose antes del alba durante una semana. Está en el pórtico de su casa con una brújula en la mano esperando la salida del sol. Cada mañana, pone su brújula en una posición conveniente y ve que el sol sale en el este. El hecho de que usted se levante cada mañana con una brújula no hace que el sol aparezca en el este. La verdad es que el sol se levanta en el este cada mañana, y su experiencia con la brújula verifica esa verdad.

Establecimos un análisis detallado de las pruebas de la Resurrección y llegamos a la conclusión de que el cristianismo tiene un fundamento sólido de objetividad antes que un fundamento cambiante de subjetividad. El cristianismo no es rechazado después de haber sido examinado y hallado falto de verdad objetiva; es a menudo rechazado simplemente por no haber sido examinado.

Cuando hable con un incrédulo, éste es el momento apropiado para poner el foco en una explicación del Evangelio. Cristo es la respuesta a los problemas del hombre, y nosotros tenemos una verificación objetiva en cuanto a Sus méritos. Veamos el Capítulo 13 para una presentación del Evangelio y de qué significa creer. Ver el Diagrama 20 por la segunda opción a esta pregunta.

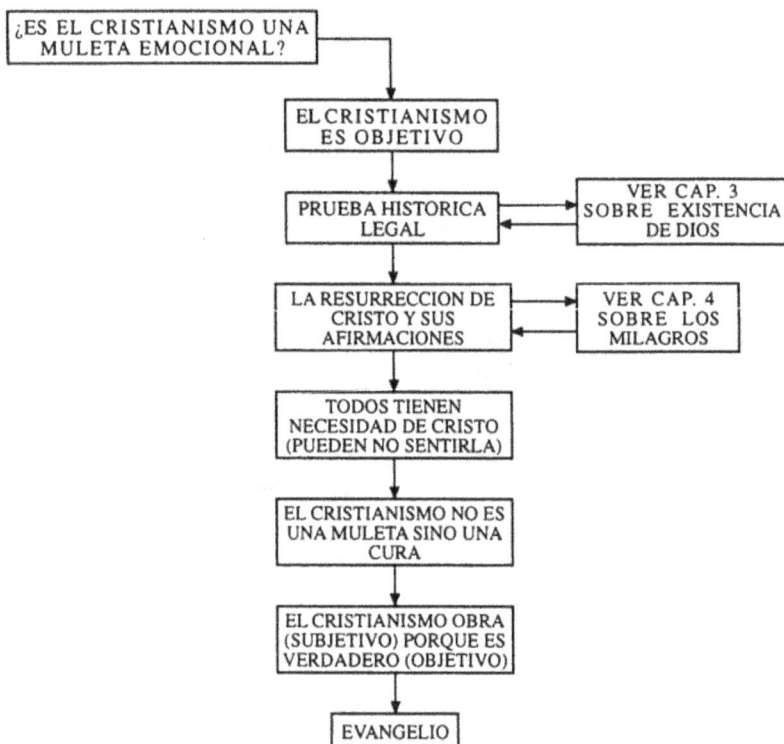

```
┌─────────────────────────────┐
│ ¿ES EL CRISTIANISMO UNA     │
│    MULETA EMOCIONAL?        │
└─────────────────────────────┘
                  │
        ┌──────────────────┐
        │  EL CRISTIANISMO │
        │   ES OBJETIVO    │
        └──────────────────┘
                  │
        ┌──────────────────┐        ┌──────────────────────┐
        │ PRUEBA HISTORICA │◄──────►│   VER CAP. 3         │
        │      LEGAL       │        │ SOBRE EXISTENCIA     │
        └──────────────────┘        │     DE DIOS          │
                  │                 └──────────────────────┘
    ┌──────────────────────┐        ┌──────────────────────┐
    │ LA RESURRECCION DE   │───────►│   VER CAP. 4         │
    │  CRISTO Y SUS        │◄───────│  SOBRE LOS           │
    │  AFIRMACIONES        │        │   MILAGROS           │
    └──────────────────────┘        └──────────────────────┘
                  │
    ┌──────────────────────┐
    │   TODOS TIENEN       │
    │ NECESIDAD DE CRISTO  │
    │ (PUEDEN NO SENTIRLA) │
    └──────────────────────┘
                  │
    ┌──────────────────────┐
    │ EL CRISTIANISMO NO ES│
    │ UNA MULETA SINO UNA  │
    │        CURA          │
    └──────────────────────┘
                  │
    ┌──────────────────────┐
    │ EL CRISTIANISMO OBRA │
    │ (SUBJETIVO) PORQUE ES│
    │ VERDADERO (OBJETIVO) │
    └──────────────────────┘
                  │
        ┌──────────────────┐
        │    EVANGELIO     │
        └──────────────────┘
```

Diagrama 20

92

Resumen y Organigrama

Aunque algunos cristianos han sido influenciados por el precondicionamiento, esto no niega la realidad del cristianismo. La verdadera cuestión es si existe una realidad objetiva detrás de él. También hemos argumentado que una creencia o experiencia por sí misma no es razón suficiente para aceptar una posición como objetivamente verdadera. La crítica de la religión declara que Dios ha sido creado como respuesta a alguna necesidad emocional. Pero hemos invertido los papeles y afirmado que el ateo tiene igualmente mucho que ganar en la satisfacción de sus propias necesidades si Dios puede ser eliminado.

El punto crucial de la realidad objetiva del cristianismo es Cristo y la resurrección. Cuando examinamos la evidencia, debemos concluir que los cristianos se apoyan, no en una experiencia mental o emocional subjetiva sino que tienen suficiente apoyo objetivo en favor de sus argumentos.

Lecturas Suplementarias

(1) David A. DeWitt, *Answering the Tough Ones* (Moody). Ver capítulo 7.
(2) Cedric B. Johnson y H. Newton Malony, *Christian Conversion: Biblical and Psychological Perspectives* (Zondervan). Un extenso examen de los factores involucrados en la conversión.
(3) Paul E. Little, *Know Why You Believe* (Victor Books). El capítulo 12 es uno de los mejores tratamientos de esta cuestión.
(4) Clark H. Pinnock, *Set Forth Your Case* (Craig Press). El capítulo 8 trata de "La Insuficiencia de la experiencia por sí sola."
(5) R. C. Sproul, *Objections Answered* (Regal Books). El capítulo 4 trata esta cuestión.

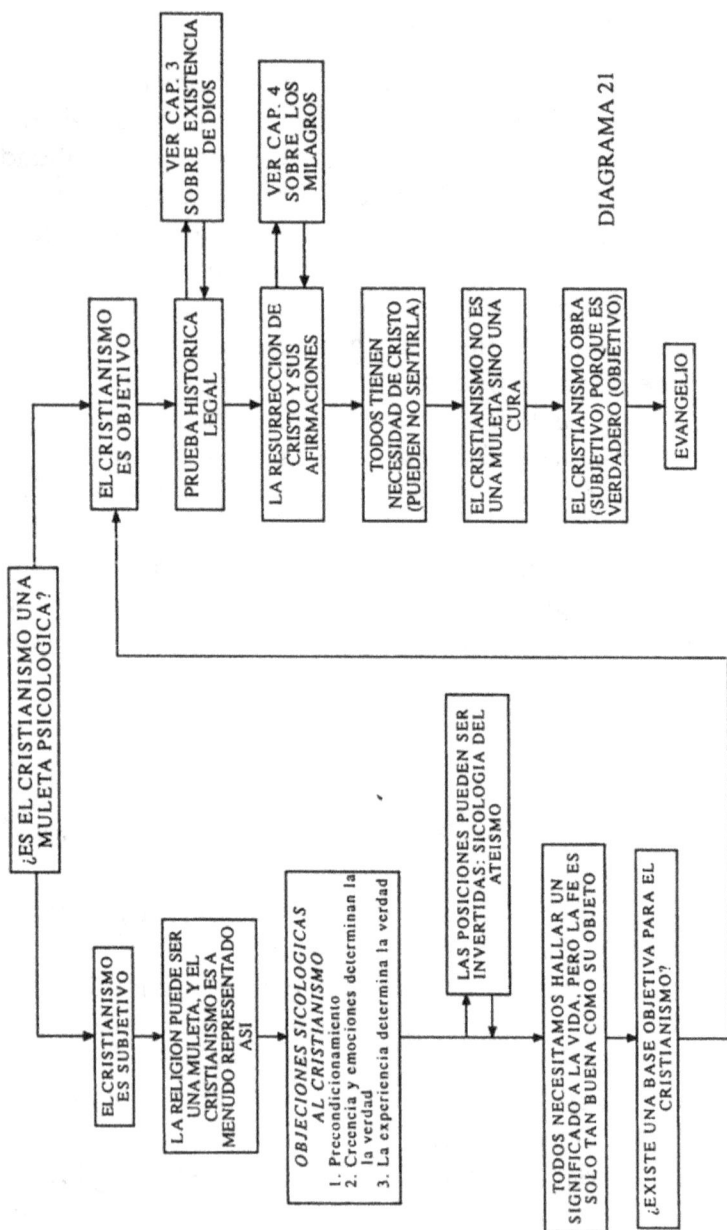

DIAGRAMA 21

(6) R. C. Sproul, *If There Is a God, Why Are There Atheists?* (Bethany Fellowship). Este libro ofrece excelente enseñanza para discernir el otro lado de la moneda, el deseo psicológico de muchos para prescindir de la existencia de Dios.

(7) Barry Wood, *Questions Non-Christians Ask* (Revell). Ver capítulo 3.

6

¿Cuán exacta es la Biblia?

Tres Opciones

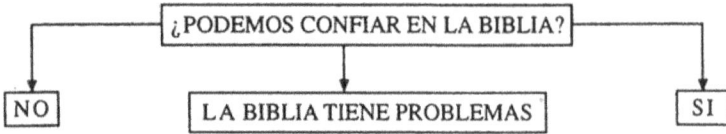

```
        ┌──────────────────────────────┐
        │  ¿PODEMOS CONFIAR EN LA BIBLIA? │
        └──────────────────────────────┘
   │                    │                    │
   ▼                    ▼                    ▼
┌──────┐    ┌────────────────────────┐    ┌──────┐
│  NO  │    │ LA BIBLIA TIENE PROBLEMAS │    │  SI  │
└──────┘    └────────────────────────┘    └──────┘
```

Diagrama 22

La primera respuesta a esta pregunta es un completo rechazo de la confiabilidad de la Biblia. Esta actitud es casi siempre viene de haber estado expuesto a una enseñanza negativa acerca de la Biblia, y no de la investigación de primera mano de su contenido. La segunda respuesta es un enfoque más específico de los problemas y que cuestiona la veracidad de la Biblia, debido a la existencia de uno o más puntos problemáticos. Estos incluyen problemas tales como la inspiración, la interpretación, la ciencia y la Biblia, la ética, los errores aparentes, la canonicidad y los milagros. La tercera respuesta es un reconocimiento de la autoridad de la Biblia. (Ver Diagrama 22).

Primera Opción: La Biblia no es confiable

Por lo general esta reacción es producto de falsas impresiones que se han recibido de cualquier otra fuente que no sea la Biblia. El conocimiento que la mayoría de la gente tiene acerca de la Biblia se deriva casi completamente de fuentes de segunda, tercera y cuarta mano. No es sorprendente, entonces, que tanta gente piensa que la Biblia dice, "Ayúdate que yo te ayudaré" o, "La limpieza es casi santidad." Muchos están convencidos también de que las Escrituras enseñan que la tierra es plana o que es el centro del universo. Otra equivocación común es que los libros del Nuevo Testamento fueron escritos siglos después de los acontecimientos que describen o que nuestros primeros manuscritos del Nuevo Testamento datan sólo del cuarto o quinto siglo D.C. Además, la mayoría de la gente ha recibido de alguna manera la impresión de que la Biblia en nuestro idioma es una traducción de una traducción de una traducción (etc.) del original, y que en cada etapa del proceso se introdujeron nuevos errores.

Los cursos de enseñanza superior a menudo socavan la autoridad de la Biblia afirmando falsamente que el Antiguo Testamento es meramente un derivado de mitos y códigos legales Babilónicos y Asirios. La gente frecuentemente dice que la Biblia está cargada de contradicciones, pero son muy pocos los que pueden pensar en alguna cuando se les pregunta. Los pocos que pueden hacerlo, por lo general mencionan las objeciones trilladas que les enseñaron, como los dos relatos "contradictorios" de la creación en Génesis 1 y 2. Es rara la persona que haya examinado personalmente el texto para verificar si la contradicción que se alega está realmente allí.

Como resultado de todo esto, quizás usted tenga que aclarar algunas de estas falsas impresiones antes de poder realizar algún progreso respondiendo esta pregunta. Quizás pueda superar varios conceptos equivocados con una breve presentación de los argumentos a favor de la confiabilidad de los documentos bíblicos. (Observe que en ocasiones puede usar un enfoque alternativo a este punto. Cuando alguien dice, "Yo no creo en la Biblia," puede preguntar, "¿Comprende usted el mensaje de la Biblia?" Muchos reconocerán que no lo entienden, y aquellos que creen comprenderlo, presentarán en forma casi invariable, un cuadro deformado. Después de señalar esto amablemente, diga, "Creo que usted se merece tener un cuadro correcto del mensaje básico de la Biblia antes de decidir si lo acepta o lo rechaza." Esto puede abrir la puerta a una presentación clara del Evangelio, y la discusión puede continuar desde allí. Este enfoque sólo es apropiado cuando la objeción a la Biblia es vaga o se la usa como una cortina de humo. Si la persona tiene dificultades intelectuales honestas en relación a la Biblia, dé respuestas directas cuando sea posible.)

La confiabilidad de los documentos bíblicos

Esto se puede demostrar combinando tres líneas de evidencia: la prueba bibliográfica, la prueba interna, y la prueba externa. La primera prueba examina los manuscritos bíblicos, la segunda se ocupa de las afirmaciones hechas por los autores bíblicos y la tercera busca confirmación externa del contenido bíblico.

La prueba bibliográfica. Esta prueba examina la transmisión del texto del Antiguo y el Nuevo Testamento desde los autógrafos hasta el presente. Los tres aspectos de esta prueba son la cantidad, la calidad y el período que abarcan los manuscritos.

(1) La *cantidad* de manuscritos. En el caso del Antiguo Testamento, hay un número pequeño de manuscritos hebreos, porque los escribas judíos enterraban ceremonialmente los manuscritos imperfectos y gastados. Muchos manuscritos antiguos se perdieron o destruyeron también durante la turbulenta historia de Israel. Además, el texto del Antiguo Testamento fue normalizado por los Judíos Masoréticos hacia el Siglo 6 D.C., y todos los manuscritos que se apartaban del Texto Masorético fueron evidentemente eliminados. Pero los manuscritos hebreos existentes están suplementados por los Rollos del Mar Muerto, la Septuaginta (traducción griega del Antiguo Testamento que data del Siglo 3 A.C.), el Pentateuco Samaritano, y los Tárgumes (antiguas traducciones parafrásicas del Antiguo Testamento), así como el Talmud (enseñanzas y comentarios relacionados con las Escrituras Hebreas).

La cantidad de manuscritos del Nuevo Testamento no

tiene paralelo en la literatura antigua. Hay más de 5.000 manuscritos griegos, alrededor de 8.000 manuscritos latinos, y otros 1.000 manuscritos en otros idiomas (siriaco, copto, etc.). Además de este extraordinario número, tenemos decenas de miles de citas de pasajes del Nuevo Testamento, hechas por los padres de la iglesia primitiva. En contraste, el número típico de copias manuscritas existentes de algunas de las obras de los autores griegos y latinos, tales como Platón, Aristóteles, Julio César o Tácito, va de 1 a 20.

(2) La *calidad* de los manuscritos. Debido a la gran reverencia con que los escribas judíos trataban las Escrituras, ellos tenían un cuidado extremo al realizar nuevas copias de la Biblia hebrea. Todo el proceso de escritura estaba especificado en meticuloso detalle para reducir al mínimo la posibilidad del más ligero error. Se contaba el número de letras, palabras y líneas, y se determinaban las letras medias del Pentateuco y del Antiguo Testamento. Si se descubría un solo error, se destruía la totalidad del manuscrito.

Como resultado de este extremo cuidado, la calidad de los manuscritos de la Biblia hebrea sobrepasa la de todos los otros manuscritos antiguos. El descubrimiento en 1947 de los Rollos del Mar Muerto proveyó una importante verificación de este aspecto, porque estos rollos hebreos son anteriores a los más antiguos manuscritos masoréticos del Antiguo Testamento, en alrededor de 1.000 años. Pero a pesar del tiempo que los separa, el número de variantes textuales entre los Rollos del Mar Muerto y el Texto Masorético es muy pequeño, y la mayoría son variaciones de ortografía y estilo.

Aunque la calidad de los manuscritos del Antiguo Testamento es excelente, la del Nuevo Testamento es muy buena, considerablemente mejor que la calidad de los manuscritos de otros documentos antiguos. Debido a los miles de manuscritos del Nuevo Testamento, aparecen muchas variantes en los textos, pero éstas son utilizadas en la práctica por los estudiosos para reconstruir los textos originales determinando qué variante explica mejor que las otras un pasaje dado. Algunas de estas variantes en los textos se deslizaron en los manuscritos a causa de errores visuales al copiar o debido a errores auditivos cuando un grupo de escribas copiaban manuscritos a medida que alguien dictaba. Otros errores son resultado de defectos de escritura, de memoria y de juicio, y aún otros de escribas bien intencionados que creían estar corrigiendo el texto. No obstante, sólo un pequeño número de estas diferencias afecta el sentido de los pasajes, y sólo una pequeña parte de ellas tiene alguna consecuencia real. Además, *ninguna* discrepancia en los textos es suficientemente significativa para poner en cuestión algunas de las doctrinas del Nuevo Testamento. Este puede considerarse puro en un 99,5 por ciento, y a menudo se puede verificar el texto correcto del restante 0,5 por ciento con un considerable grado de probabilidad, mediante la práctica de la crítica textual.

(3) El *tiempo que separa al original* de los manuscritos. Aparte de algunos fragmentos, el manuscrito masorético más antiguo del Antiguo Testamento está fechado en el año 895 D.C. Esto se debe a la sistemática destrucción de manuscritos gastados que hacían los masoretas Sin embargo, el descubrimiento de los Rollos del Mar Muerto fechados entre el 200 A.C. hasta el 68 D.C. redujo drásticamente el lapso que va entre la escritura de los libros del Antiguo Testamento hasta nuestras copias más antiguas de ellos.

En el caso de los manuscritos del Nuevo Testamento el lapso es excepcional. Los manuscritos realizados sobre papiro proceden del segundo y tercer siglos D.C. El Fragmento de John Rylands (P52) del Evangelio de Juan está fechado entre 117-138 D.C., sólo pocas décadas después de ser escrito el Evangelio. Los Papiros Bodmer datan de

175-225 D.C., y los Papiros Chester Beatty desde alrededor del 250 D.C. El lapso para la mayor parte del Nuevo Testamento es de menos de 200 años (y algunos libros están dentro de los 100 años) desde la fecha de su autoría hasta la de nuestros manuscritos más antiguos. Esto puede ser comparado precisamente con el intervalo promedio de más de 1.000 años entre la composición y la copia más antigua de los escritos de otros autores antiguos.

Para resumir la prueba bibliográfica, el Antiguo y Nuevo Testamentos gozan, en términos de cantidad, calidad e intervalo de tiempo, de un mejor testimonio que cualquiera de los otros documentos antiguos. Es especialmente interesante hacer comparaciones específicas entre el Nuevo Testamento y otros escritos (ver Diagrama 23).

AUTOR	FECHA DE ESCRITURA	COPIA MAS ANTIGUA	INTERVALO AÑOS APROX.	NUMERO DE COPIAS	EXACTITUD
Homero	ca. 850 a.C.	-----------	-------------------	643	95 %
Heródoto	ca. 450 a.C.	900 d. C.	1350 años	8	No hay suficientes copias para reconstruir el original
Eurípides	ca. 440 a.C.	1100 d. C.	1500 años	9	
Tucídides	ca. 420 a.C.	900 d. C.	1300 años	8	
Platón	ca. 380 a.C.	900 d. C.	1300 años	7	
Aristóteles	ca. 350 a.C.	1100 d. C.	1400 años	5	
César	ca. 60 a.C.	900 d. C.	950 años	10	
Cátulo	ca. 50 a.C.	1500 d. C.	1600 años	3	
Livio	ca. 10 a.C.	-----------	-----------	20	
Tácito	ca. 100 d.C.	1100 d. C.	1000 años	20	
N. Testamento	ca. 60 d.C.	130 d. C.	100 años	14000	99, 5 %

Diagrama 23

La prueba interna. La segunda prueba de la confiabilidad de los documentos bíblicos pregunta, "¿Qué afirmaciones hace la Biblia acerca de sí misma?" Este pudiera ser un razonamiento circular. Suena como si estuviéramos usando el testimonio de la Biblia para demostrar que la Biblia es verdadera. Pero en realidad estamos examinando las afirmaciones de diversos autores de la Biblia en cuanto a la verdad de lo que escriben y dejando que ellos hablen por sí mismos (Recordemos que la Biblia no es un solo libro, sino muchos libros entrelazados). Esto proporciona evidencia importante que no debe ser ignorada. Una cantidad de autores bíblicos afirma que sus relatos son primarios, no secundarios. Es decir, la mayor parte de la Biblia fue escrita por hombres que eran testigos oculares de los acontecimientos que registraron.

Juan escribe en su Evangelio: "Y el que lo vio da testimonio, y su testimonio es verdadero; y él sabe que dice verdad, para que vosotros también creáis" (Juan 19:35, ver 21:24). En su primera epístola, Juan escribió: "Lo que era desde el principio, lo que hemos oídos, lo que hemos visto con nuestros ojos, lo que hemos contemplado, y palparon nuestras manos tocante al Verbo de vida. . . . lo que hemos visto y oído eso os anunciamos" (1 Juan 1:1, 3). Pedro afirma con abundante claridad lo mismo: "Porque no os hemos dado a conocer el poder y la venida de nuestro Señor Jesucristo siguiendo fábulas artificiosas, sino como habiendo visto con nuestros propios ojos su majestad" (2 Pedro 1:16; ver también Hechos 2:22; 1 Pedro 5:1).

Los relatos de testigos oculares independientes que hay en el Nuevo Testamento acerca de la vida, la muerte y la resurrección de Cristo fueron escritos por hombres que conocían íntimamente a Jesucristo. Sus Evangelios y epístolas revelan su integridad y completo compromiso con la verdad, y ellos mantuvieron su testimonio aun en medio de la persecución y el martirio. Toda la evidencia dentro y fuera del Nuevo Testamento es contraria a la afirmación hecha por la crítica formista, de que la iglesia primitiva deformó la vida y las enseñanzas de Cristo. La mayor parte del Nuevo Testamento fue escrita entre los años 47 y 70 D.C.. quedó completo antes de finalizar el primer siglo. Simplemente no hubo tiempo suficiente para que se crearan y propagaran mitos acerca de Cristo. Y las multitudes de testigos oculares que estaban vivos cuando los libros del Nuevo Testamento comenzaron a circular hubieran objetado cualquier fabricación histórica flagrante acerca de la vida de Cristo. La Biblia pone un gran énfasis en la exactitud de los detalles históricos, y esto es especialmente obvio en el Evangelio de Lucas y el Libro de Hechos, la obra maestra de Lucas en dos partes (ver su prólogo en Lucas 1:1-4).

La prueba externa. Debido a que la Escritura se refiere continuamente a acontecimientos históricos, es verificable; su exactitud puede ser controlada por la evidencia externa. Observemos, por ejemplo, los detalles cronológicos en el prólogo a Jeremías (1:1-3) y en Lucas 3:1-2. Ezequiel 1:2 nos permite fechar la primera visión que recibió de Dios precisando el día en que ocurrió (31 de julio, del 592 A.C.).

La historicidad de Jesucristo está bien establecida por fuentes romanas, griegas y judías, y estos escritos extrabíblicos afirman los detalles principales del retrato del Señor en el Nuevo Testamento. El historiador judío del siglo primero, Flavio Josefo, hizo referencias específicas a Juan el Bautista, Jesucristo y Santiago, en sus *Antigüedades de los Judíos*. En esta obra, Josefo nos da muchos detalles del transfondo de los Herodes, los Saduceos y Fariseos, los sumos sacerdotes Anás y Caifás, y los emperadores romanos mencionados en los Evangelios y en Hechos.

Hallamos otra temprana referencia secular a Jesús en una carta escrita poco después del año 73 D.C. por un sirio prisionero llamado Mara Bar-Serapion. Esta carta a su hijo compara las muertes de Sócrates, Pitágoras y Cristo. Otros escritores del siglo primero y segundo que mencionan a Cristo incluyen los historiadores romanos Cornelio Tácito (*Anales*) y Suetonio (*Vida de Claudio, Vidas de los Césares*), el gobernador romano Plinio el Joven *(Epístolas),* y el satírico griego Luciano (*Sobre la muerte de Peregrino*). Jesús también es mencionado un número de veces en el Talmud judío.

El Antiguo y el Nuevo Testamento hacen abundantes

referencias a naciones, reyes, batallas, ciudades, montañas, ríos, edificios, tratados, costumbres, economía, política, fechas, etc. Debido a que los relatos históricos de la Biblia son tan específicos, muchos de sus detalles están abiertos a la investigación arqueológica. Aunque no podemos decir que la arqueología *demuestra* la autoridad de la Biblia, es justo decir que la evidencia arqueológica ha proporcionado confirmación externa a cientos de declaraciones bíblicas. La alta crítica hizo en el siglo diecinueve muchas afirmaciones perjudiciales que habrían derribado completamente la integridad de la Biblia, pero la explosión de conocimiento arqueológico que se produjo en el siglo veinte revirtió casi todas estas afirmaciones. Destacados arqueólogos como William F. Albright, Nelson Glueck, y G. Ernest Wright desarrollaron un gran respeto por la exactitud histórica de las Escrituras como resultado de su trabajo.

De entre la multitud de descubrimientos arqueológicos relacionados con la Biblia, consideraremos unos pocos ejemplos para ilustrar la notable verificación externa de las afirmaciones bíblicas. Las excavaciones en Nuzi (1925-41), Mari (descubierta en 1933), y Alalakh (1937-39; 1946-49) proporcionan información de detalle útil que se ajusta bien a las historias de Génesis del período patriarcal. Las tabletas de Nuzi y las cartas de Mari ilustran con gran detalle las costumbres patriarcales, y las tabletas de Ras Shamra descubiertas en la antigua Ugarit en Siria, arrojan mucha luz sobre la prosa y la poesía hebreas en la cultura canaanita. Las tabletas de Ebla descubiertas recientemente en el norte de Siria afirman también la antigüedad y exactitud del Libro de Génesis.

Algunos eruditos afirmaron alguna vez que la Ley Mosaica no pudo haber sido escrita por Moisés, porque la escritura era en gran parte desconocida en aquel tiempo y debido a que el código legal del Pentateuco era demasiado sofisticado para aquel período. Pero las Leyes de Hammurabi codificadas (ca. 1700 A.C.), el código de Lipit-Ishtar (ca. 1860 A.C.), las Leyes de Eshnunna (ca. 1950 A.C.), y el aún más antiguo código de Ur-Nammu, han refutado estas afirmaciones.

La descripción bíblica del Imperio Hitita fue confirmada contrariando las objeciones de los críticos, cuando la capital hitita fue descubierta en 1906. Este descubrimiento reveló también que el Libro de Deuteronomio, un documento de renovación del pacto, usó en efecto la estructura en seis partes de los tratados hititas entre el rey y sus vasallos.

Otras excavaciones concuerdan con el relato en Josué acerca de la conquista de Canaán y arrojan luz sobre el período de los Jueces y los reinados de Saúl y David. Las excavaciones en Hazor, Gezer, Megido, y Jerusalén y las inscripciones fenicias iluminan el reinado de Salomón.

La arqueología también provee información útil acerca del período del reino dividido. La Piedra Moabita proporciona información acerca del reinado de Omri, el sexto rey de Israel. El Obelisco Negro de Salmanasar III describe la forma en que el Rey Jehú de Israel tuvo que someterse al rey asirio. El Prisma de Taylor tiene un texto asirio que describe el sitio de Jerusalén por Senaquerib, cuando Ezequías era rey. Las Cartas de Laquis se refieren a la invasión de Judá por Nabucodonosor e ilustran la vida de los tiempos de Jeremías el profeta.

Los hallazgos arqueológicos confirman el exilio babilónico y el período postexílico según lo describen los libros de Esdras, Nehemías, Ester, Ezequiel, Daniel, Hageo, Zacarías y Malaquías. La creciente evidencia arqueológica y lingüística apunta a una fecha ubicada en el siglo sexto A.C. para el Libro de Daniel, a pesar de los críticos que le asignan una fecha tardía, a fin de convertirlo en una profecía posterior a los acontecimientos. Algunos eruditos cuestionaron la exactitud de Daniel 5 que llama a Belsasar rey de Babilonia. Puesto que los registros arqueológicos dicen que Nabonido era rey en este tiempo y no se refieren a alguien llamado Belsasar, algunos eruditos supusieron que Daniel estaba equivocado. Pero en 1956, tres estelas (tablas de piedra inscritas) halladas en Harán, aclararon el problema demostrando que el rey Nabonido había confiado el reinado a su hijo Belsasar mientras él realizaba una campaña contra la invasión persa. La descripción que hace Esdras de la liberación de la ciudad de Babilonia por el rey persa Ciro y del decreto de Ciro concediendo permiso a los judíos para reconstruir el templo en Jerusalén, está autenticada por el descubrimiento del importante Cilindro de Ciro.

El Nuevo Testamento ha recibido también abundante apoyo de la arqueología, y muchos ataques críticos han sido revertidos. La mayoría de los detalles geográficos asociados con la vida de Jesús en los Evangelios han sido verificados. Esto incluye lugares tales como el Estanque de Siloé, el Estanque de Betesda, el Pozo de Jacob, Belén, Nazaret, Caná, Capernaum, Corazín, la residencia de Pilato en Jerusalén y "el Enlosado" en Juan 19:13.

En el pasado, los críticos trataron de desacreditar a Lucas como historiador exacto, pero Lucas y Hechos han sido ahora verificados por evidencia externa. Las frecuentes referencias que hace Lucas a ciudades, provincias romanas, y figuras políticas, hacen vulnerables sus escritos al examen histórico. Por ejemplo, los críticos ridiculizaron su referencia a Lisanias como el "tetrarca de Abilinia" (Lucas 3:1). Pero los arqueólogos hallaron recientemente dos inscripciones griegas que prueban que Lisanias era realmente el tetrarca de Abilinia en los años 14-29 D.C. El uso que hace Lucas de terminología técnica como *procónsul, procurador, Asiarca, pretor,* y *politarca* fue objetado en el pasado, pero una evidencia cada vez más abundante ha reivindicado su exactitud.

Conclusión concerniente a la confiabilidad. El Antiguo y Nuevo Testamentos pasan las pruebas bibliográficas, internas y externas, como no lo hace ningún otro libro antiguo. La mayoría de los arqueólogos e historiadores profesionales reconocen la historicidad de la Biblia y a pesar de eso, muchos teólogos todavía aceptan las teorías críticas prearqueológicas acerca de la Biblia. La evidencia apoya fuertemente la exactitud de la Biblia en relación con la historia y la cultura, pero en muchos casos ha sido pasada por alto o rechazada debido a presuposiciones filosóficas que contrarían a las Escrituras. Esto lleva a una doble pauta: los críticos abordan la literatura secular con una pauta pero equivocadamente usan otra distinta cuando examinan la Biblia. Aquellos que desechan la Biblia como no fidedigna históricamente, deben tomar conciencia de que la misma pauta los obligaría a ellos a eliminar casi toda la literatura antigua.

Ya hemos visto que Cristo no puede ser desechado como una creación mítica de la iglesia primitiva. Toda la evidencia apoya la confiabilidad histórica de los relatos del Evangelio acerca de Jesús. A causa de esto, se puede construir un sólido argumento a favor de la resurrección de Jesús (ver el apéndice al Capítulo 4). La Resurrección, a su vez, autentica las afirmaciones divinas de Jesús acerca de Sí mismo. Debido a que Jesús es Dios, Su testimonio concerniente a las Escrituras es verdadero, y El dio testimonio de la completa autoridad de la Palabra de Dios. De modo que la confiabilidad histórica del Nuevo Testamento afirma la resurrección de Cristo, y el Cristo resucitado afirma la autoridad divina de las Escrituras.

La singularidad de la Biblia

El argumento a favor de la confiabilidad de los documentos bíblicos demuestra que la Biblia es confiable. Sin embargo, en ocasiones es útil hablar brevemente acerca de la singularidad de la Biblia y de sus benéficos efectos, para fortalecer más aún el argumento.

109

La singularidad de la Biblia apoya su afirmación de ser la Palabra de Dios revelada. La Biblia es única en su *producción*. Es una unidad fuera de la diversidad, no sólo una antología de historias, poesías y cartas. La Biblia es un mensaje armonioso y continuo de comienzo a fin, un todo autoconsistente, cuyo tema principal es la persona y obra de Jesucristo. El hilo escarlata de la redención corre desde Génesis hasta Apocalipsis. ¡Pero consideremos la increíble diversidad que produjo tal unidad! (1) *Diversidad de autores*. Hubo más de 40 autores que contribuyeron a la Biblia, incluyendo un rey, un pastor, un pescador, y un cobrador de impuestos. Cubren la gama que va de la persona educada a la que no tiene educación, del rico al pobre. La Biblia fue escrita en tres idiomas y en tres continentes bajo todo tipo de condiciones. (2) *Intervalo de tiempo*. La Biblia fue escrita a lo largo de un lapso de alrededor de 1.500 a 1.800 años. (3) *Forma literaria*. La Biblia incluye narraciones de historia, poesía, biografía, drama, exposición, cartas, parábolas, profecías, sermones, relatos de cuentos y literatura de sabiduría. A pesar de esta diversidad y de los tópicos polémicos tratados, los libros de la Biblia pudieron ser entrelazados para conformar un conjunto cabal. Si hoy en día se eligieran a 10 personas con similares antecedentes para escribir en forma independiente sobre algunos temas polémicos, el resultado compuesto se parecería probablemente a una maraña de conceptos contradictorios.

La Biblia es única también en su *preservación*. Acabamos de ver la forma en que la cantidad, la calidad y el tiempo que abarcan los manuscritos bíblicos los pone en una categoría aparte de la otra literatura antigua. Las Escrituras han sobrevivido a través del tiempo, la persecución y la crítica. Ha habido numerosos intentos por quemar, prohibir y eliminar sistemáticamente la Biblia, pero todos han fracasado. Los críticos han hecho doblar las campanas por ella, pero los restos nunca se quedan quietos. La Biblia ha sido objeto de abuso, perversión, crítica destructiva y puro odio más que cualquier otro libro. No obstante, continúa soportando la prueba del tiempo mientras sus críticos son refutados y olvidados. Ningún otro libro ha gozado de popularidad semejante, la Biblia ha sido copiada y ha circulado en forma más extensa que cualquier otro libro en la historia humana. Ha sido traducida, además, a más idiomas que cualquier otra literatura (porciones de ella existen ahora en más de 1.700 idiomas).

La Biblia es singular en lo que *proclama*. Su carácter profético es único en su contenido, integridad, detalle y exactitud. Más de la cuarta parte de la Biblia fue profética en el momento de su escritura. Su gran alcance tampoco tiene paralelo, al moverse osadamente de eternidad a eternidad, tocando las alturas del cielo y las profundidades del infierno. Es una revelación progresiva que bosqueja el plan de Dios de las edades para todas las criaturas, incluyendo hombres y ángeles. Su revelación de Dios como el Dios triuno, infinito y personal, es única, y también lo es su mensaje acerca del hombre (originalmente creado perfecto; la Caída; la pecaminosidad del hombre) y la salvación (fe en Cristo, no por mérito humano; directamente confronta y resuelve el problema del pecado; Dios Mismo se hizo hombre y murió para redimir a los pecadores). El fuerte énfasis histórico de la Biblia también la distingue de las escrituras de otras religiones.

Efectos benéficos de la Biblia

El *producto* de la Biblia es también único. El mensaje de la Biblia ha moldeado el curso de la historia, el pensamiento y la cultura en una forma inigualada por ningún otro libro. Su influencia sobre la filosofía, la moralidad, las leyes, la política, el arte, la música, la literatura, la educación y la religión de la civilización occidental, está más allá de toda ponderación. Ha tenido también un impacto fenomenal en las vidas de incontables millones de personas a través de los siglos. Su mensaje redentor ha dado coherentemente ayuda, gozo y significado a todos los que personalmente lo aceptaron.

El poeta alemán Goethe escribió, "La creencia en la Biblia, el fruto de profunda meditación, ha servido como guía para mi vida moral y literaria. He descubierto que es un capital invertido seguramente con un interés altamente productivo." El gran filósofo Immanuel Kant afirmó, "La existencia de la Biblia, como libro para el pueblo, es el mayor beneficio que la raza humana haya experimentado jamás. Todo intento por minimizarla es un crimen contra la humanidad." Y el filósofo inglés John Locke escribió, "Tiene a Dios por autor, la salvación por su fin, y la verdad, sin mezcla alguna de error, por tema."

El Diagrama 24 resume los pasos básicos para superar la objeción de que la Biblia no es confiable.

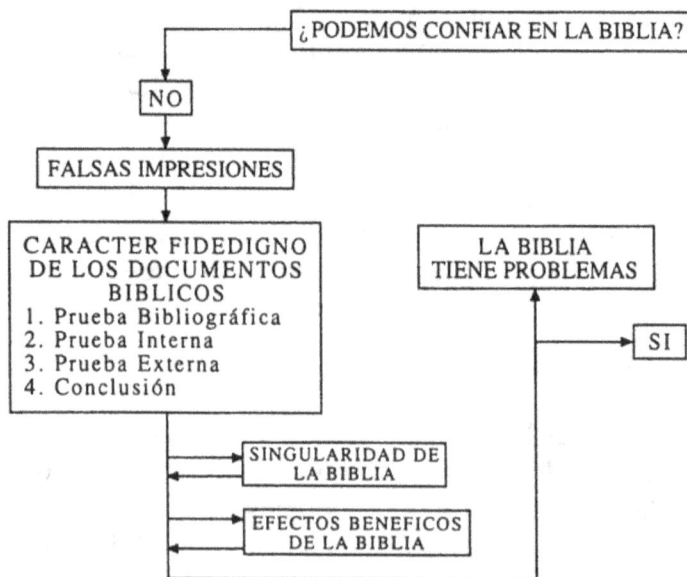

Diagrama 24

Segunda Opción: Hay problemas con la Biblia

La primera opción involucraba una negación rotunda de la confiabilidad de la Biblia. Esta opción está centrada sobre problemas particulares que hacen que algunas personas cuestionen la autoridad de la Biblia. Una persona todavía puede tener uno o más problemas intelectuales específicos aun después de tomar conciencia de que la Biblia es confiable. Estos problemas deben ser aclarados antes de que pueda reconocer confiadamente la autoridad de la Biblia. La mayoría de estos obstáculos cae dentro de una de las siguientes siete categorías: el problema sobre la inspiración, interpretación, la ciencia y la Biblia, problemas éticos en la Biblia, errores aparentes, canonicidad y milagros en la Biblia. Es prudente aclarar estos problemas de la forma más rápida posible, porque cualquiera de ellos podría de lo contrario hacerse muy complejo.

El problema de la inspiración

Una persona puede aceptar la confiabilidad de los documentos bíblicos pero oponer resistencia a la idea de que sean divinamente inspirados. La repetida afirmación de la Biblia de su inspiración verbal por Dios no demuestra por sí misma la inspiración más de lo que similares afirmaciones hechas por el *Corán* o el *Libro de Mormón* prueban la inspiración de esos libros. Pero si todas las otras líneas de evidencia apuntan de manera coherente hacia la confiabilidad de la Biblia, el testimonio propio de la inspiración divina de la Biblia debe ser tomado seriamente. Similarmente, si Jesucristo dio cumplimiento a cientos de profecías mesiánicas y se levantó de entre los muertos, Su testimonio concerniente a Sí mismo y a la Biblia no pueden ser desechados ligeramente.

(1) *Afirmaciones bíblicas.* Refiriéndose a "La ley y los

113

profetas" (Lucas 16:16), Jesús hace esta declaración incondicional: "Pero más fácil es que pasen el cielo y la tierra, que se frustre una tilde de la ley" (Lucas 16:17). El dice que "era necesario que se cumpliese todo lo que está escrito de mí en la ley de Moisés, en los profetas y en los salmos" (Lucas 24:44), y que "la Escritura no puede ser quebrantada" (Juan 10:35; ver también Mateo 4:4; 5:17-18; 15:4). Pablo también afirma que las Escrituras son "inspiradas por Dios": "Toda la Escritura es inspirada por Dios, y útil para enseñar, para redargüir, para corregir, para instruir en justicia" (2 Timoteo 3:16; ver también 1 Corintios 2:13; Gálatas 3:16). Pedro se refiere a esta naturaleza divina y humana de la Escritura cuando escribe: "Nunca la profecía fue traída por voluntad humana, sino que los santos hombres de Dios hablaron siendo inspirados por el Espíritu Santo" (2 Pedro 1:21; ver también 3:16).

(2) *Profecía cumplida.* Ningún otro libro en el mundo contiene la clase de profecías específicas que se encuentran a lo largo de las páginas de la Biblia. No hay comparación, por ejemplo, entre los *Oráculos de Nostradamus* y las profecías del Antiguo Testamento acerca de Jesucristo. Otras así llamadas profecías son tan ambiguas y crípticas que podrían ser "cumplidas" de muchas maneras. Pero las profecías del Antiguo Testamento son con frecuencia tan detalladas que sus cumplimientos resultaban obvios, en realidad tan claros, que muchos críticos han tratado de asignar fechas posteriores a algunos de estos profetas (por ejemplo, Isaías 40-66 y Daniel) para hacer que las profecías parezcan haberse escrito después de los acontecimientos. Los profetas del Antiguo Testamento dieron tanto profecías de corto como de largo plazo, de modo que el irrefutable cumplimiento de las predicciones de corto plazo autenticara la validez de las predicciones de largo plazo que no podrían ser verificadas sino después de muchos años. Así que Dios diseñó la profecía cumplida para que fuera una demostración abierta

del origen divino de las Escrituras. Anteriormente en este capítulo defendimos la confiabilidad histórica de los documentos bíblicos. La evidencia de las profecías cumplidas nos llevará ahora un paso más adelante: las Escrituras no son sólo históricamente confiables, sino han sido divinamente inspiradas. Nos centraremos primero en la profecía mesiánica y después en la profecía general.

Es mejor comenzar con la *profecía mesiánica* porque gran parte de ella es muy específica, y la evidencia demuestra que ya habia sido escrita cientos de años antes del nacimiento de Jesucristo. El Antiguo Testamento fue traducido al griego alrededor del 250 A.C. (la Septuaginta), de manera que es obvio que la Biblia hebrea fue escrita antes de ese tiempo. Cuando se combinan las profecías mesiánicas, la puerta profética se hace tan estrecha que puede pasar solamente una persona. Unas 300 predicciones del Antiguo Testamento fueron literalmente cumplidas en la vida de Jesucristo, predicciones mesiánicas que carecen de sentido aparte de Su vida. Un impostor mesiánico podría haber sido capaz de fraguar el cumplimiento de algunas de las profecías, pero la vasta mayoría hubiera estado fuera de su control. El carácter exento de pecado de Jesús, Su ministerio milagroso, y la resurrección no pudieron ser reunidos por ningún otro sino el Mesías.

Jesús conocía detalladamente las Escrituras y con frecuencia afirmaba que toda la Biblia hebrea ("la Ley de Moisés, los Profetas y los Salmos," Lucas 24:44) apuntaban hacia El. "Y comenzando desde Moisés, y siguiendo por todos los profetas, les declaraba en todas las Escrituras lo que de El decían" (Lucas 24:27; ver también Mateo 5:17; 11:10; 21:42; 26:56; Lucas 4:20-21; 22:37; Juan 5:39, 46-47; 15:25). Los escritores del Nuevo Testamento afirmaban igualmente que Jesús cumplió las profecías mesiánicas del Antiguo Testamento. "Y Pablo, como acostumbraba, fue a ellos, y por tres días de reposo discutió

115

con ellos, declarando y exponiendo por medio de las Escrituras, que era necesario que el Cristo padeciese, y resucitase de los muertos; y que Jesús, a quien yo os anuncio, decía él, es el Cristo" (Hechos 17:2-3; ver también Hechos 2:24-36; 3:18; 8:32-35; 10:43; 13:29; 1 Corintios 15:3-4; Hebreos 1:8-9, 13; 10:5-17; 1 Pedro 1:10-12; 2:6-8).

La más explícita y poderosa de todas las profecías mesiánicas es Isaías 52:13 — 53:12, escrita más de siete siglos antes del nacimiento de Cristo. Este canto del Siervo Sufriente revela que el Mesías sufriría sin haber cometido pecado (53:4-6, 9), en silencio (53:7), y como sustituto para llevar los pecados de otros (53:5-6, 8, 10-12). El Mesías sería objeto de "azotes", "traspasado", "cortado de la tierra de los vivientes," y puesto en la tumba de "los ricos en su muerte." Pero después de Su muerte será "exaltado, y será puesto muy en alto" (52:13). Este es un claro cuadro del rechazo, la muerte, la sepultura y la resurrección de Jesús el Mesías. (Los eruditos judíos han intentado desde el siglo doce identificar al Siervo de este pasaje con Israel, pero la nación es distinguida del Siervo en 53:8, e Israel nunca sufrió sin haber cometido pecado ni en silencio, como este Siervo lo hace.)

La siguiente lista de predicciones del Antiguo Testamento y cumplimientos en el Nuevo Testamento relacionados con la vida de Cristo, demuestra cuán detenidamente fue predicha Su venida: (1) *nacido de mujer* (Gn.3:15; Gá.4:4); (2) *nacido de una virgen* (Is. 7:14; Mt. 1:18-25); (3) *un descendiente de Abraham* (Gn.12:1-3; 22:18; Mt. 1:1; Gá. 3:16); (4) *de la tribu de Judá* (Gn. 49:10; Lc. 3:23, 33); (5) *de la casa de David* (2 S. 7:12; Jer.23:5; Mt. 1:1; Lc. 1:32); (6) *nacido en Belén* (Mi. 5:2; Mt .2:1; Lc. 2:4-7); (7) *Su camino preparado por un precursor* (Is. 40:3-5; Mal. 3:1; Mt. 3:1-3; Lc. 3:3-6); (8) *Ungido por el Espíritu Santo* (Is. 11:2; Mt. 3:16-17); (9) *ministerio de predicación* (Is. 61:1-3; Lc. 4:17-21); (10) *enseñanza por medio de parábolas* (Salmo 78:2-4; Mt. 13:34-35); (11) *ministerio de sanidades* (Is. 35:5-6; Mt. 9:35); (12) *un profeta* (Dt. 18:18; Jn. 6:14; Hch. 3:20-22); (13) *un sacerdote* (Sal. 110:4; Heb. 5:5-6); (14) *tiempo de Su aparición y muerte* (Dn. 9:24-27; Lc. 19:44); (15) *entrada triunfal* (Zac. 9:9; Jn. 12:12-16); (16) *precio de la traición* (Zac. 11:12-13; Mt. 26:15; 27:7-10); (17) *abandonado por Sus discípulos* (Zac. 13:6-7; Mt. 26:31; Mr. 14:50); (18) *calla ante sus acusadores* (Is. 53:7; Mt. 27:12-14); (19) *golpeado y escupido* (Is. 50:6; Mt. 26:67); (20) *sometido a burlas* (Sal. 22:7-8; Lc. 23:35); (21) *horadan sus manos y pies* (Sal. 22:16; Jn. 19:16-18); (22) *crucificado con transgresores* (Is. 53:12; Mr. 15:27-28); (23) *echaron suertes sobre Sus vestiduras* (Sal. 22:18; Jn. 19:23-24); (24) *clamor desde la cruz* (Sal. 22:1; Mt. 27:46); (25) *ningún hueso quebrado* (Sal. 34:20; Jn. 19:31-36); (26) *atravesado en Su costado* (Zac. 12:10; Jn. 19:34, 37); (27) *sepultado con los ricos* (Is. 53:9; Mt. 27:57-60); (28) *resurrección y exaltación* (Sal. 16:10; Is. 52:13; 53:10-12; Hch. 2:25-32); (29) *ascensión a los cielos* (Sal. 68:18; Hch. 1:9; Ef. 4:8); y (30) *sentado a la diestra de Dios* (Sal. 110:1; Heb. 1:3).

También se puede usar la *profecía general* o nomesiánica para ilustrar el origen sobrenatural de las Escrituras. En muchos casos estas profecías son tan gráficas y exactas que la alta crítica ha asignado fechas a algunos libros y partes de libros que son posteriores a las que los propios libros declaran, porque la alta crítica supone que tal profecía no es posible. La evidencia acumulativa está generalmente a favor de las fechas más tempranas, pero aunque concedamos que las fechas sean posteriores, quedan muchos ejemplos poderosos de predicción y cumplimiento de la profecía del Antiguo Testamento.

La predicción que hizo Ezequiel de la destrucción de Tiro (Ezequiel 26) afirma haber sido dada en el Siglo VI A.C., pero la alta crítica la fecha en el Siglo V A.C. Según dicha profecía, Nabucodonosor sitiaría y destruiría la ciudad (26:7-11), muchas naciones vendrían contra ella (26:3), las ruinas serían arrasados y arrojadas al mar, dejando la roca desnuda (26:4, 12, 19), el lugar se convertiría en tendedero de redes para los pescadores (26:5, 14), y la ciudad no volvería a ser reconstruida (26:13-14). Estas predicciones específicas han sido cumplidas en sorprendente detalle. La antigua ciudad de Tiro era un prominente puerto marino fenicio que consistía de dos partes, una en el continente sobre la costa, y la otra en una isla ubicada a media milla. Nabucodonosor sitió la ciudad en tierra firme durante 13 años (586-573 A.C.) y finalmente la destruyó, pero la ciudad en la isla permaneció intacta. Esta parte remanente continuó hasta que Alejandro Magno la derribó construyendo un terraplén y un camino desde la costa hasta la isla. Para construir este terraplén, raspó literalmente las ruinas y los escombros y los transportó desde el sitio antiguo en el continente (26:4) y los arrojó al mar (26:12). Esto dejó al sitio antiguo "como una peña lisa" (26:4). "Muchas naciones" (26:3) vinieron contra la ciudad isleña restaurada, incluyendo los seléucidas, los ptolomeos, los romanos, los musulmanes y los cruzados. Pero la ciudad en el continente nunca fue reconstruida (26:14), y hoy en día continúa siendo una roca desnuda sobre la que los pescadores tienden sus redes para secarlas (26:5, 14).

Otros ejemplos notables de la exactitud de las profecías del Antiguo Testamento incluyen los detalles acerca de la caída de Nínive (Nahum 1:3), Babilonia (Isaías 13:14; Jeremías 51), Amón y Moab (Jeremías 48:49; Ezequiel 25), los Filisteos (Jeremías 47; Sofonías 2), Edom (Isaías 34; Jeremías 49; Ezequiel 25; 35), Menfis y Tebas (Ezequiel 30), y la desolación y restauración de Palestina (Levítico 26; Ezequiel 36).

Las afirmaciones bíblicas en favor de su inspiración divina, combinadas con la convincente evidencia del cumplimiento de la profecía mesiánica y general, constituyen fuertes argumentos en favor de la inspiración de la Escritura, especialmente cuando estas líneas de evidencia están edificadas sobre el argumento en favor de la confiabilidad histórica de los documentos bíblicos desarrollada anteriormente en este capítulo.

El problema de la interpretación

Hemos oído que la gente dice a menudo, "Todas las denominaciones y organizaciones cristianas tienen su manera particular de interpretar la Biblia. Debe de haber miles de interpretaciones diferentes. ¿Qué le hace pensar que la suya es correcta?" Aunque es verdad que los cristianos están en desacuerdo acerca de muchas cuestiones (por ejemplo, Génesis 1-2, la guerra, los temas proféticos), hay un acuerdo mucho más amplio sobre las doctrinas cardinales del cristianismo de lo que la mayoría de la gente piensa. Casi todas las denominaciones comparten las verdades fundamentales acerca de Dios, el hombre, el pecado y la salvación (lo que C. S. Lewis llamó "sólo cristianismo"). La vasta mayoría de los cristianos, por ejemplo, concuerda con el Credo de los Apóstoles y el Credo de Nicea.

Cuando ocurren desacuerdos interpretativos, por lo general pueden atribuirse a métodos defectuosos o incoherentes de interpretación (hermenéutica). Por ejemplo, algunas personas imponen sus propias ideas preconcebidas a las páginas de la Escritura (eiségesis) en lugar de permitir que la Escritura hable por sí misma (exégesis). Cuando aplicamos unos pocos principios sencillos de interpretación, la mayoría de las dificultades desaparecen.

El principio fundamental es del contexto: todo pasaje debe ser interpretado a la luz del contexto inmediato y mediato. Los versículos sacados fuera de contexto pueden ser torcidos para hacerlos decir casi cualquier cosa; pero cuando consideramos el contexto del pasaje y el libro en su totalidad, las opciones por lo general se reducen a una. Otro principio clave es la necesidad de interpretar cada pasaje en una forma sencilla o normal. Un texto no debería ser entendido simbólica, espiritual o alegóricamente a menos que el contexto ponga en claro que se está empleando lenguaje simbólico o parabólico. Esto aun da lugar a formas de expresión tales como los símiles y las metáforas. Además, la Escritura es su mejor intérprete, y los pasajes poco claros sobre cualquier tópico deberían ser interpretados siempre a la luz de los pasajes claros. Estos principios de hermenéutica deberían ser aplicados en forma coherente a toda la Biblia.

Para muchas personas, el problema verdadero no reside tanto en la interpretación (comprensión) como en la aplicación (respuesta moral). Mark Twain comprendió bien esto cuando dijo, "La mayoría de la gente se preocupa por aquellos pasajes en la Escritura que no puede comprender. La Escritura que más me preocupa a mí es aquella que sí comprendo."

El problema de la ciencia y la Biblia

La cuestión científica que más frecuentemente se plantea, por supuesto, es la de la evolución. En el apéndice al capítulo 3 la examinamos brevemente, y por lo tanto poco será lo que aquí se agregue. Sin tomar en cuenta cuál es la posición que uno sostiene, es mejor por lo general declarar que la Biblia se concentra más en el *quién* que en el *cómo* de la creación. Los científicos que reconocen la autoridad de la Escritura no tienen una idea uniforme acerca de la edad de la tierra, e interpretan la evidencia de los fósiles y los estratos geológicos de manera diferente.

Por otra parte, las especulaciones de algunos evolucionistas noteístas a veces se exageran más allá de los límites del método científico al concebir escenarios que son claramente contrarios a la visión bíblica del mundo. Olvidando el carácter provisorio de la ciencia, hacen afirmaciones confiadas acerca de la génesis de la vida y el hombre. Pero aun cuando una teoría demuestre de qué manera pudo haber ocurrido algo, está muy lejos de demostrar que efectivamente ocurrió de esa manera.

Debemos recordar también que la Biblia no es un libro de texto científico, pero cuando se refiere a esos temas ha demostrado ser confiable. En el pasado, dos problemas han contribuido al malentendido en cuanto a la validez científica de la Biblia. El primero lo constituyen a las erróneas conclusiones científicas extraídas de la Biblia por la iglesia. El error más notable es la enseñanza de que el sol y los planetas giran alrededor de la tierra. Algunos escritores se deleitan en referirse al juicio de Galileo por su idea "herética" de que el sol es el centro del sistema solar, pero no se puede achacar la culpa a la Biblia por este error garrafal. La segunda causa de comprensión errónea es que la Biblia usa lenguaje fenomenológico. Es decir, describe la naturaleza según ésta se presenta a la vista. Es por eso que habla de salidas y puestas de sol ("De un extremo de los cielos es su salida, y su curso hasta el término de ellos; y nada hay que se esconda de su calor", Salmo 19:6). Pero con esto no quiere decir que el sol rota alrededor de la tierra, así como el científico de hoy en día no lo implica al usar la expresión "salida" y "puesta" del sol.

Otros dicen que la Biblia está en error al afirmar que *pi* es igual a 3, en lugar de 3,14. Basan esto en 1 Reyes 7:23 donde a un mar de 10 codos de diámetro se le da una circunferencia de 30 codos. Comparando 7:23 con 7:26, sin embargo, parece que la circunferencia fue medida usando el diámetro interior. La frase bíblica "los cuatro confines de la tierra" ha sido mal entendida como significando que la tierra es plana, con cuatro confines literales. Pero la Escritura usa esta frase en sentido figurado, refiriéndose a todas las direcciones (Isaías 11:12; Ezequiel 7:2; Apocalipsis 7:1; 20:8).

Cuando la Biblia hace declaraciones positivas acerca

del obrar de la naturaleza, es totalmente exacta, yendo a menudo en contra de los conceptos erróneos que se sostenían en el tiempo en que fue escrita. Job 36:27-29 da una excelente descripción del ciclo hidrológico de la evaporación, condensación y precipitación. La declaración acerca de la tierra en Job 26:7 estuvo también muy por delante de su tiempo: "El extiende el norte sobre vacío, cuelga la tierra sobre nada." Otras declaraciones bíblicas acerca de la astronomía, la biología y la medicina (por ejemplo, las leyes de cuarentena y sanitarias de Levítico) son igualmente notables.

Problemas éticos en la Biblia

Las tres dificultades éticas principales que la gente tiene con la Biblia son el genocidio, la esclavitud, y el problema del mal, el sufrimiento y el infierno. La tercera dificultad el infierno es el tema del próximo capítulo, de manera que limitaremos aquí nuestra discusión a los problemas del genocidio y la esclavitud.

La Biblia presenta el mayor conjunto de normas éticas que el mundo haya conocido jamás, centrándolo en el amor a Dios y al prójimo. Esto hace que el mandato genocida de Dios de destruir totalmente a los habitantes de Canaán en Deuteronomio 20:10-18 (cf. Josué 6:21) sea especialmente desconcertante. Este problema no tiene una solución simple, pero puede ser sustancialmente reducido mirándolo desde varias perspectivas bíblicas: (1) Es fácil hacernos tan apegados a la tierra en nuestra visión de la vida que olvidamos que el autor y el dador de la vida tiene todo derecho a quitarla. (2) El sexto mandamiento se traduce mejor "No cometerás homicidio." Esto no prohíbe quitar la vida humana en cumplimiento del mandato divino de justicia social en Israel (castigo capital) o para la defensa nacional. (3) El mandato de aniquilar a otra nación (los canaanitas) fue totalmente único en la historia de Israel. (4) En ese tiempo Israel era una teocracia, y en la historia mundial esto no tiene paralelo. (5) Como nación redimida, los hijos de Israel debían ser distintos de todas las otras naciones. La idolatría e inmoralidad de los canaanitas los hubieran corrompido de haber coexistido Israel con ellos (Deuteronomio 20:18). (6) Dios usó a los israelitas como Su vara de juicio sobre los canaanitas a causa de su escandalosa inmoralidad y maldad. Los descubrimientos arqueológicos confirman que en este tiempo Canaán estaba infestado de prostitución religiosa, sacrificios de niños, bestialidad y muchas otras abominaciones. Por eso, la aparentemente cruel eliminación de los impenitentes canaanitas no era diferente de la eliminación de un tumor canceroso.

En relación al problema de la esclavitud, hagamos tres observaciones: (1) La esclavitud según ahora la entendemos, es muy diferente de la clase que era permitida en la Biblia. Los esclavos debían ser tratados con humana dignidad y respeto (Job 31:13-15), y si sus amos violaban sus derechos básicos o abusaban de ellos, debían ser liberados (Exodo 21:26-27). Si un esclavo huía de su amo, no debía ser maltratado y ni siquiera devuelto (Deuteronomio 23:15-16). Se les permitía también participar en el culto de Israel. (2) La institución de este sistema de esclavitud fue un fenómeno cultural, diseñado para hacer económicamente posible la perpetuación de la unidad familiar patriarcal. Esto es ajeno a nuestra propia cultura, pero sería erróneo convertir en absolutos nuestros propios valores culturales. (3) Aunque el Nuevo Testamento también permitía la esclavitud, las epístolas ponen en claro que todos los creyentes tienen una igual posición delante del Padre (Gálatas 3:28). La realidad de Cristo era transformar toda relación humana, y los principios cristianos clamaban contra los abusos de la esclavitud.

A algunas personas les perturba el tema de la ira de

Dios y de los sacrificios de sangre. Dios es un Dios de amor y misericordia, pero además El es un Dios santo y justo. Estos atributos divinos los encontramos desde Génesis a Apocalipsis, y son complementarios, no contradictorios. Su amor es un amor santo, y su ira no es caprichosa, sino dirigida siempre contra el pecado y sus resultados deshumanizantes. Los valores de nuestra sociedad se han diluido y deformado tanto que la santidad de Dios y la pecaminosidad del pecado se han convertido en conceptos ajenos para muchos. En relación a los sacrificios de sangre, el Nuevo Testamento deja en claro que todos apuntaban a Cristo, el Cordero de Dios sacrificado por los pecados del mundo. Su crucifixión proveyó la más grande demostración del amor y de la ira de Dios que habremos de experimentar jamás.

El problema de los errores aparentes

Casi todas las llamadas contradicciones en la Biblia son debidas a diferencias en la perspectiva de los escritores bíblicos cuando hay más de un relato de algún acontecimiento particular. El estudio cuidadoso revela siempre que los relatos se complementan unos a otros y que pueden ser armonizados. Esto lo vemos en la supuesta discrepancia de los Evangelios en relación al número de ángeles en la tumba de Jesús. Mateo y Marcos informan que había uno allí, pero Lucas y Juan hablan de dos. Pero si había dos ángeles, por cierto había uno al menos, y el mencionado por Mateo y Marcos era evidentemente el más prominente. Este es un ejemplo de informe selectivo (todo informe es selectivo), y lo mismo ocurre en otros lugares (por ejemplo, Marcos y Lucas mencionan a un sólo endemoniado que se encontró con Jesús cerca de Gadara, pero Mateo menciona dos).

Otro ejemplo favorito de contradicción bíblica se

relaciona con Génesis 1 y 2. Algunos afirman que hay dos relatos contradictorios de la Creación, pero pueden ser armonizados cuando observamos dos cosas: (1) Génesis 1 es un reconocimiento general de los seis días de la Creación, mientras Génesis 2 es un relato más detallado del sexto día de la Creación, y (2) el nombre *Elohim* es usado en forma continua en Génesis 1, porque enfatiza la obra de Dios como Creador, mientras en Génesis 2 se usa el nombre *Yahveh* para subrayar la relación de pacto que El establece con el hombre.

Hay tres causas básicas para los aparentes errores en la Biblia: fuentes, texto e interpretación.

(1) Las *fuentes* bíblicas y extrabíblicas son incompletas, y esto puede llevar a la aparición del error. Hemos mencionado de qué manera los descubrimientos arqueológicos confirman los relatos bíblicos acerca de los hititas y de Belsasar. Se supuso igualmente que Génesis estaba en error cuando mencionaba la existencia de los filisteos en el período patriarcal. Pero esto no era un anacronismo, porque descubrimientos posteriores revelaron que los filisteos tenían una historia más antigua que lo que previamente se pensaba. El "error" era causado por lo incompleto de las fuentes, no por una deficiencia bíblica.

(2) Los errores se han deslizado dentro del *texto* bíblico a través de errores de los escribas y de la modernización. Por ejemplo, 1 Reyes 4:26 declara que "Salomón tenía 40.000 caballos en sus caballerizas para sus carros," pero 2 Crónicas 9:25 dice que la cifra es de 4.000. La cifra exagerada en 1 Reyes es un tipo común de error de escriba debido a la similitud en la notación numérica (comparar también 2 Samuel 10:18 con 1 Crónicas 19:18).

(3) La *interpretación* defectuosa del texto bíblico y de los datos extrabíblicos pueden causar también la aparición de error. La *Versión King James* de 2 Reyes 23:29, por ejemplo, erróneamente interpreta el texto hebreo como diciendo que Faraón Necao de Egipto "subió contra" el

rey de Asiria. El texto dice simplemente "subió a", y esto concuerda con los registros asirios que dicen que él subió a *ayudar* a los asirios contra los babilonios. (Tengamos presente que nuestras Biblias inglesas son *traducciones directas* de los idiomas originales. La comparación de varias traducciones le ayuda a uno a menudo a tener una comprensión más clara del texto.)

Sería erróneo decir que todas las discrepancias bíblicas han sido resueltas, porque aún queda un reducido número de problemas. Pero la creciente evidencia histórica y arqueológica ha estado coherentemente a favor de las Escrituras, y los problemas tendrían que seguir disminuyendo.

El problema de la canonicidad

¿Cómo podemos estar seguros de que estuvieron acertadas las personas que decidieron cuáles libros debían ser incluidos en la Biblia? ¿No pudieron haber estado equivocados los concilios de la iglesia? Esta objeción refleja una mala interpretación de la naturaleza de la canonicidad. La palabra *canon* significa regla o norma, y llegó a usarse para designar la colección de libros que se conforman a la norma de la inspiración divina. La inspiración determina la canonicidad; la iglesia primitiva simplemente reconoció estos libros inspirados y rechazó los que no llevaban la marca de la inspiración. De esta forma, la iglesia descubrió los libros canónicos pero no los determinó.

Los libros canónicos del *Antiguo Testamento* estaban divididos en la Ley, los Profetas, y los Escritos (cf. Lucas 24:44), y habían sido reconocidos mucho antes del tiempo de Cristo. Algunos libros como Ester, Eclesiastés y los Cantares de Salomón fueron impugnados por ciertas razones por algunos rabinos, pero el concilio rabínico de Jamnia del año 90 D.C. confirmó estos libros largamente reconocidos. Causó cierta confusión el hecho de que en algún momento los libros Apócrifos fueron agregados a la Septuaginta, pero ni los judíos ni la iglesia primitiva los consideraron canónicos. Escritores judíos como Filón y Josefo nunca los citan, así como tampoco lo hizo Jesús ni ninguno de los escritores del Nuevo Testamento. No fue sino hasta el Concilio de Trento en 1546 (durante la Contrareforma) que la Iglesia Católico Romana concedió plena canonicidad a los Apócrifos*.

Los libros Apócrifos fueron escritos más de 200 años después del tiempo de Malaquías, el último profeta del Antiguo Testamento. A diferencia de los libros del Antiguo Testamento, ellos no afirman tener el sello profético, ni manifiestan poseer la autoridad y el poder de Dios. Están plagados de errores doctrinales, ofrecen una moralidad inferior, muestran diversas inexactitudes históricas, y no fueron recibidos originalmente por el pueblo de Dios.

Los libros canónicos del *Nuevo Testamento* circularon y se fueron coleccionando hasta que progresivamente los 27 libros recibieron reconocimiento oficial en los concilios de Hipona (393 D.C.) y Cartago (397 D.C.). Todos los libros pasaron la prueba del origen apostólico** (por ejemplo, Marcos era compañero de Pedro, y Lucas compañero de Pablo), fecha apostólica (primer siglo), y doctrina apostólica.

El problema de los milagros

Esto se relaciona con el problema de la ciencia y la Biblia, porque, por razones científicas muchos tienen inconvenientes para aceptar los milagros de la Biblia.

---

* Nota del editor: Otro nombre que se les da es Deuterocanónicos o pertenecientes a un segundo canon, o canon posterior.
** Nota del editor: Escritos por un apóstol o por un hombre apostolico.

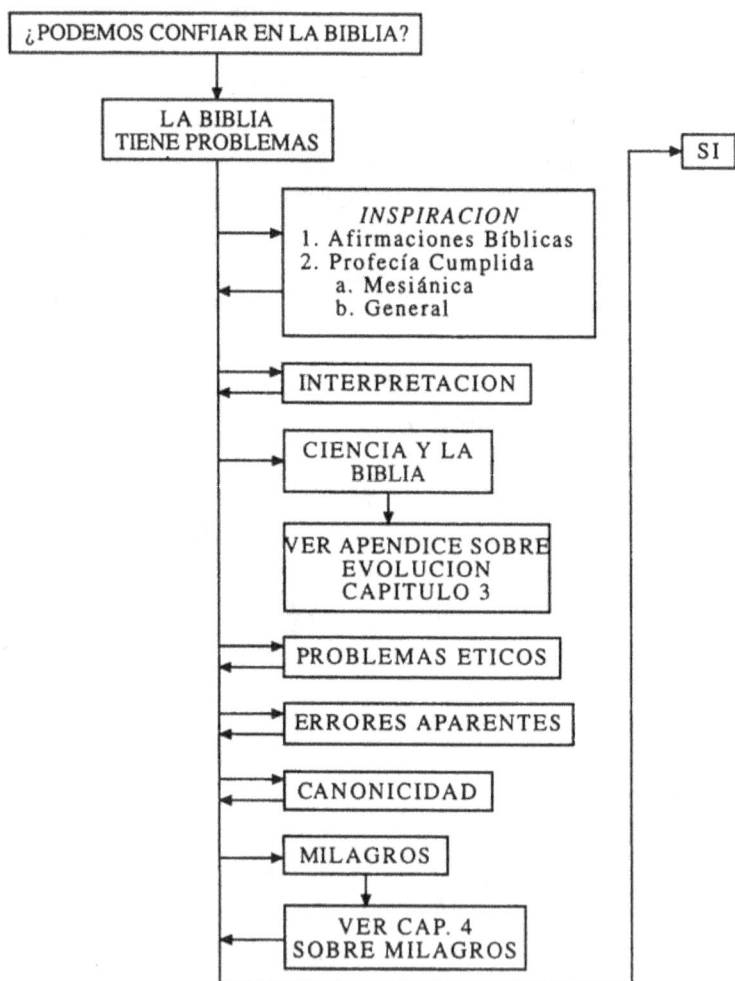

Diagrama 25

Véase el capítulo 4 donde se discute la manera de ocuparse de esta cuestión. Las Escrituras no nos dan detalles de cómo hizo Dios para que 10 plagas devastaran Egipto, y tampoco nos dicen la forma en que Jesús convirtió el agua en vino o cómo levantó a los muertos. Pero resulta evidente que hubo un agente sobrenatural y, si Dios creó el universo, El es por cierto capaz de hacer estas cosas para lograr su propósito redentor. Por lo tanto, Dios pudo disponer fácilmente de una criatura marina y hacer los arreglos para tenerla cerca del barco en el momento en que Jonás fue arrojado al Mar Mediterráneo. No hay base ni necesidad de alegorizar el relato de Jonás. Ciertas ballenas y tiburones son capaces de tragarse a un hombre entero, y, efectivamente algunas personas han tenido esta experiencia y han vivido para contarla. (James Bartley, por ejemplo, fue sacado vivo del esófago de un cachalote en 1891, un día y medio después de haber sido tragado. La ballena había dado vuelta el bote arponeador de Bartley y sus compañeros de tripulación supusieron que se había ahogado.) Ya sea que Dios usó una criatura existente o creó una nueva con el propósito de librar a Su Profeta Jonás no tiene importancia, puesto que Dios tiene poder para hacer ambas cosas.

Ver el Diagrama 25 para la segunda opción a la pregunta, "¿Es confiable la Biblia?"

Tercera Opción: La Biblia es confiable

Cuando una persona reconoce la autoridad de la Biblia, debe tener un cuadro claro de lo que dice acerca de la persona y la obra de Cristo. La Biblia no es sólo autoritativa; además su mensaje es relevante para la vida terrenal y el destino futuro de toda la gente. Después de presentar las afirmaciones y credenciales de Jesucristo (ver capítulo 8), debemos explicar qué significa confiar en El(ver capítulo 13).

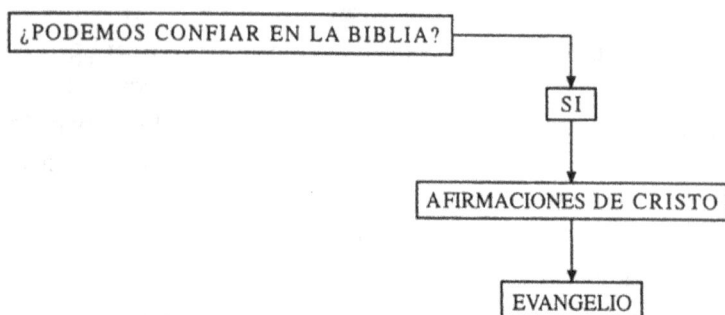

```
┌─────────────────────────────────┐
│ ¿PODEMOS CONFIAR EN LA BIBLIA?   ├──────────┐
└─────────────────────────────────┘          │
                                              ▼
                                          ┌──────┐
                                          │  SI  │
                                          └──────┘
                                              │
                                              ▼
                              ┌────────────────────────────┐
                              │ AFIRMACIONES DE CRISTO      │
                              └────────────────────────────┘
                                              │
                                              ▼
                                    ┌──────────────┐
                                    │  EVANGELIO   │
                                    └──────────────┘
```

Diagrama 26

Resumen y Organigrama

La confiabilidad de la Biblia es una cuestión fundamental, porque ella es la autoridad sobre la que se construye la visión cristiana del mundo. Los que rechazan las Escrituras lo hacen a causa de falsas impresiones recibidas acerca de la transmisión y el contenido de la Biblia. Puede que tengamos que aclarar estos conceptos erróneos antes de presentar un argumento positivo acerca de la confiabilidad de los documentos bíblicos. Este argumento se apoya sobre la manera única en que el Antiguo y el Nuevo Testamentos pasan la prueba bibliográfica, interna y externa. En algunas ocasiones es conveniente agregar una explicación acerca de la singularidad de la Biblia y sobre el gran beneficio que ella ha traído a la humanidad.

Si una persona ya no tiene objeciones respecto a la Biblia, usted puede presentar las afirmaciones y credenciales de Jesucristo, el Mesías que fue anunciado en el Antiguo Testamento y manifestado en el Nuevo. Pero algunas personas pueden estar todavía molestas con ciertos problemas que les impiden reconocer la autoridad de la

Escritura por ejemplo, problemas de inspiración, de interpretación de la ciencia y la Biblia, de ética bíblica, de errores aparentes, de canonicidad y de milagros. Trate de responder en forma tan sucinta como le sea posible pero no haga comentarios. Naturalmente, sería raro el caso de una persona que estuviera debatiéndose con estas siete áreas, de modo que sólo es necesario tocar aquellas que parecen causar dificultad a la persona para aceptar a la Biblia como confiable.

Lectura Suplementaria

(1) F. F. Bruce, *¿Son fidedignos los documentos del N.T.* (Ediciones Certeza). Una excelente aplicación de las pruebas bibliográfica, interna y externa a los documentos del Nuevo Testamento.

(2) Norman L. Geisler, *Christian Apologetics* (Baker). El Capítulo 16 presenta la confiabilidad histórica del Nuevo Testamento, y el Capítulo 18 defiende la inspiración y autoridad de la Biblia.

(3) Norman L. Geisler y William E. Nix, *A General Introduction to the Bible* (Moody). Desarrolla en detalle las cuestiones de la inspiración bíblica, de la canonización y la transmisión.

(4) Josh McDowell, *Evidencia que exige un veredicto* (Editorial Vida). Buen material sobre confiabilidad bíblica, profecía, singularidad y canonicidad.

(5) Josh McDowell y Don Stewart, *Answers to Tough Questions* (Here's Life). Ofrece respuestas breves a varias preguntas específicas acerca de la confiabilidad bíblica.

(6) John Warwick Montgomery, ed., *Christianity for the Tough Minded* (Bethany Fellowship). Este libro incluye capítulos sobre las cuestiones de la ciencia y la Biblia y el problema del genocidio.

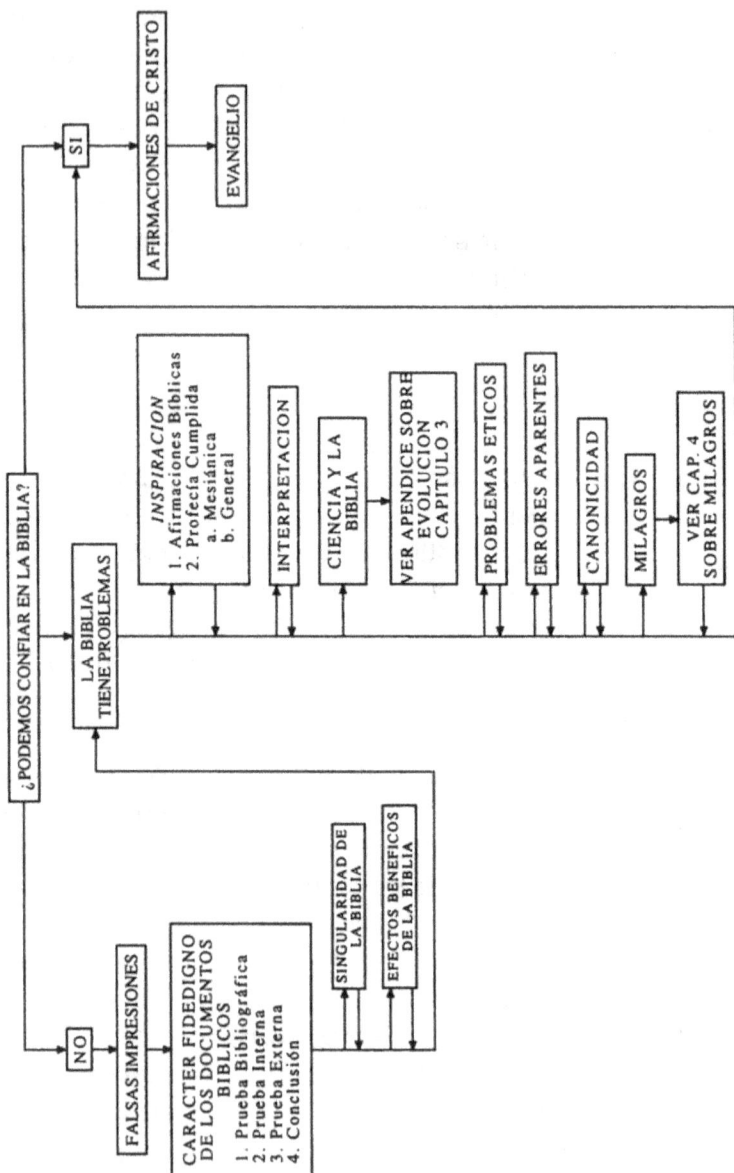

Diagrama 27

(7) John Warwick Montgomery, ed., *God's Inerrant Word* (Bethany Fellowship). Un simposio de varios eruditos sobre la confiabilidad de las Escrituras.

(8) Bernard Ramm, *The Christian View of Science and Scripture* (Eerdmans). Contiene muchos razonamientos útiles sobre esta compleja cuestión.

(9) Bernard Ramm, *Protestant Christian Evidences* (Moody). Una buena discusión de profecía cumplida (capítulo 3) y el carácter sobrenatural de la Biblia (capítulo 9).

(10) R. C. Sproul, *Objections Answered* (Regal Books). El Capítulo I defiende la confiabilidad de la Escritura.

(11) Clifford A. Wilson, *Rocks, Relics and Biblical Reliability* (Zondervan). Un examen útil y conciso de la contribución de la arqueología a los estudios bíblicos.

7

¿POR QUÉ SUFREN LOS INOCENTES?

Preguntas que se hacen a menudo:

Si Dios es todo bondadoso y todopoderoso, ¿por qué hizo un mundo con tanto sufrimiento?

¿Por qué los inocentes sufren enfermedades y desastres naturales?

Si Dios es tan bueno, bondadoso y poderoso, ¿por qué no pone fin al sufrimiento ahora?

¿Cómo puede un Dios bondadoso enviar a personas al infierno?

¿Creó Dios el mal?

Si Dios sabía que el hombre pecaría y traería el mal al mundo, ¿por qué se molestó en crearlo, de todos modos?

Tres Opciones

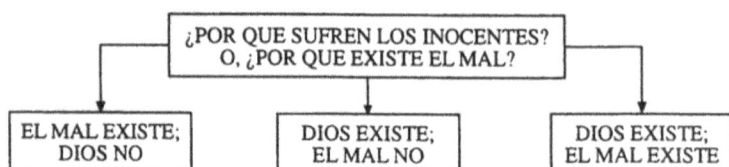

```
        ┌─────────────────────────────────────┐
        │  ¿POR QUE SUFREN LOS INOCENTES?      │
        │  O, ¿POR QUE EXISTE EL MAL?          │
        └─────────────────────────────────────┘
   ┌──────────────┬──────────────────┬──────────────┐
   ▼              ▼                  ▼
┌──────────┐  ┌──────────┐      ┌──────────┐
│EL MAL    │  │DIOS      │      │DIOS      │
│EXISTE;   │  │EXISTE;   │      │EXISTE;   │
│DIOS NO   │  │EL MAL NO │      │EL MAL EXISTE│
└──────────┘  └──────────┘      └──────────┘
```

Diagrama 28

Tradicionalmente reconocemos dos tipos de mal. El primero es el *mal moral*, causado por el hombre en su rebelión contra Dios y/o su crueldad hacia los demás. Muchas veces los inocentes sufren a causa del odio del hombre (por ejemplo, la guerra), debido a su exceso de indulgencia personal (por ejemplo, el conductor ebrio que mata a una familia inocente), y a causa de su codicia (por ejemplo, muchos mueren de hambre mientras que otros acaparan los excedentes).

El segundo es el *mal natural*, que resulta de los fenómenos naturales infligidos sobre el inocente. Los ejemplos incluyen huracanes, plagas, terremotos y otras enfermedades y desastres.

¿Cómo explicamos nosotros la presencia de ambas clases de mal? y ¿existe una respuesta para la difícil situación que presenta?

El problema del mal es el viejo cuento gastado con el que todas las filosofías y religiones deben luchar. La forma de reconciliar el concepto del mal y el carácter de Dios ha desconcertado al hombre durante siglos. Un examen de este problema revela sólo tres alternativas principales: el mal existe y Dios no; Dios existe y el mal no; ambos existen. Algunas personas defienden la perspectiva que considera el mal pero no a Dios (ateísmo). Otras procuran resolver el enigma diciendo que Dios existe pero el mal no (panteísmo). La tercera opción declara que Dios y

136

el mal existen y que hay una explicación para este predicamento (teísmo). (Ver Diagrama 28).

Primera Opción: El mal existe y Dios no

El ateo resuelve el problema eliminando a Dios. El mal y el sufrimiento son tomados como ciertos, pero no la existencia de Dios. Pensadores tan prominentes como David Hume, H. G. Wells y Bertrand Russell han llegado a la conclusión, en base a sus observaciones del sufrimiento y el mal, que el Dios de la Biblia no existe. Debido a la prevalencia del mal en el mundo, formularon esta proposición clásica: (1) Si Dios es todo bondad, El destruirá el mal. (2) Si Dios es todopoderoso, El puede destruir el mal. (3) Pero el mal no es destruido. (4) Por lo tanto, no hay ningún Dios todo bondad, todopoderoso.

Esta línea de razonamiento conduce al ateo a negar a Dios, pero puede llevarlo también a otras dos conclusiones. Una conclusión dice que Dios es todopoderoso, pero El es sádico y, por lo tanto, no es todo bondad. No hay proponentes serios de esta opinión porque, llevada a su conclusión lógica, conduce al ateísmo. Tanto la opinión del Dios cruel como la opinión atea rechazan la idea de un Dios bueno y se atienen a la realidad del mal. La primera atribuye el mal a Dios, en tanto que el ateo simplemente admite la existencia del mal. La posición del Dios cruel ha sido aceptada por lo general por ateos que escriben en forma satírica acerca del teísmo.

La segunda conclusión dice que Dios existe y que es todo bondad, pero incapaz de detener el mal y, por lo tanto, El no es todopoderoso. Trataremos esto en la sección sobre las opiniones teístas.

La falsa suposición que se hace en esta proposición clásica es que el mal tendría que haber sido destruido ya si Dios fuera capaz o deseara hacerlo. Por el contrario, si

137

hay un Dios todo bondad, todopoderoso, la proposición podría expresarse de otra forma: (1) Si Dios es todo bondad, El destruirá el mal. (2) Si Dios es todopoderoso, El puede destruir el mal. (3) El mal no está destruido todavía. (4) Por lo tanto el mal será destruido un día. Ver Apocalipsis 20:10-15; 21:4; 22:3-8 para una descripción de la forma en que Dios planea hacer precisamente eso.

Aunque estamos tratando específicamente el problema del mal, es necesario que reexaminemos el ateísmo en su conjunto. Para hacer esto, véase el capítulo 3 sobre la insostenible naturaleza del ateísmo y la evidencia a favor de la existencia de Dios. Cuando el ateísmo ya no sea visto como una opción viable, podemos pasar a la segunda o la tercera opción.

Ver el Diagrama 29 para la primera opción a esta pregunta.

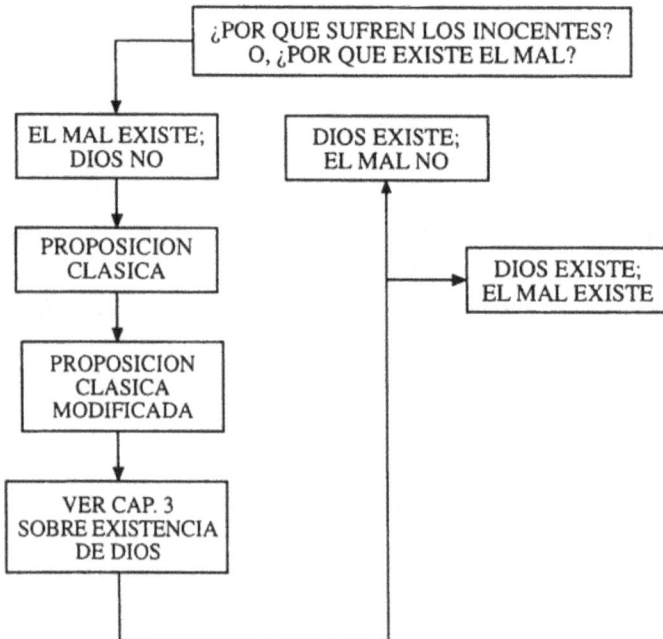

Diagrama 29

Segunda Opción: Dios existe y el mal no

El panteísta argumenta que el mal no puede ser real si su visión de Dios (Dios es todo y todo es Dios) es correcta. Las enseñanzas del Hinduismo Vedanta expresan que el mal es sólo una apariencia pasajera, una ilusión. Hay sólo una realidad, y esa realidad es buena, sin tener en cuenta la forma en que la percibimos. La ilusión del mal es como pensar que una cuerda enroscada es una serpiente hasta que uno se acerca lo suficiente para ver que no es más que una cuerda. En América, el más conocido proponente del mal como ilusión es la Ciencia Cristiana.

Existen dos objeciones principales a esta alternativa:

(1) Para aceptarla, debemos negar el testimonio de nuestros propios sentidos y las experiencias personales uniformes. A nuestro alrededor vemos el sufrimiento, producto del mal. La inhumanidad del hombre con el hombre es patente cuando observamos el odio, los asesinatos, robos, hambrunas, guerras, etc. Si negamos estas cosas, ¿sobre qué bases podemos verificar la posición del panteísta? Si no podemos confiar en nuestros sentidos y experiencia en un área dada, ¿cómo podemos saber que nuestros sentidos y experiencia no nos están engañando cuando aceptamos el panteísmo?

(2) Este punto de vista es contrario a otras dos clases de evidencia: la científica y la histórica. La evidencia reunida por medio de la *investigación científica* apunta a la realidad del dolor y el sufrimiento. El mal natural ha sido monitoreado durante siglos y su existencia está universalmente verificada. Los científicos, con sus destrezas investigativas, nos han advertido con precisión acerca de desastres inminentes, tales como huracanes, terremotos y tornados. Además, si el dolor fuera una ilusión, los millones de dólares vertidos en la investigación para el control y la cura de la enfermedad, carecerían de valor.

La evidencia legal histórica narra a cada momento la

realidad del mal moral. La injusticia, la traición, el egoísmo y la crueldad son exhibidos en forma destacada en las
páginas de la historia. Negar el mal sería negar la vida tal
como la conocemos. Esto es exactamente lo que los
panteístas dicen que hacen, pero en realidad, sus vidas
no son diferentes de las nuestras. Ellos critican la falsedad y la inmoralidad tal como nosotros lo hacemos.

La objeción final y más importante a esta idea es que
contradice las declaraciones de Cristo y la Biblia (Judas
2:11-15; Salmos 5:4-5; 51:2-5; Miqueas 3:1-3; Mateo 23:13-
36; Gálatas 5:19-26). Para apreciar mejor la confiabilidad
de Cristo y de la Biblia, ver los capítulos 4 y 6.

La segunda opción no es válida porque viola nuestras
propias experiencias y razón personal, y es contraria al
testimonio de Cristo y de la Biblia, los cuales hemos mos-
trado que son verdaderos.

El Diagrama 30 muestra la opción dos.

Tercera Opción: Dios existe y el mal existe

Aquí tenemos tres elecciones. La primera es el finitismo,
el mal es más grande que Dios. La segunda elección es el
dualismo, Dios y el mal son opuestos co-eternos. La tercera elección es el teísmo, Dios es más grande que el mal
y un día lo vencerá.

Finitismo. Filósofos como Edgar S. Brightman y Peter
Bertocci tratan el dilema de Dios y el mal proponiendo
un Dios que es finito en Sus poderes y por lo tanto incapaz de controlar o detener el mal. Dios desea ayudarnos
en nuestro sufrimiento, pero no es todopoderoso y por lo
tanto, impotente. Cuando observamos atentamente este
enfoque, descubrimos varios escollos ocultos.

Primero, el finitista hace la misma suposición falsa que
el ateo. Ambos conjeturan que Dios es incapaz de vencer
el mal porque El no lo ha hecho todavía. Esta es la línea

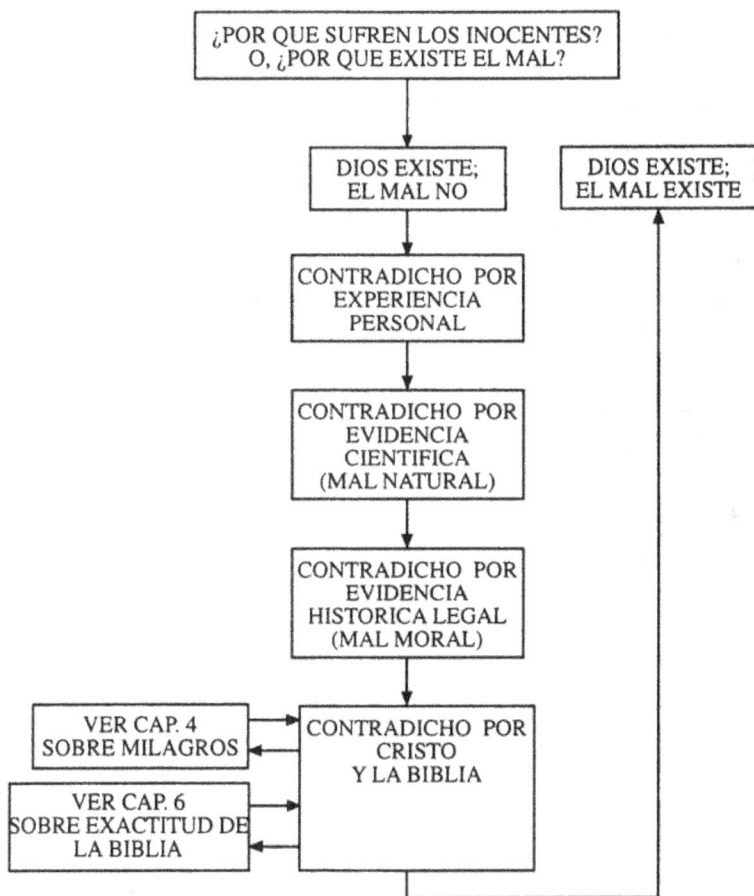

```
┌─────────────────────────────────┐
│  ¿POR QUE SUFREN LOS INOCENTES?  │
│   O, ¿POR QUE EXISTE EL MAL?     │
└─────────────────────────────────┘
                 │
                 ▼
        ┌──────────────────┐              ┌──────────────────┐
        │   DIOS EXISTE;   │              │   DIOS EXISTE;   │
        │    EL MAL NO     │              │  EL MAL EXISTE   │
        └──────────────────┘              └──────────────────┘
                 │                                 ▲
                 ▼                                 │
        ┌──────────────────┐                       │
        │ CONTRADICHO  POR │                       │
        │    EXPERIENCIA   │                       │
        │     PERSONAL     │                       │
        └──────────────────┘                       │
                 │                                 │
                 ▼                                 │
        ┌──────────────────┐                       │
        │ CONTRADICHO  POR │                       │
        │     EVIDENCIA    │                       │
        │     CIENTIFICA   │                       │
        │   (MAL NATURAL)  │                       │
        └──────────────────┘                       │
                 │                                 │
                 ▼                                 │
        ┌──────────────────┐                       │
        │ CONTRADICHO  POR │                       │
        │     EVIDENCIA    │                       │
        │  HISTORICA LEGAL │                       │
        │   (MAL MORAL)    │                       │
        └──────────────────┘                       │
                 │                                 │
                 ▼                                 │
┌──────────────┐   ┌──────────────────┐            │
│  VER CAP. 4  │◄──│ CONTRADICHO  POR │            │
│SOBRE MILAGROS│   │      CRISTO      │            │
└──────────────┘   │   Y LA BIBLIA    │            │
┌──────────────┐   │                  │            │
│  VER CAP. 6  │◄──│                  │────────────┘
│SOBRE EXACTITUD DE│                  │
│   LA BIBLIA  │   └──────────────────┘
└──────────────┘
```

Diagrama 30

141

de razonamiento del finitista: (1) Dios existe. (2) Si Dios fuera todopoderoso destruiría el mal. (3) El mal no es destruido. (4) Por lo tanto, Dios no es todopoderoso. El finitismo no tiene en cuenta que el tiempo de Dios no es el tiempo humano. El hecho de que Dios no haya vencido al mal todavía no elimina Su capacidad para hacerlo más adelante.

Segundo, no podría haber esperanza alguna de solución. El finitista supone que si el hombre se une en el conflicto contra el mal y se pone a ayudar a Dios, finalmente el hombre y Dios vencerán en la causa del bien. Pero esta suposición no tiene base, porque si un Dios finito no puede imponerse al mal, no existe por cierto seguridad alguna de que la participación del hombre del lado del bien será el golpe decisivo que derrote el mal.

Finalmente, y lo que es más importante, esta tesis es contraria a la posición de la Biblia tanto en relación al carácter de Dios cuanto a lo que El proyecta hacer para combatir el mal. La Biblia declara con términos muy claros que uno de los atributos divinos de Dios es Su omnipotencia. Cincuenta y seis veces declara que Dios es poderoso (por ejemplo, Apocalipsis 19:6). La Biblia también predice que Dios vencerá finalmente el mal (Apocalipsis 21-22). Para mayor documentación sobre la validez de la Biblia, ver el capítulo 6.

La primera elección bajo la tercera opción se ve en el Diagrama 31.

Dualismo. El dualismo supone que Dios y el mal son opuestos coeternos. Esta opinión es similar al finitismo porque rescata la bondad de Dios a expensas de Su omnipotencia. Pero el dualismo sostiene que Dios es igual que el mal; más bien menor que el mal. Aunque hay variantes en esta posición desde la antigua teología griega y zoroastriana hasta la moderna teología del proceso, todos los que sostienen esta opinión la hacen sobre las siguientes premisas:

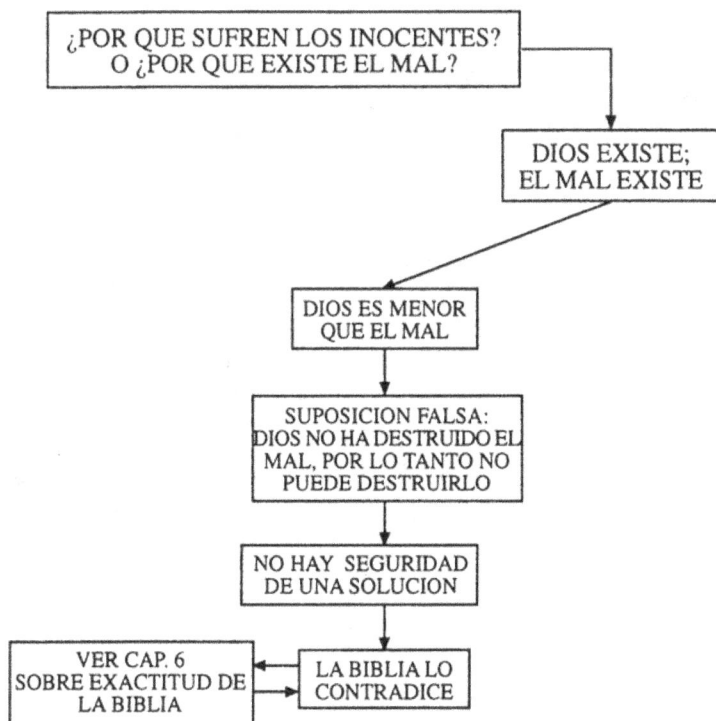

```
┌─────────────────────────────────────┐
│  ¿POR QUE SUFREN LOS INOCENTES?      │
│    O ¿POR QUE EXISTE EL MAL?         │
└─────────────────────────────────────┘

                    ┌──────────────────┐
                    │  DIOS EXISTE;    │
                    │  EL MAL EXISTE   │
                    └──────────────────┘

              ┌──────────────────┐
              │  DIOS ES MENOR   │
              │   QUE EL MAL     │
              └──────────────────┘

              ┌──────────────────────┐
              │  SUPOSICION FALSA:    │
              │ DIOS NO HA DESTRUIDO EL│
              │ MAL, POR LO TANTO NO  │
              │   PUEDE DESTRUIRLO    │
              └──────────────────────┘

              ┌──────────────────────┐
              │  NO HAY  SEGURIDAD   │
              │   DE UNA SOLUCION    │
              └──────────────────────┘

┌──────────────────┐     ┌──────────────┐
│   VER CAP. 6     │◄────│ LA BIBLIA LO │
│ SOBRE EXACTITUD DE│────►│ CONTRADICE   │
│   LA BIBLIA      │     └──────────────┘
└──────────────────┘
```

Diagrama 31

La primera premisa en favor de la coeternalidad declara que nada puede ser fuente de su opuesto; la luz no puede ser la fuente de las tinieblas, o viceversa. La segunda premisa declara que el mal es una cosa, y que si Dios fuera la única fuente eterna de todas las cosas, El sería la causa del mal. Por lo tanto, Dios y el mal deben coexistir durante toda la eternidad o de lo contrario Dios sería responsable del mal.

Las dos presuposiciones son falsas. Hay tres problemas con la primera premisa. Primero, es posible que el mal proceda del bien. Esto no ocurriría intrínsecamente, sino incidentalmente. Puede que un hombre atropelle un perro al poner marcha atrás con su auto al salir de su casa,

143

y accidentalmente el animal muere. Segundo, sólo porque tengamos opuestos, no significa que haya una primera causa opuesta para cada uno. Por ejemplo, tomemos los conceptos gordo y delgado. Son opuestos, pero esto no hace necesario un gordo permanentemente opuesto a un delgado eterno. Tercero, el concepto de dos fuerzas finales que están en oposición eterna, poseedora cada una de la misma cantidad de poder, no es lógico. Los filósofos han presentado este dilema en términos de una fuerza irresistible absoluta que entra en conflicto con un objeto inmóvil absoluto. Si la fuerza no puede mover el objeto, ya no es irresistible. Si el objeto puede ser movido, ya no es inmóvil. O el mal es mayor que Dios, o Dios es mayor que el mal. Es lógicamente absurdo tenerlos como coiguales absolutos en oposición eterna.

Podemos probar que la segunda premisa es falsa demostrando que el mal no es una cosa. El mal no tiene una existencia propia; es una corrupción de aquello que ya existe. Por lo general pensamos en el mal en términos negativos por ejemplo, insalubre, malsano, no confiable, incivilizado, incurable, etc. Todos estos términos presentan el mal como una negación del bien.

San Agustín y Santo Tomás de Aquino contendieron con la identidad del mal. Llegaron a la conclusión de que el mal es real pero que no es una sustancia en y por sí misma, porque todo lo creado por Dios es bueno. El mal, entonces, es una ausencia o privación de algo bueno. La ceguera fue usada como un ejemplo de la privación de la vista. Santo Tomás observó que una cosa es llamada mala por carecer de una perfección que debería tener; carecer de vista es malo en un hombre pero no en una piedra.

El mal no existe por sí mismo, porque no existe aparte del bien. Por ejemplo, la putrefacción puede existir en un árbol sólo mientras el árbol existe. No hay cosa tal como un estado de putrefacción perfecto. Un auto que se oxida y un cadáver en descomposición ilustran el mismo punto.

El mal existe como corrupción de alguna cosa buena; es una privación y no tiene esencia por sí mismo.

La razón final y principal para rechazar el dualismo es la de ser contrario a la Biblia. La Biblia claramente afirma la omnipotencia y soberanía de Dios, y sus autores nunca reconocen opuestos coeternos en el universo. Moisés describe al único Dios soberano en Deuteronomio 4:35, y esto lo repite el profeta Isaías (Isaías 45:5). Cristo mismo discutió la derrota de Satanás en Lucas 10:17-19. La Escritura no sólo responde a un Dios todopoderoso soberano, sino que también valida la declaración de que el mal es una privación y no una cosa en sí y por sí misma. Pablo nos dice en Colosenses 1:16 que Dios creó todas las cosas, y 1 Timoteo 4:4 dice que todas las cosas creadas son buenas. La segunda elección bajo la tercera opción se ve en el Diagrama 32.

Diagrama 32

Teísmo. El teísmo estipula que existe un Dios todo bondad (Habacuc 1:13) y todopoderoso (Apocalipsis 4:8), que reconoce la realidad del mal (Romanos 1:18-32), y un día terminará con el mal y restaurará la paz (Apocalipsis 21:3-4). Cuando el crítico examina el teísmo, plantea dos preguntas difíciles: (1) ¿Por qué un Dios todo bondad y todopoderoso permite el mal? (2) ¿Por qué no ha terminado Dios con el mal?

La primera pregunta es de *causalidad.* ¿Por qué permitió Dios que el mal ocurriera al principio? Al responder a esta pregunta, es importante determinar en el tiempo al punto en que el mal entró en la historia. Esto requiere que hagamos un resumen del relato bíblico del origen del mal:

Dios creó el universo sin mal ni sufrimiento. También creó perfecto al hombre, con la capacidad de amar o rechazar libremente al Dios que lo había creado (Génesis 1). Las Escrituras dicen que Dios desea tener una comunión de amor con el hombre (2 Crónicas 16:9; Jeremías 29:11; Juan 4:23; 1 Pedro 3:18). Pero la capacidad para rechazar así como para aceptar es esencial a cualquier relación. Dios no impuso Su amor al hombre, sino que le dio el privilegio de hacer la elección.

La magnitud de cualquier elección está determinada por la importancia de las consecuencias. Elegir entre Coca y Pepsi no es una elección importante en la vida, pero elegir entre manzanas y arsénico sí lo es. Las consecuencias de aceptar o rechazar a Dios hacen que ésta sea la elección de suprema importancia. Dios había dicho al hombre que si elegía aceptarlo, la comunión y las bendiciones podían continuar. Menospreciar a Dios y Sus mandamientos, sin embargo, produciría separación de El (muerte espiritual) y muerte física (Génesis 2). Génesis 3 nos dice que el hombre prefirió recorrer el camino de su propia elección, antes que seguir el camino de Dios. De ese modo el hombre sufrió las consecuencias de su muerte espiritual y física. En este punto fue que el mal y el sufrimiento entraron en el mundo.

Por eso vemos que Dios no creó ni es responsable del mal y el pecado. El plan de Dios tenía el potencial para el mal cuando El dio libertad de elección al hombre, pero el verdadero origen del mal se produjo como consecuencia de que el hombre alejó su voluntad de Dios, dirigiéndola hacia sus propios deseos egoístas. Recordemos que el mal no es una cosa sino la corrupción de una cosa buena ya creada por Dios. Dios dijo al hombre qué debía hacer, pero él se corrompió eligiendo desobedecer a Dios. El camino de Dios es el camino perfecto y todo lo que sea menos que la completa obediencia a Sus instrucciones introducirá problemas en el proceso. Dios no tiene la culpa de la desobediencia del hombre; el hombre es el agente moral responsable.

Supongamos, por ejemplo, que un hombre compra una computadora de $500.000 para su compañía. El fabricante instala la computadora y provee amplias instrucciones, así como un manual de operaciones. Tan pronto como se retira el personal de la empresa instaladora, el nuevo dueño se deshace del manual de operaciones e ignora las instrucciones. Presiona teclas al azar hasta que la máquina comienza a funcionar mal y finalmente se detiene. El potencial para el mal uso del equipo siempre estuvo en la máquina, pero el fabricante había dado instrucciones específicas sobre la forma de usarla adecuadamente y había advertido acerca de las consecuencias del mal uso. ¿Quién es culpable de que la máquina dejara de funcionar? La creación de Dios tenía el potencial para el mal, pero Dios no lo promovió de ninguna manera. Sólo se produjo cuando el hombre decidió ignorar las instrucciones y advertencias de Dios.

Debido a la Caída, la humanidad se hizo imperfecta. Este estado de imperfección produjo consecuencias temporales y eternas.

Las consecuencias temporales incluyen tanto el mal moral como el mal natural. El mal moral es causado por la inhumanidad del hombre hacia el hombre. En su naturaleza caída a menudo el hombre trata de progresar a expensas de los demás. El sufrimiento de las personas inocentes es parte de la insidia del mal. Si sólo los malvados sufrieran, podríamos llamar justicia a eso, pero como también hay víctimas inocentes, existe el problema de la injusticia.

Es fácil relacionar el mal moral con la caída del hombre, ¿pero de qué manera relaciona el teísta el mal natural con la caída? Esto ocurre cuando los inocentes sufren por causa de fenómenos naturales, tales como los tifones y tornados. La Biblia nos dice que la caída del hombre incluyó no sólo una maldición sobre él sino también otra sobre la creación que lo rodea (ver Génesis 3:14-19; Romanos 8:18-23; Apocalipsis 22:3). Hoy en día vivimos en un ambiente de enfermedad y muerte. Dios no concibió originalmente este ambiente, el cual ha cambiado como resultado del pecado del hombre. Este es un estado anormal que Dios rectificará cuando el pecado sea quitado (Apocalipsis 21:3-4; 22:3). En el Edén no ocurrieron los desastres naturales ni la muerte sino hasta después del pecado del hombre, y no habrá desastres naturales ni la muerte en el cielo nuevo ni en la tierra nueva, cuando Dios ponga fin al mal.

Las consecuencias temporales son duras, pero las eternas son más graves aun, porque involucran nuestra relación con Dios. El hombre ya no era un ser perfecto cuando dejó de seguir el camino perfecto de Dios (Romanos 3:23; Isaías 53:6; 59:2). La justicia de Dios demandaba que se pagara una penalidad por la desobediencia del hombre. El juicio por el pecado es la separación eterna del Dios santo (Romanos 6:23). Esta separación es definida por Dios como un confinamiento en el infierno para siempre (Mateo 25:46; Apocalipsis 20:14-15). Ver el apéndice para una discusión de otras tres cuestiones que se relacionan con esta pregunta (la caída de los ángeles y de los hombres, la justicia del infierno, y las alternativas que Dios tenía disponibles cuando creó al hombre.

De ese modo, la decisión humana hizo que el mal entrara a nuestro mundo y produjera consecuencias temporales y eternas sobre la humanidad y el medio ambiente. Ahora debemos volver a la solución de Dios para el problema del pecado del hombre.

Dos atributos del carácter de Dios deben ser puestos en equilibrio para comprender la forma en que Dios resuelve el dilema. La justicia de Dios exige la muerte como sanción por el rechazo de Su mandato, y el amor de Dios procura una solución para la condición terminal del hombre. Dios no puede cambiar la sanción porque ella es justa, y está de acuerdo con Su carácter. Pero por el gran amor que tiene por Su creación, El pagó por el hombre esa penalidad. Dios mismo se hizo sustituto, haciendo efectiva la redención del hombre de su pecado.

Se cuenta la historia de un gobernante tibetano que una vez declaró que quien fuera hallado robando perdería su mano bajo el hacha. En todos los lugares del reino, cuando un violador del decreto gubernamental era descubierto, era llevado delante del rey y perdía sumariamente la mano. Un día los guardias trajeron a una anciana a su presencia, y cuando él le preguntó si había robado, ella respondió afirmativamente. El rey se volvió a ella y le dijo, "Has sido hallada culpable según te acusaron, y la pena es la pérdida de una mano. No puedo cambiar el veredicto aun cuando seas mi madre, pero mi amor por ti es grande, y estoy dispuesto a pagar el precio por ti." Diciendo esto, puso su mano para que se la cortaran de un hachazo. La única elección que tenía era ocupar él mismo el lugar de aquella a quien amaba. La mujer era culpable y la penalidad debía pagarse. Si él la hubiera excusado sin haber hecho el pago, hubiera dejado de ser un rey justo.

A través de la sustitución, Dios puede satisfacer ambas demandas de Su carácter. Dios es un juez justo, y no puede cambiar su veredicto acerca de la rebelión del hombre. Lo que en realidad El hizo, sin embargo, fue ofrecer pagar la penalidad en nuestro lugar. Ahora la elección depende de nosotros; podemos pagar la penalidad, o aceptar el pago de nuestro Padre celestial. La penalidad *será* pagada. La única pregunta es, "¿Quién la pagará?"

Dios ha permitido que aún tengamos la capacidad de aceptarlo a El y su pago o rechazarlo. Pero, como antes, cada elección tiene una consecuencia. Si aceptamos el pago de Dios y entramos en una relación personal con Cristo, somos restaurados a la comunión y recibimos la garantía de la vida eterna. Si rechazamos el ofrecimiento de Dios, pasaremos la eternidad en separación de Dios.

Asegúrese de aprovechar la oportunidad de aclarar el Evangelio en este punto. Para mayor ayuda, consultar el Capítulo 13.

Hemos demostrado que la causa del mal es la elección desobediente del hombre. Pero hay todavía un problema sin atender. Aun cuando Dios no causó el mal, ¿por qué no lo ha detenido? Antes de considerar esto, ver el Diagrama 33 para la parte de causalidad de la elección del teísmo.

La primera pregunta era de *causalidad*, y la segunda, de *cesación*. "Si Dios puede detener el mal ¿por qué no lo ha hecho?" La mayoría de las personas desea que Dios elimine todo el mal que las afecta, pero quieren establecer las condiciones para la erradicación del proceso por parte de Dios. Querrían ver que Dios elimina a los líderes mundiales crueles, a los asesinos y ladrones junto con los desastres naturales y enfermedades que acongojan al mundo. Pero Dios no está interesado en una contención parcial del mal. El prometió que algún día pondría fin al mal de manera permanente. Para hacer esto, él no sólo debe actuar en contra del mal real sino también del mal potencial.

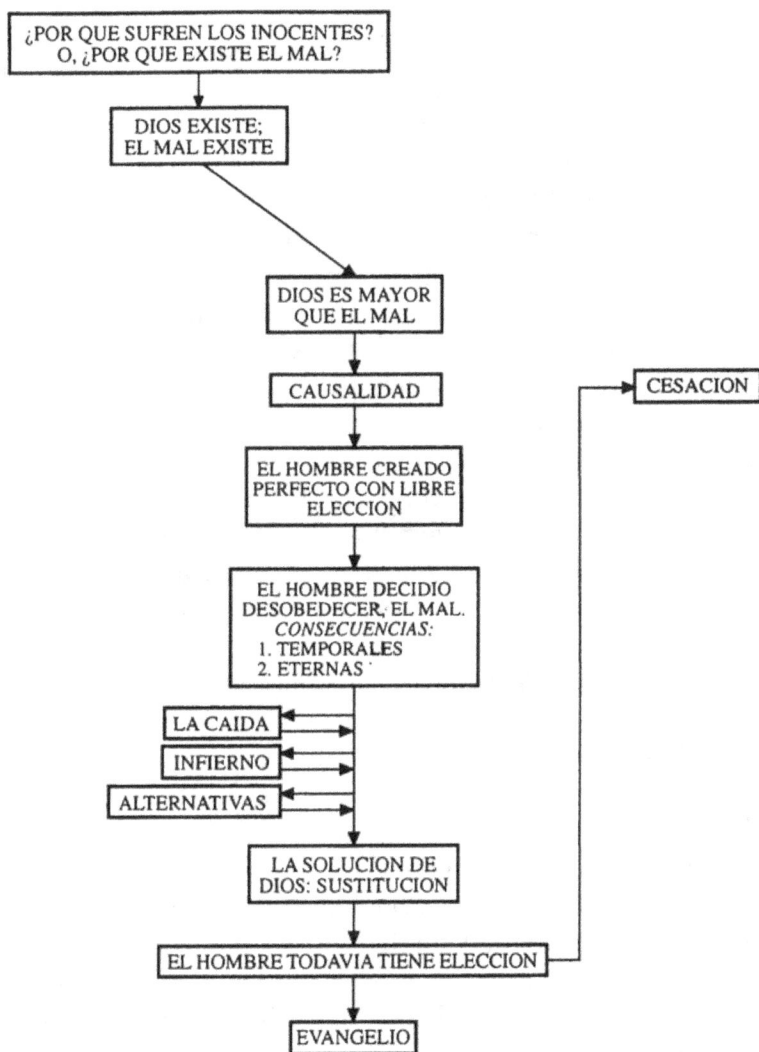

```
┌─────────────────────────────────┐
│ ¿POR QUE SUFREN LOS INOCENTES?   │
│ O, ¿POR QUE EXISTE EL MAL?       │
└─────────────────────────────────┘
           │
     ┌─────────────────┐
     │ DIOS EXISTE;     │
     │ EL MAL EXISTE    │
     └─────────────────┘
              │
        ┌──────────────────┐
        │ DIOS ES MAYOR    │
        │ QUE EL MAL       │
        └──────────────────┘
              │
        ┌──────────────┐              ┌──────────────┐
        │ CAUSALIDAD   │              │ CESACION     │
        └──────────────┘              └──────────────┘
              │
        ┌─────────────────────┐
        │ EL HOMBRE CREADO     │
        │ PERFECTO CON LIBRE   │
        │ ELECCION             │
        └─────────────────────┘
              │
        ┌──────────────────────┐
        │ EL HOMBRE DECIDIO     │
        │ DESOBEDECER, EL MAL.  │
        │ CONSECUENCIAS:        │
        │ 1. TEMPORALES         │
        │ 2. ETERNAS            │
        └──────────────────────┘
              │
   ┌──────────────┐
   │ LA CAIDA     │
   └──────────────┘
   ┌──────────────┐
   │ INFIERNO     │
   └──────────────┘
   ┌──────────────────┐
   │ ALTERNATIVAS     │
   └──────────────────┘
              │
        ┌──────────────────────┐
        │ LA SOLUCION DE        │
        │ DIOS: SUSTITUCION     │
        └──────────────────────┘
              │
   ┌──────────────────────────────────────┐
   │ EL HOMBRE TODAVIA TIENE ELECCION      │
   └──────────────────────────────────────┘
              │
        ┌──────────────┐
        │ EVANGELIO    │
        └──────────────┘
```

Diagrama 33

151

Imaginemos que Dios ha detenido todo el mal a las 12 del mediodía. ¿Cuánta gente quedaría a las 12.01? Dios nos demostró con Noé y el diluvio que si El quita el mal real y deja detrás el mal potencial, el mal real termina por volver. Aun cuando Dios no ha hecho eso todavía, tenemos Su promesa de que pondrá fin al mal y el sufrimiento en el futuro (2 Pedro 3:7-12; Apocalipsis 19:1-2, 11-21; 20:7-15; 21:4-8).

(Puede ser útil considerar lo que Dios tendría que hacer en nuestro ambiente presente para eliminar las dolorosas consecuencias de las elecciones humanas. Cada vez que se intenta realizar un acto de violencia, Dios tendría que hacer inofensivas las armas. Las balas se convertirían en pasta, los garrotes y cuchillos se ablandarían, etc. Si alguien, conduciendo en un camino de montaña pierde el control en una vuelta, Dios tendría que intervenir, quizás levantando el auto con una ráfaga de viento, y poniéndolo de nuevo suavemente en el camino. En efecto, nuestras vidas tendrían que estar amortiguadas por cientos de milagros que nos protejan de las consecuencias de nuestras acciones.)

La Biblia nos dice que hoy en día el mundo se encuentra en un estado anormal. Dios no comenzó la creación con el mal y el sufrimiento, y algún día El habrá de eliminarlos. La devolverá a su estado normal. De manera que la pregunta no debería ser, "¿Detendrá Dios el mal?" sino, "¿Cuándo El detendrá el mal?"

Pedro nos da una insinuación del motivo que tiene Dios para ser tan paciente. La iglesia primitiva sufrió muchas persecuciones y los cristianos se aferraron a la promesa de la venida de Cristo. Sabían que el sufrimiento y el dolor terminarían entonces. En ese conocimiento, le preguntaron a Pedro por qué Cristo tardaba tanto tiempo en volver. Pedro respondió, "El Señor no retarda su promesa, según algunos la tienen por tardanza, sino que es paciente para con nosotros, no queriendo que ninguno perezca, sino que todos procedan al arrepentimiento" (2 Pedro 3:9). Al demorar Su regreso, Cristo está extendiendo la oportunidad para que las personas se vuelvan a El y se libren del castigo eterno. Cuando Cristo venga, no habrá más oportunidad, porque el tiempo se habrá acabado. Si una persona no ha aceptado al sustituto de Dios antes de ese momento, será demasiado tarde.

Es imperativo que consideremos el sufrimiento temporal a la luz de la perspectiva de Dios. Los creyentes no están en la tierra de los vivientes en camino a la tierra de los que mueren. Están en la tierra de los que mueren, caminando a la tierra de los vivientes. Una razón por la que Dios retarda el regreso de Cristo y permite que continúe el sufrimiento temporal, es dar lugar a que más personas escuchen de Cristo y lo acepten, escapando en esa forma del sufrimiento eterno. Dios podría enviar hoy a Cristo y detener el sufrimiento temporal, pero cuando lo haga, toda oportunidad para conocer a Cristo como Salvador se habrá terminado. Haga esta pregunta a un amigo preocupado por el hecho de que Dios permite que el sufrimiento continúe: "Si Dios hubiera enviado a Cristo para acabar con todo sufrimiento el día antes de que tuvieras la oportunidad de comprender y aceptar a Cristo como Salvador, ¿dónde estarías ahora?" Dios demora el acto de poner fin al mal con el objeto de darnos más oportunidades para compartir el Evangelio de Cristo con otros.

La siguiente historia ilustra cómo el hombre rehúsa ver la forma en que Dios resuelve el problema del mal:

Un pastor y un peluquero, que se jactaba de ser ateo, caminaban un día por un barrio de mala fama de la ciudad. Mientras miraban en derredor, el peluquero dijo: "Es por esto que yo no puedo creer en un Dios de amor. Si él es tan bueno como dicen, ¿por qué permite toda esta pobreza, enfermedad y semejante suciedad? ¿Cómo puede permitir Dios el narcotráfico y todo este vandalismo?"

El pastor no dijo nada hasta que se encontraron con un

153

hombre desaliñado y sucio, con el pelo que le caía por la espalda y la barba desordenada cubriéndole el rostro. Entonces le dijo al ateo: "No puede ser que usted sea un buen peluquero porque si lo fuera, no permitiría que gente como este hombre viva en estos lugares sin cortarse el pelo y la barba."

Indignado, el peluquero contestó: "¿Por qué culparme a mí por la condición de ese hombre? Yo no puedo hacer nada si él es así. ¡Nunca me ha dado la oportunidad! ¡Si él viniera a mi local, yo lo asearía y lo haría lucir como un caballero!"

Con una mirada penetrante, el pastor le dijo: "Entonces no culpe a Dios por permitir que estos hombres continúen en sus malos caminos. Constantemente los invita a venir a El para ser cambiados. La razón de porqué son esclavos del pecado y de los malos hábitos es que rehúsan aceptar a Aquél que murió por salvarlos y liberarlos."

Dios es más grande que el mal, y El por cierto pondrá fin al mal y al sufrimiento. Cristo venció el mal por medio de Su obra en la cruz (1 Corintios 15:54-57) y finalizará esa derrota confinándolo para siempre en el infierno.

El resumen de la parte de cesación de la elección del teísmo se muestra en el Diagrama 34.

¿Fue Dios la causa del mal? ¡No! El hombre en su rebelión contra Dios hizo que el mal entrara en este mundo. ¿Por qué no detiene Dios el mal ahora? El permite que el mal temporal continúe esperando que más personas lleguen a conocerlo. Cuando Dios hizo Su creación sabía que este mundo no era el mejor mundo posible, sino que era *la mejor manera posible de lograr que fuera posible un mejor mundo* . Con un gran sacrificio personal, Dios ha evaluado y asegurado el costo de Su creación. La historia del niño y su bote a vela nos da un cuadro claro del sacrificio de Dios por Su creación:

El niño solía jugar durante horas junto al lago con el bote a vela que había hecho cuidadosamente. Cierto día,

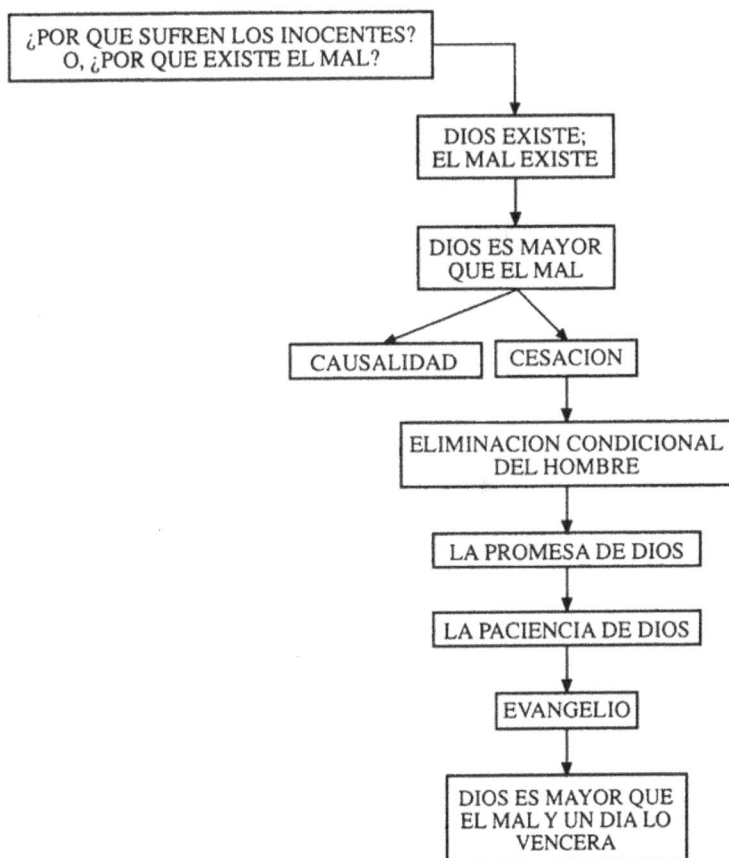

¿POR QUE SUFREN LOS INOCENTES?
O, ¿POR QUE EXISTE EL MAL?

DIOS EXISTE;
EL MAL EXISTE

DIOS ES MAYOR
QUE EL MAL

CAUSALIDAD   CESACION

ELIMINACION CONDICIONAL
DEL HOMBRE

LA PROMESA DE DIOS

LA PACIENCIA DE DIOS

EVANGELIO

DIOS ES MAYOR QUE
EL MAL Y UN DIA LO
VENCERA

Diagrama 34

155

un viento fuerte hizo alejar el bote y el niño quedó inconsolable. Después de varias semanas, al pasar frente a una juguetería vio que su bote a vela estaba en la vidriera. Entró corriendo y dijo al dueño que el bote de la vidriera era suyo. El hombre replicó, "Ese bote me pertenece a mí ahora, y si lo quieres, tendrás que comprarlo."

Durante seis semanas el niño trabajó ansiosamente en toda clase de tareas con el fin de ahorrar suficiente dinero para comprar el bote. Cuando finalmente lo recuperó, salió del negocio diciéndole a su pequeño bote: "Yo te hice y te he comprado; ahora eres doblemente mío."

Dios es tanto nuestro Creador como nuestro Redentor, y habrá de recibir por siempre la alabanza de Su pueblo.

Resumen y organigrama

Tenemos tres soluciones posibles para el dilema de la coexistencia de Dios y del mal. La primera afirma la existencia del mal pero niega la existencia de Dios. Nosotros volvimos a exponer el argumento clásico que se usa para refutar a Dios y demostramos que puede haber un Dios todo bondad y todopoderoso que en el futuro pondrá fin al mal. La principal objeción a esta primera opción es que niega la existencia de Dios. Nos remitimos al Capítulo 3 para un análisis más detallado de por qué el ateísmo es indefendible.

La segunda solución dice que Dios existe pero el mal no. Si pensamos en el mal como una ilusión, tenemos que rechazar nuestra propia experiencia personal. La evidencia científica y la evidencia histórica legal verifican la realidad del mal moral y natural. Esta posición también requiere el rechazo de Cristo y de la Biblia. Puesto que la evidencia abrumadora demuestra la existencia del mal, la segunda opción es insostenible.

La tercera solución posible considera la existencia tanto de Dios como del mal. Esto nos lleva a otras tres elecciones:

(1) *El mal es más poderoso que Dios.* Esto se apoya en la suposición de que Dios es incapaz de poner fin al mal porque no ha logrado hacerlo hasta ahora. Esta es una suposición falsa, y la posición en su conjunto es contradictoria con las Escrituras.

(2) *Dios y el mal son coeternos y coiguales.* Concebir el mal como una privación y no como una cosa ayuda a invalidar este punto de vista. Esta elección no sólo se apoya en una lógica defectuosa sino que también contradice a las Escrituras. La confiabilidad de las Escrituras ha sido demostrada en el capítulo 6.

(3) *Dios es mayor que el mal.* Debemos plantear aquí dos interrogantes importantes. Primero, "¿Por qué permitió Dios, en primer lugar, que el mal comenzara?" Segundo, "¿Por qué permite Dios que el mal continúe?" El mal y el sufrimiento entraron en el mundo como resultado de la desobediencia del hombre a Dios. Dios deseaba una relación amistosa con el hombre. Aunque fue creado perfecto, el hombre podía aceptar o rechazar a Dios. Eligió rechazar a Dios, y las consecuencias de este pecado fueron a la vez temporales y eternas. Las consecuencias temporales incluían tanto el mal moral como el mal natural. Las consecuencias eternas demandaban que estuviera eternamente separado de Dios. La solución de Dios para el problema fue sustituir El mismo al hombre en la cruz, pero cada persona debe hacer todavía la elección de aceptar o rechazar el ofrecimiento gratuito de Su salvación.

Aun cuando la rebelión del hombre contra Dios originó el mal, todavía tenemos que descubrir por qué Dios, que tiene el poder, aún no ha detenido el mal. Dios permite que el sufrimiento temporal continúe, con el objeto de que más personas acepten a Cristo y escapen al sufrimiento eterno. La promesa que tenemos de Dios es que El finalmente vencerá el mal, confinándolo para siempre en el infierno. La tercera elección no sólo explica el mal, sino que da esperanzas para el futuro.

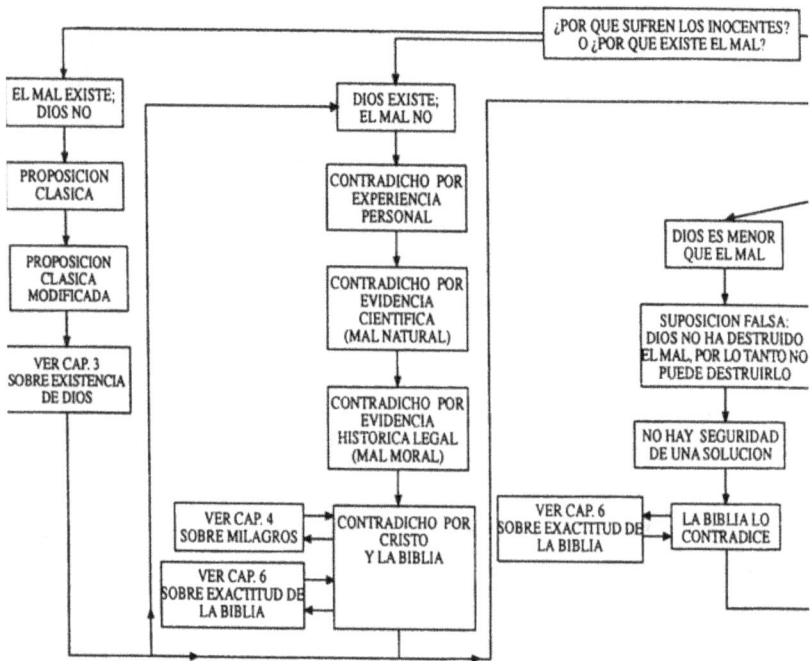

```
                                              ┌─────────────────────────────┐
                                              │ ¿POR QUE SUFREN LOS INOCENTES?│
                                              │  O ¿POR QUE EXISTE EL MAL?   │
                                              └─────────────────────────────┘

┌──────────────┐            ┌──────────────┐
│ EL MAL EXISTE;│           │ DIOS EXISTE;  │
│  DIOS NO      │           │  EL MAL NO    │
└──────────────┘           └──────────────┘                ┌──────────────┐
                                                            │ DIOS ES MENOR│
┌──────────────┐           ┌──────────────┐                │  QUE EL MAL  │
│ PROPOSICION  │           │ CONTRADICHO POR│               └──────────────┘
│  CLASICA     │           │  EXPERIENCIA   │
└──────────────┘           │  PERSONAL      │               ┌──────────────────┐
                           └──────────────┘                 │ SUPOSICION FALSA: │
┌──────────────┐           ┌──────────────┐                 │ DIOS NO HA DESTRUIDO│
│ PROPOSICION  │           │ CONTRADICHO POR│               │ EL MAL, POR LO TANTO NO│
│  CLASICA     │           │  EVIDENCIA     │               │ PUEDE DESTRUIRLO  │
│  MODIFICADA  │           │  CIENTIFICA    │               └──────────────────┘
└──────────────┘           │  (MAL NATURAL) │
                           └──────────────┘                 ┌──────────────┐
┌──────────────┐           ┌──────────────┐                 │ NO HAY SEGURIDAD│
│ VER CAP. 3   │           │ CONTRADICHO POR│               │ DE UNA SOLUCION│
│ SOBRE EXISTENCIA│        │  EVIDENCIA     │               └──────────────┘
│  DE DIOS     │           │ HISTORICA LEGAL│
└──────────────┘           │  (MAL MORAL)   │
                           └──────────────┘
        ┌──────────────┐  ┌──────────────┐  ┌──────────────┐ ┌──────────────┐
        │ VER CAP. 4   │  │ CONTRADICHO POR│ │ VER CAP. 6   │ │ LA BIBLIA LO │
        │ SOBRE MILAGROS│ │  CRISTO        │ │SOBRE EXACTITUD DE│ CONTRADICE  │
        └──────────────┘  │  Y LA BIBLIA   │ │  LA BIBLIA   │ └──────────────┘
        ┌──────────────┐  └──────────────┘  └──────────────┘
        │ VER CAP. 6   │
        │SOBRE EXACTITUD DE│
        │  LA BIBLIA   │
        └──────────────┘
```

Diagrama 35

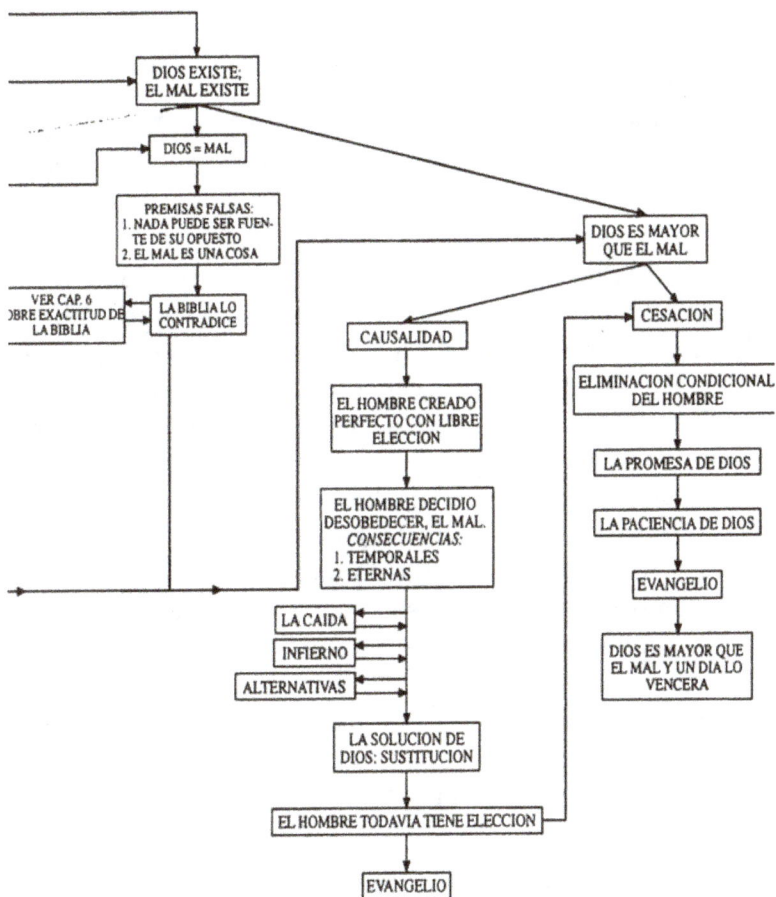

Apéndice sobre la Caída, el Infierno, y las Alternativas de Dios

En la pregunta, "¿Por qué sufren los inocentes?", hay tres cuestiones adicionales que habría que considerar cuando exploramos la solución de Dios al problema del hombre. Las tres cuestiones son: la caída de Satanás, la justicia del infierno, y las alternativas disponibles de Dios cuando creó al hombre. Examinaremos estos tópicos para el caso de que alguna vez surgieran en una discusión, pero nunca deberíamos plantear más preguntas que las que una persona ha*ce*.

*La caída de los ángeles y de los hombre*s. En la creación de Dios la aparición original del mal se produjo por causa de Satanás. Satanás y los otros ángeles eran seres espirituales a quienes Dios había creado antes del mundo físico de Génesis 1. Fueron creados con la capacidad de decidir si servían y amaban a Dios o no. Después de un tiempo, Satanás y otro grupo de ángeles actuaron en abierta desobediencia. Eligieron servirse y amarse a sí mismos antes que a Dios. Los ángeles que siguieron a Satanás son conocidos hoy como ángeles caídos o demonios. Muchos de los ángeles no siguieron a Satanás sino decidieron continuar con Dios; estos ángeles aún aman y sirven a Dios. Nuestras conclusiones acerca de la capacidad del hombre para decidir se aplican también a la elección de los ángeles. Dios permitió el potencial para el mal pero esto no hizo que el sea el ejecutor del mal. La introducción del mal se produjo como resultado de una decisión voluntaria de desobedecer a Dios.

Algún tiempo después de la caída de Satanás, Dios creó al hombre como agente moral responsable. El tentador se manifestó en el Huerto de Edén, y no pasó mucho tiempo antes que los padres de la raza humana sucumbieran para seguir sus propios caminos en lugar de los de Dios. La comunión del hombre con Dios quedó interrumpida y de

160

esa forma entraron en nuestro mundo el mal y el sufrimiento. La principal distinción entre la caída del hombre y la de los ángeles es que todos los ángeles creados ya estaban vivos cuando Satanás desobedeció. Pero cuando el hombre cayó, había sólo dos seres humanos en existencia. La imperfección resultante de su pecado fue transmitida a su posteridad, y la totalidad de la raza humana quedó necesitada de salvación.

Alguien ilustró una vez este problema comenzando a abotonarse la camisa con el primer botón en el segundo ojal. Después de eso, todos los otros botones entraron también en ojales equivocados. La historia de la caída de Adán se convirtió en nuestra historia también; el pecado es altamente contagioso. No es sólo una herencia social sino también una herencia espiritual de peca*do.*

*La justicia del infie*rno. Muchas personas cuestionan el amor de Dios debido al concepto bíblico de infierno. Algunos preferirían que Dios resolviera el problema de separación del hombre, ya sea permitiendo que todos vayan al cielo (universalismo) o aniquilando a los malos. Ambas alternativas están en contraste con el testimonio de Cristo y la Biblia. En Su Sermón del Monte, Cristo describe algunas actitudes que hacen que la gente vaya al infierno (Mateo 5:22). Más tarde, El explica que el infierno es un lugar de lloro y de crujir de dientes (Mateo 8:12; 25:30), así como un lugar de fuego y castigo eterno (Mateo 25:41; Mateo 25:46). El apóstol Pablo declara que el castigo por el pecado es la separación eterna de Dios (Romanos 6:23). El concepto de universalismo es una violación de la libre elección del hombre. El infierno es la consecuencia de la rebelión del hombre contra Dios. Como hemos dicho antes, si uno elimina las consecuencias de una decisión ya no tiene elección. Si Dios llevara a todos al cielo, lo haría contra los deseos de muchos. C. S. Lewis observó una vez que hay un sentido real en que las puertas del infierno están cerradas desde adentro. Aunque nadie desea encontrarse allí, muchos estarán en el infierno por propia elección. Al rebelarse contra la voluntad de Dios y rechazar Su costosa provisión de salvación, continuarán estando por siempre en rebeldía y separados de Dios. Si toda la gente termina por ir al cielo, no existe ninguna consecuencia real para el pecado y tampoco tenemos libre elección.

¿Cuál es la evidencia más grande del amor? Permitir que el mal y el sufrimiento continúen realizando estragos, o ponerles límites finalmente? El mal debe ser contenido, y el infierno es el lugar donde Dios lo contiene. Supongamos que un grupo de terroristas entrara a su hogar y matara a su familia. Si fueran aprehendidos por la policía, ¿consideraría usted apropiado que la policía les permitiera irse o querría usted que los terroristas fueran confinados para que no pudieran matar a nadie más? Obviamente, lo más bondadoso y justo sería contener el mal. El infierno es necesario para restaurar la justicia y la paz en el reino de Dios.

Para mantener un jardín en buen estado, el jardinero debe cortar periódicamente las malezas y llevarlas afuera. Si no preserva el jardín de esta manera, pronto quedará invadido de malezas, y el jardín ya no existirá. Igualmente, si Dios no elimina a los malos, no habrá creación santa.

Esta separación de Dios es la justa consecuencia de la rebelión del hombre contra El. El infierno no sólo exhibe la justicia de Dios, sino que también muestra Su amor. El amor de Dios se expresa mejor en la solución que El ha provisto para el problema del infierno, al darse a Sí mismo como sustituto para recibir el castigo del hombre. Pero Dios no impone Su amor al hombre nos dio una elección. No podría ocurrir ningún intercambio real de amor entre Dios y el hombre sin una elección, porque el hombre sería sólo un robot. Cuando el incrédulo decide no aceptar el pago de Dios por su pecado, Dios dice: "Mi amor por ti

162

reconoce tu decisión a estar separado de mí, y es por eso que te doy un lugar para existir en rebelión por toda la eternidad." Al creyente Dios le dice, "Te amo tanto que pondré el mal en el infierno para siempre a fin de que la paz y la armonía puedan ser restauradas a la creación."

Dios no envía al hombre al infierno. El hombre se envía a sí mismo al rechazar la oferta divina de salvación y restauración. Cristo afirmó que había venido, no para enviarnos al infierno sino a salvarnos, si tan sólo elegimos creer (Juan 3:17).

Otras opciones disponibles de Dios. Puesto que Dios lo sabe todo, El sabía que el hombre se apartaría de El. Por eso, ¿por qué no concibió Su creación de manera diferente? ¿Tenía Dios alguna otra opción?

(1) Dios pudo haber elegido no crear al hombre. Pero él es digno de toda alabanza, honra, gloria, y poder (Apocalipsis 5:13), y parece natural que su plan le permita exhibir y recibir toda la gloria. El es un Dios amante que desea a su vez ser amado. En su omnisciencia, Dios sabía que la mejor forma de revelar su gloria era redimir una creación corrupta y malvada y hacer nuevas todas las cosas.

(2) Dios pudo haber creado al hombre perfecto y sin elección. Pero sin elección responsable no hay capacidad de amar. El hombre sería un robot. Imagine que se levanta una mañana y se encuentra casado con un robot. Sólo podría responder de la manera en que estuviera programado. Al conectarlo, deambularía diciendo, "Te amo, te amo, te amo." Nadie desearía estar mucho tiempo en esa clase de atmósfera. No habría ninguna comunicación, amor o respuesta reales. La belleza de una relación amorosa es que las personas se aman unas a otras a causa de su propio deseo, y no por estar obligadas a mantener esa relación.

Al analizar las opciones de Dios, debemos recordar que sólo Dios es omnisciente, omnipotente y todo bondad. Comprendiendo esto, sabemos que Su decisión fue la mejor de todas las opciones para alcanzar Sus objetivos. Pero esto no significa que ahora estemos en el mejor mundo posible. El mejor mundo posible todavía está por llegar. Allí, el hombre tendrá libertad, pero libertad para no pecar. Dios dice que el mundo en que vivimos es la mejor manera posible para obtener el mejor mundo posible. El plan de Dios producirá el bien más grande pero no sin que le cueste mucho a Dios. No sólo sufre El como resultado de la desobediencia de Sus criaturas, sino que además pagó un precio insondable, la cruz, para que El pudiera redimir a los hombres pecaminosos.

Lectura Suplementaria

(1) Oliver R. Barclay, *Reasons for* Faith (InterVarsity Press). Ver el capítulo 4 para una buena declaración sobre la perspectiva cristiana del mal.

(2) Kenneth Boa, *God, I Don't Understand* (Victor Books). El Capítulo 5 resume el dilema de la soberanía divina y la responsabilidad humana y lo relaciona con el problema del mal.

(3) Norman L. Geisler y Paul D. Feinberg, *Introduction to Philosophy* (Baker). El Capítulo 21 ofrece un resumen excelente de las posiciones disponibles y posibles cuando se trata el problema del mal.

(4) Norman L. Geisler, *The Roots of* Evil (Zondervan). Una presentación muy clara y concisa.

(5) Arlie J. Hoover, *The Case for Christian Theism* (Baker). Un buen panorama general del problema se puede hallar en el Capítulo 17.

(6) Jon Tal Murphree, *A Loving God and a Suffering World* (InterVarsity Press). Da nuevas perspectivas y ayudas prácticas.

(7) C. S. Lewis, *The Problem of Pain* (Macmillan). Lewis ofrece ricas reflexiones sobre este tema, por lo que

este libro merece ser leído varias veces.

(8) Gordon R. Lewis, *Judge For Yourself* (InterVarsity Press). Ver el capítulo 3 para una perspectiva sobre el problema del sufrimiento.

(9) Bernard L. Ramm, *A Christian Appeal to Reason* (Word). Ver capítulos 8 a 10.

(10) John W. Wenham, *The Goodness of* God (InterVarsity Press). Un tratamiento extenso que extrae principios a partir de las acciones de Dios en el Antiguo Testamento. Wenham ataca el problema de frente y no se conforma con respuestas simplistas.

8

¿ES CRISTO EL ÚNICO CAMINO A DIOS?

Preguntas que se hacen a menudo:

¿No es demasiado estrecho el cristianismo?

Puesto que todas las religiones son básicamente lo mismo, ¿importa lo que uno cree?

La religión que uno adopta, ¿no es sólo cuestión de preferencia personal?

Se calcula que el 75 por ciento de la población del mundo está formada por no cristianos, ¿pueden estar equivocados todos ellos?

Para usted, Cristo puede ser el único camino a Dios, ¿pero cómo puede afirmar uno que El es el único camino para todos?

Tres Opciones

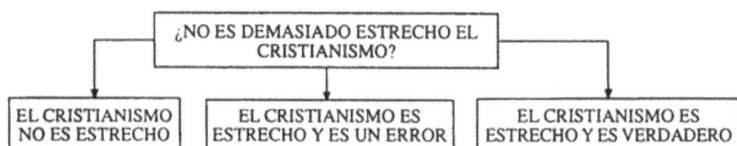

Diagrama 36

La tensión crece cada vez que surge una discusión relativa a las afirmaciones exclusivas de Cristo. Desde su comienzo, el cristianismo ortodoxo ha sostenido que el único acceso a Dios es por medio de Cristo. A primera vista esto pudiera parecer arrogante y altanero. Cuando nos ocupamos del problema, encontramos tres respuestas posibles.

La primera opción niega que el cristianismo afirme ser exclusivo y estrecho. El cristianismo es considerado sólo una parte de un gran mosaico que vincula a Dios y al hombre. La segunda opción critica la afirmación de exclusividad del cristianismo, declarando que es erróneo sostener tal posición. Si Cristo es el único camino a Dios, mucha gente sincera será excluida. La tercera opción es que el cristianismo es estrecho pero además correcto (ver Diagrama 36).

Primera opción: El cristianismo no es estrecho

La primera opción describe al cristianismo como una religión muy amplia y acogedora que no eliminaría a nadie que busca sinceramente a Dios. El cristianismo, según la opinión de algunas personas, es sólo una de un surtido de religiones. Esas personas creen que dentro del molde religioso hay algunas distinciones técnicas, pero que, en esencia, todas las religiones son lo mismo. No importa la manera en que se llega a Dios siempre que se llegue a El.

Este concepto ha sido descrito en una diversidad de maneras. Algunas personas ven el viaje a Dios como uno entre una serie de caravanas (diferentes religiones) que tratan de llegar al mismo destino (@ios) desde direcciones diferentes. Otras han representado a Dios como el eje de una rueda donde los rayos representan a las principales religiones mundiales. El hombre puede llegar a Dios no importa cuál sea el rayo que elige. Aun otros ven a Dios sentado en la cima de una montaña, y los senderos que conducen al pico son las diferentes religiones disponibles al hombre. Pero una visión tan amplia y acogedora del cristianismo no considera las afirmaciones de Cristo y sus discípulos, que son exclusivas.

Según la Biblia, el concepto de que sin Cristo todos estamos perdidos se origina en Cristo mismo. Consideremos estos versículos, por ejemplo, en los que Cristo elimina los caminos alternativos a Dios:

"El que en él cree, no es condenado; pero el que no cree, ya ha sido condenado, porque no ha creído en el nombre del unigénito Hijo de Dios" (Juan 3:18).

"Por eso os dije que moriréis en vuestros pecados; porque si no creéis que yo soy, en vuestros pecados moriréis" (Juan 8:24).

"Jesús le dijo: Yo soy el camino, y la verdad, y la vida; nadie viene al Padre, sino por mí" (Juan 14:6).

Cristo fue único entre los fundadores de las religiones mundiales. Algunos promovieron sus enseñanzas como el único camino a Dios, pero Cristo se promovió a Sí mismo como el único camino a Dios. Cristo afirmó no sólo exclusividad sino también deidad. Como el Dios Hombre, osadamente declaró, "Si a mí me conocieseis, también a mi Padre conoceríais" (Juan 8:19). Conocerle a El era conocer a Dios. Más tarde Cristo afirma que todo el

169

que lo ha visto ha visto a Dios: "El que me ha visto a mí, ha visto al Padre" (Juan 14:9).

Otro medio que Cristo usó para afirmar que El era Dios fue la importante frase "YO SOY". Por ejemplo, Jesús dijo: "De cierto, de cierto os digo: Antes que Abraham fuese, yo soy" (Juan 8:58). Esto equivalía a afirmar que El mismo era YHWH (Yahveh). En Exodo 3:14 leemos: "Y respondió Dios a Moisés: 'YO SOY EL QUE SOY'. Y dijo: "Así dirás a los hijos de Israel; YO SOY me envió a vosotros." Al llamarse a Sí mismo el YO SOY, Cristo afirmaba al mismo tiempo que es Jehová Dios. (Otras tres declaraciones YO SOY se encuentran en Juan 8:24, 28; 18:5).

Cristo apoya Su argumento en favor de Su deidad afirmando que tiene diversos atributos de Dios. Declara que es eterno (Juan 17:5) y omnipresente (Mateo 18:20 y 28:20). También habla de Su impecabilidad (Juan 8:46). Entre sus afirmaciones indirectas encontramos (1) *Acepta la adoración de los hombres* (Mateo 14:33; Juan 9:35-39; 20:27-29); (2) *Su poder de perdonar los pecados* (Marcos 2:5-11 y Lucas 7:48-50); y (3) *Su declaración de que todos los hombres comparecerían delante de El en el juicio* (Juan 5:24-28).

Cristo afirma claramente que es el único camino y sus apóstoles afirman esto en sus escritos. Consideremos tres ejemplos:

"Y en ningún otro hay salvación; porque no hay otro nombre bajo el cielo, dado a los hombres, en que podamos ser salvos" (Hechos 4:12).

"Porque la paga del pecado es muerte, mas la dádiva de Dios es vida eterna en Cristo Jesús Señor nuestro" (Romanos 6:23).

"Mas si aun vosotros, o un ángel del cielo, os anunciare otro evangelio diferente del que os hemos anunciado, sea anatema" (Gálatas 1:8).

Los apóstoles reconocían que Cristo era Dios y el único camino a Dios. Juan aclara esto describiéndolo a El como "el Verbo" (Juan 1:1, 14). Pablo habla de Cristo como de aquél que creó todas las cosas y las mantiene por medio de Su divino poder (Colosenses 1:16-17). También se refiere a Jesús como "nuestro gran Dios y Salvador Jesucristo" (Tito 2:13).

Los escépticos especulan que Cristo no pudo haber dicho lo que los apóstoles entendieron que dijo. Es importante que comprendamos que sus discípulos no sólo lo oyeron proclamar Su exclusividad y deidad, sino que también lo oyeron los críticos de su tiempo. Frecuentemente, cuando hacía estas dramáticas afirmaciones, los judíos lo acusaban de blasfemia. Ellos entendían correctamente las implicaciones de lo que él decía, percatándose de que se hacía igual a Dios. Esto, por supuesto, hubiera sido verdaderamente blasfemo si las afirmaciones de Cristo no hubieran sido ciertas (Marcos 2:6-7; 14:61-64; Juan 5:18; 10:30-33). Muchas personas han tratado de redefinir hoy en día la persona y la obra de Cristo en términos más generales y amplios. Es significativo, sin embargo, que sus amigos y sus enemigos reconocían que él estaba afirmando ser Dios y el único medio para llegar a Dios.

Cristo enseña que el hombre es pecador y por lo tanto está separado de Dios. La única forma que el hombre tiene para cubrir la brecha entre él y Dios es la aceptación del pago que Cristo hizo por su pecado. Si procuramos cubrir la brecha por medio de nuestras propias obras buenas quedaremos miserablemente cortos. Todas las alternativas que tenemos disponibles aparte del sacrificio de Cristo están basadas en sistemas de esfuerzos y méritos humanos.

La muerte de Cristo hubiera sido un supremo disparate y un trágico desperdicio si pudiéramos ir al cielo por cualquier otro medio "si por la ley fuese la justicia, entonces por demás murió Cristo", (Gálatas 2:21). ¿Por qué habría de hacer Dios un sacrificio tan radical si hubiera algún otro medio? Ver el capítulo 11 para un estudio detallado acerca de por qué nuestras propias obras buenas no son suficientes para ganar la salvación.

Si la Biblia pone tan en claro que Cristo afirmó ser Dios, y el único camino a Dios, y Sus discípulos afirmaron Sus declaraciones, ¿cómo puede la gente negar esto? Lo hacen porque (1) son ignorantes de la Biblia, o (2) suponen que la Biblia está en error. Si su negación es debida a ignorancia, todo lo que tenemos que hacer es exponerlos a las enseñanzas de las Escrituras. Si se debe a una opinión envidiosa sobre la Biblia, entonces tenemos que volver al problema de la confiabilidad de la Biblia (ver Capítulo 6).

Es esencial que comprendamos la posición del cristianismo a lo largo de los siglos. Cristo insiste en que El es la única solución del hombre para el problema del pecado. Esa es una afirmación muy estrecha y restrictiva. La cuestión no es ya el hecho de que el cristianismo sea o no estrecho, sino si es verdadero o no.

Ver el Diagrama 37 para la primera opción.

Segunda Opción: El cristianismo es estrecho y erróneo

La segunda opción reconoce que el cristianismo afirma ser el único camino a Dios pero niega la validez de tal afirmación. Las razones para este rechazo se pueden resumir en una serie de suposiciones. Primero, hay millones de adoradores cuyas religiones están fuera de los límites fijados por el cristianismo. Segundo, la verdad está determinada por las creencias o la falta de creencia de uno, de modo que aunque Cristo fuera verdadero para nosotros, no significa que lo sea para todos. Tercero, el cristianismo es erróneo porque su exclusivismo lo hace intolerante de otros puntos de vista. Estas suposiciones

¿NO ES DEMASIADO ESTRECHO EL CRISTIANISMO?

EL CRISTIANISMO NO ES ESTRECHO

EL CRISTIANISMO ES ESTRECHO Y ES UN ERROR

CRISTO HIZO AFIRMACIONES EXCLUSIVAS

LOS DISCIPULOS CONFIRMAN LAS DECLARACIONES EXCLUSIVAS DE CRISTO

¿QUE DE LAS BUENAS OBRAS?

VER CAPITULO 3 SOBRE BUENAS OBRAS

EL REGISTRO BIBLICO ESTA EQUIVOCADO

VER CAPITULO 6 SOBRE EXACTITUD DE LA BIBLIA

EL CRISTIANISMO ES ESTRECHO

Diagrama 37

173

deben ser consideradas, si esperamos demostrar que el cristianismo es estrecho y verdadero.

La primera objeción importante contra el exclusivismo del cristianismo es que elimina a muchas personas sinceras que están buscando a Dios a través de otros medios. La suposición es que por el hecho de que estas personas son sinceras, no pueden estar equivocadas. Sin embargo, la sinceridad, o falta de ella, no tiene sin embargo nada que ver con la determinación de la verdad. Podemos ser sinceros y estar en lo cierto; ser sinceros y estar equivocados. Podemos citar numerosos ejemplos para demostrar que la sinceridad por sí misma no hace que algo sea verdadero. Las personas que siguieron a Jim Jones a Guyana eran sinceras en su fe en Jones, pero era una fe equivocada. Su sinceridad las condujo al dolor y la muerte, no a la paz y la prosperidad.

Una enfermera de un gran hospital metropolitano cambió el tubo de la carpa de oxígeno de uno de sus pacientes. Realizaba sus tareas con la mayor sinceridad; pero en el próximo recorrido, otra enfermera encontró muerto al paciente. El tubo que había colocado en la carpa estaba lleno de nitrógeno, no de oxígeno. En el depósito se habían equivocado de etiqueta. La enfermera pensó sinceramente que lo que estaba colocando en la carpa era oxígeno, pero no fue así, y las consecuencias fueron mortales.

Hace algunos años, Jim Marshall, integrante del equipo de los Minnesota Vikings, recogió una pelota que otro jugador no pudo retener y comenzó a eludir atajadores, hasta cruzar la línea de gol. Lo que había pasado, sin embargo, era que Marshall traspuso la línea de gol equivocada, marcando un tanto para el equipo rival.

Todas estas personas eran sumamente sinceras, pero estaban sinceramente equivocadas. La sinceridad no hace que algo sea verdadero o erróneo. La verdad debe determinarse aparte de la sinceridad.

Una segunda objeción importante que se hace al

cristianismo es que, aun cuando pueda ser verdad para nosotros, puede no serlo para todos. Esto supone que la verdad está determinada por las creencias de uno o por la falta de creencias. La gente que hace esta objeción quizás le diga, por ejemplo, que a algunas personas les gustan las ostras crudas, mientras que a otras les resultan repulsivas. O puede que digan que tener cara o aspecto de ser miembro de un *club exclusivo es algo que algunos aspiran y otros rechazan. Las ilustraciones son siempre decisiones subjetivas basadas en preferencias y gustos personales. Pero la suposición de que toda verdad esté determinada de esta manera, es falsa. Una cosa no es objetivamente verdadera sólo porque alguien crea o no crea en ella.

Durante siglos, la opinión popular afirmaba que la tierra era plana. Hoy en día, el consenso científico es que la tierra es esférica. Llegamos a nuestra comprensión de la forma de la tierra por criterios objetivos, no por la opinión popular. Es esférica, y nuestra creencia o falta de creencia en ese hecho no habrá de cambiarla en lo más mínimo. De manera similar, la verdad del cristianismo no puede ser determinada sobre la base de la creencia o falta de creencia, sino en base a criterios objetivos. Para estudiar más sobre esto, ver el capítulo 5.

Una tercera objeción es que el cristianismo es estrecho y exclusivo. La suposición aquí es que algo que sea tan estrecho tiene que ser erróneo. La mayoría fuimos educados para creer que la tolerancia es una virtud. Puesto que la tolerancia es un concepto tan importante hoy en día, podemos comprender por qué la gente piensa que el cristianismo es demasiado exclusivo.

Pero la suposición detrás de esta objeción no es válida.

---

* Nota del editor: En el original "Ivy League", liga de universidades del Noreste de Estados Unidos, con fines deportivos, cuyos alumnos imponen actitudes, modas y normas.

Una posición puede ser estrecha y errónea, o estrecha y verdadera. El hecho de ser estrecho no hace que algo sea correcto o incorrecto. Alguien dijo una vez, "La tolerancia en las relaciones personales es una virtud, pero en la verdad es una farsa." La verdad siempre es intolerante con el error. El hecho de que uno más uno sea siempre igual a dos es muy estrecho, pero es correcto.

La vida está llena de ejemplos de cosas que son estrechas y verdaderas. Por ejemplo, cuando volamos en un avión, deseamos que el piloto aterrice en la pista, no sobre la ruta; que lo haga en la posición correcta y no al revés; y que aterrice cuando se le dice que lo haga, y no antes o después.

Supongamos que alguien sienta que los fabricantes de autos le están cortando las alas a uno al especificar "solamente nafta sin plomo" para su automóvil. Si resistiera los estrechos límites que se le imponen cargando gasoil, petróleo o, peor aún, agua, su auto no funcionaría. Las especificaciones pueden ser estrechas, no obstante son válidas.

Conocemos las afirmaciones del cristianismo, pero sería útil compararlas con las de las otras religiones mundiales principales. Cada vez que oigo que alguien dice "todas las religiones son básicamente lo mismo," inmediatamente me doy cuenta que la persona tiene poco conocimiento profundo de las diversas religiones. También sabemos que esa persona probablemente no está íntimamente involucrada en ninguna religión determinada, de lo contrario conocería al menos las características distintivas de su propia religión.

Las religiones principales difieren en su percepción de quién es Dios, en su visión del destino humano final, y en los medios para alcanzar la salvación. Para ver esto, consideremos las cinco grandes religiones mundiales: hinduismo, budismo, judaísmo, islamismo y cristianismo.

Veamos primero las diferentes ideas acerca de Dios. El

cristiano es trinitario. Cree en sólo un Dios verdadero, pero en la unidad de la Deidad hay tres Personas eternas y coiguales. El judío y el musulmán son fuertemente unitarios. Creen en sólo un Dios verdadero y en una sola Persona en la Deidad. El hindú filosófico es monista (todo es uno) o panteísta cuyo dios es un ser abstracto eterno, no personal, sin atributos conocibles. Dios es un eso más que una Persona. Las sectas populares del hinduismo son politeístas, adoradoras de muchos dioses. Varias sectas del budismo sostienen una diversidad de opiniones acerca de Dios. Estas sectas son politeístas, panteístas o ateas. Como podemos ver, existe una gran divergencia en las opiniones sólo en cuanto a la identidad de Dios.

A continuación, podemos examinar la cuestión del destino del hombre. ¿Hacia dónde se dirige el hombre cuando su vida termina finalmente? Para el cristiano, los creyentes pasarán la eternidad en el cielo. Allí experimentarán una existencia personal y tendrán comunión con Dios para siempre. Entre los judíos de hoy en día encontramos un amplio espectro de opiniones sobre el destino del hombre. Muchos dicen que no existe nada después de que concluya esta vida. Otros creen que irán a la vida más allá, la cual será gozada en compañía de su Mesías. Los musulmanes creen que se unirán a Alá en el cielo durante una eternidad de placer sensual y gratificación. Los hindúes creen que finalmente se convertirán en uno con el ser supremo impersonal (brahmán) en un estado de nirvana. El individuo deja de tener su identidad o existencia personal propia. Los budistas aspiran al nirvana como un estado de nada total, una aniquilación final de la conciencia individual. En la superficie, cada una de estas religiones habla de un destino final para el hombre, pero ese destino es vastamente diferente.

¿Cómo alcanza el hombre su destino en cada una de las principales religiones?

Según el cristianismo, se entra en el cielo por la aceptación del pago de Cristo en la cruz por el pecado. La solución del cristianismo está basada en la fe en Jesucristo, no en las buenas obras del hombre.

El judío cree que gana la salvación regresando a Dios y viviendo una vida moral. No hay seguridad de salvación puesto que ésta será determinada por los esfuerzos propios del hombre. El musulmán trata de ganar su propia salvación creyendo en las cinco doctrinas del Islam y realizando los deberes de los Cinco Pilares de fe. Pero todo depende de su conducta, de manera que no puede estar seguro.

El hindú cree que alcanza su estado deseado de unidad con brahmán a través de una serie de reencarnaciones. La ley del karma dice que un hindú recoge en la otra vida las recompensas o castigos de la vida presente. El budista cree que gana su propia liberación de la interminable cadena de reencarnaciones siguiendo las Cuatro Nobles Verdades y el Octupie Sendero.

Cuatro de estas cinco religiones procuran la salvación por medio del esfuerzo humano, pero el esfuerzo es diferente para cada una. El cristianismo reconoce la frustración y la inutilidad de los esfuerzos del hombre y declara que la salvación descansa en la provisión de Dios y en Su gracia. Las religiones importantes difieren en sus perspectivas de Dios, en el destino del hombre, y en los medios de salvación, y son todas estrechas también. Todas afirman tener razón.

El cristianismo no es la única religión con afirmaciones exclusivas. Los judíos, musulmanes y budistas creen haber hallado el único camino verdadero a Dios. Los hindúes son los únicos que podrían emplear lenguaje ambiguo en una cláusula de exclusividad. Ramakrishna declaró que "muchas creencias no son sino senderos diferentes que conducen a una realidad, que es Dios." Superficialmente, pareciera que los hindúes están de acuerdo en que haya caminos diferentes para llegar al estado de nirvana.

178

Un examen atento del hinduismo revela que el hindú da lugar a una apertura hacia otras creencias, pero enfatiza la superioridad de la propia. Si todas las creencias no son sino senderos diferentes, podríamos preguntarnos si el hindú permitiría que sus hijos sean educados como cristianos. Hay realmente sólo un sendero por el cual un extraño puede entrar al redil. Debe vivir una vida piadosa y luego, después de muchas transmigraciones, quizás, su alma finalmente vuelva a nacer en una familia hindú.

El hindú supone además que todas las religiones son senderos diferentes en una montaña, los cuales ascienden en la misma dirección, adorando todas al mismo Dios. Si algo hemos aprendido en nuestro rápido examen de estas cinco religiones principales, es que ni siquiera están en la misma montaña.

Cada una de estas religiones procura responder las preguntas del hombre en relación a su origen, destino, y rol actual en el universo. Sus respuestas, aunque a primera vista parecen similares, son dramáticamente diferentes cuando las escudriñamos detenidamente. ¿Cómo pueden estar todas estas religiones en lo cierto al mismo tiempo? Difieren una de otra en las tres cuestiones principales de quién es Dios, hacia dónde va el hombre, y cómo habrá de llegar allí. ¿Cómo podemos conciliar la enseñanza del hinduismo de que Dios es impersonal, con la enseñanza del cristianismo de que Dios es personal? ¿Cómo puede haber tres Personas en la Deidad y al mismo tiempo una Persona en la Deidad? Estas preguntas son sólo la punta del iceberg de las contradicciones entre las religiones principales.

La ley de no contradicción nos ayudará en este punto. Enunciada simplemente, este principio básico de la lógica dice que si dos declaraciones acerca de una cuestión particular se contradicen entre sí, (1) sólo una de ellas es verdadera, o (2) ambas son falsas. No pueden ser verdaderas las dos en el mismo sentido y al mismo tiempo. Si la declaración A contradice a la declaración B:

o A es verdadera y B es falsa,
o A es falsa y B es verdadera,
o A es falsa y B es falsa.

Si alguien dice, "Todos los perros cambian el pelo," y otro afirma, "Los caniches no pierden el pelo," entonces o ambos están equivocados o uno tiene razón. Ambos no pueden tener razón. Si Cristo afirma ser el único camino a Dios y Mahoma dice que hay otro camino a Dios, entonces o Cristo tiene razón y Mahoma está equivocado, o

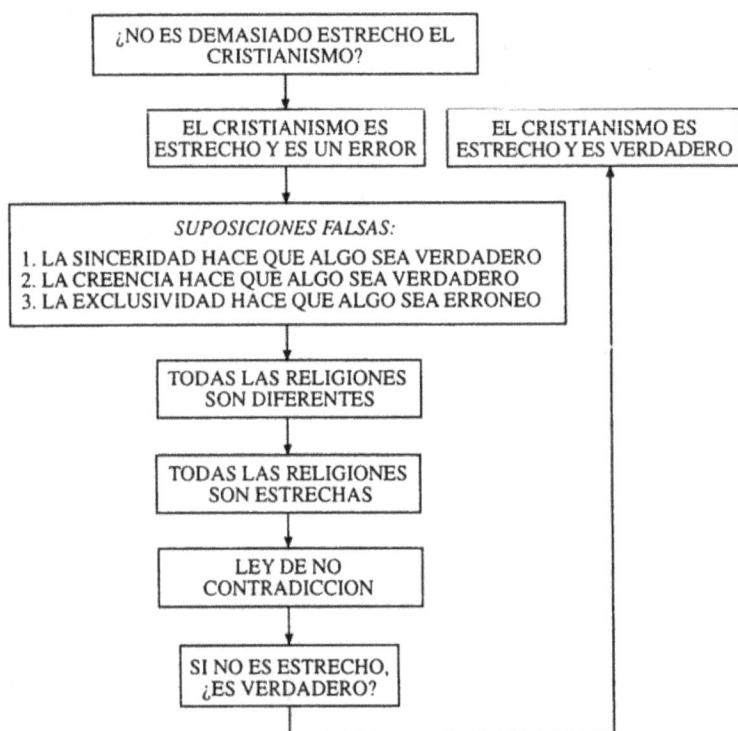

Diagrama 38

Cristo está equivocado y Mahoma tiene razón, o ambos están equivocados. Los dos no pueden tener razón a la vez.

Puesto que las religiones principales se contradicen una a otra, podemos aplicar la ley de no contradicción. O una de ellas tiene razón y el resto de ellas está equivocado, o todas están equivocadas; todas no pueden tener razón.

Declaramos antes que la pregunta difícil que enfrenta el cristianismo no es la de ser o no estrecho, sino si es o no verdadero. La exclusividad de las afirmaciones de Cristo no es una razón razón válida para declararlo equivocado. Debemos pasar a nuestra tercera opción, donde analizaremos si el cristianismo es o no verdadero.

La segunda opción está descrita en el Diagrama 38.

Tercera Opción: El cristianismo es estrecho y verdadero

Sabemos por las propias afirmaciones de Cristo que el cristianismo es estrecho. Lo que hay que determinar ahora es si el cristianismo es o no verdadero. Si Cristo no era quien afirmaba ser, quedamos con algunas alternativas muy inquietantes. Si Cristo no era el único camino a Dios era, o un mentiroso, o un lunático. Ninguna de estas elecciones es muy agradable. Pero son las únicas opciones que tenemos si Cristo no era el Señor de todo. Cristo no fue simplemente un buen hombre o un gran maestro.

El propio carácter de Cristo argumenta en forma persuasiva en contra de que El fuera un mentiroso. En toda ocasión hablaba El de verdad y virtud. Su vida ejemplificaba el mensaje mismo que proclamaba. De hecho, muy pocas personas harían una afirmación semejante. El peso de la evidencia se vuelca fuertemente a favor de que Cristo es un dechado de verdad y virtud, antes que un mentiroso.

La coherencia entre la vida y el testimonio de Cristo

ponen en claro también que El no era un lunático. Un lunático revela anormalidades y desequilibrios como parte de su estilo de vida. Cuando analizamos la vida de Cristo no encontramos incoherencias ni desequilibrios. Por el contrario, descubrimos a un hombre mentalmente sano y equilibrado.

Si Cristo no es ni un mentiroso ni un lunático, entonces es lo que El afirmaba ser: Señor de todo, el único camino por el cual el hombre puede ser salvo. Los datos objetivos que favorecen la verdad del cristianismo proceden de dos fuentes la Biblia y la evidencia histórica legal en favor de la resurrección, y ya hemos sostenido la verdad de estas dos fuentes. Ver el capítulo 6 para la información relativa a la confiabilidad de la Biblia, y el apéndice del capítulo 4 para una explicación detallada de la evidencia en favor de la resurrección.

Entre paréntesis, digamos que a menudo es útil usar un diagrama para presentar las afirmaciones y credenciales de Cristo. En el Diagrama 39 la columna de la izquierda da algunas de las afirmaciones singulares que él hizo, y la de la derecha, sus credenciales, que apoyan las declaraciones hechas por El.

Sus obras (credenciales) autentican sus palabras (afirmaciones), y la naturaleza de sus afirmaciones nos lleva

AFIRMACIONES SINGULARES DE CRISTO	CREDENCIALES DE CRISTO
- Afirmaba tener poder para perdonar pecados - Afirmaba no tener pecado -Afirmaba cumplir las profecías mesiánicas del Antiguo Testamento - Afirmaba que se levantaría de entre los muertos y resucitaría a todos los hombres. - Afirmaba que vendría otra vez y juzgaría al mundo - Afirmaba ser el camino exclusivo a la salvación	- Su vida sin pecado (aun Sus enemigos tuvieron que reconocer esto) - Sus milagros (poder sobre la naturaleza, la enfermedad, los demonios, la muerte) - Su carácter y enseñanza singulares - Su cumplimiento de cientos de profecías mesiánicas - Su poder para cambiar vidas - Su resurrección de entre los muertos

Diagrama 39

al trilema del mentiroso, lunático, Señor, porque estas son las únicas opciones reales en relación a Jesús (Una cuarta opción, de que Él fue una leyenda, quedó refutada en el apéndice al capítulo 4 y en el capítulo 6.)

Aun cuando existe amplia evidencia en favor de la verdad del cristianismo, todavía quedan dos cuestiones de las que quizás tengamos que ocuparnos. La primera concierne al judío. Muchas personas suponen que el cristianismo es una religión gentil, o que para convertirse al cristianismo el judío debía dejar de ser judío. Otras han planteado esta cuestión porque los judíos adoran al único Dios verdadero de Abraham. De manera que, ¿por qué no van ellos al cielo?

En la iglesia primitiva, el problema que enfrentaban los creyentes no era cómo podía un judío convertirse al cristianismo, sino cómo podía hacerlo un gentil. El cristianismo primitivo era predominantemente judío. Los únicos cristianos que había en Hechos 2 eran judíos. Cuando un gentil llamado Cornelio se convirtió en Hechos 10, los cristianos judíos tenían dificultad en creer que eso fuera posible. Jesús era judío, como lo eran todos los apóstoles. Pablo nos cuenta en Filipenses 3:4-11 que necesitaba a Cristo para su salvación a pesar de ser el compendio de lo que debía ser un buen judío. Todos los escritores del Nuevo Testamento, con excepción de Lucas, eran judíos. El Nuevo Testamento reveló que en Cristo, judíos y gentiles podían reunirse en un cuerpo sin distinción.

"Porque no me avergüenzo del evangelio, porque es poder de Dios para salvación a todo aquél que cree; al judío primeramente, y también al griego" (Romanos 1:16).

"Ya no hay judío ni griego; no hay esclavo ni libre; no hay varón ni mujer; porque todos vosotros sois uno en Cristo Jesús" (Gálatas 3:28).

183

"Porque él es nuestra paz, que de ambos pueblos hizo uno, derribando la pared intermedia de separación"
(Efesios 2:14).

"Porque hay un solo Dios, y un solo mediador entre Dios y los hombres, Jesucristo hombre" (1 Timoteo 2:5).

Es importante para el judío saber que para convertirse en cristiano, no tiene que dejar de ser judío, así como los irlandeses no tendrían que dejar de ser irlandeses. Hay cristianos gentiles y cristianos hebreos. Un judío no tiene que abandonar su herencia cuando se convierte en cristiano.

El judío, al igual que cualquier otro hombre, debe ocuparse de su pecado y de la separación que éste ha causado entre él y Dios. La pauta fijada por Dios es la perfección, y ni el judío ni el gentil están a la altura de esa pauta (Isaías 53:6). Pablo, "hebreo de hebreos", habla del dilema común en Romanos 3:9-10: "¿Qué, pues? ¿Somos nosotros mejores que ellos? En ninguna manera; pues ya hemos acusado a judíos y a gentiles, que todos están bajo pecado. Como está escrito: No hay justo, ni aun uno." El castigo por esta imperfección es la muerte y la separación de Dios.

¿Cuál es la solución al problema del pecado del hombre? El hombre puede pagar la pena él mismo o aceptar un sustituto en su lugar. (La inutilidad de tratar de pagar la deuda con nuestros propios esfuerzos se examina en el capítulo 11.) En el Antiguo Testamento, el hombre se libraba de la pena de su pecado presentando un animal sin defecto como sacrificio en su lugar. Pero la deuda quedaba sólo cubierta, no cancelada, y el año siguiente en el Día de la Expiación, el pecado tenía que ser cubierto de nuevo. Cristo dijo que el sacrificio de Sí mismo terminaba para siempre con la necesidad de otro sacrificio. Canceló para siempre la deuda por todos los que vinieran a El.

Imagine que acaba de recibir un préstamo de $1.000.000 y el banco descubre que usted no puede pagarlo. Quizás pueda pagar los intereses, pero no tiene forma de amortizar el capital. Luego aparece alguien que no sólo paga el interés sino también cancela el capital adeudado. En ese momento, la deuda está cancelada y usted es otra vez financieramente solvente. Cristo pagó no sólo el interés sino también el capital sobre nuestra deuda de pecado. Lo único que tenemos que hacer es aceptar ese pago.

Eso es también lo único que el judío debe hacer. Debe llegar a una relación personal con Jesús si desea estar reconciliado con Dios. Romanos 3:29-30 dice, "¿Es Dios solamente Dios de los judíos? ¿No es también Dios de los gentiles? Ciertamente, también de los gentiles. Porque Dios es uno, y él justificará por la fe a los de la circuncisión, y por medio de la fe a los de la incircuncisión." El Dios de toda la creación hace que la salvación esté al alcance de todos por medio de su Hijo Jesús.

Muchos creen que la exclusión del judaísmo como camino a Dios por parte del cristianismo, no es más que fijarse en pequeñeces. Su argumento puede formularse de esta manera:

(1) El judaísmo adora al único Dios verdadero en el Antiguo Testamento.
(2) El cristianismo proclama que Cristo y el Dios del Antiguo Testamento son uno.
(3) Por lo tanto, el judaísmo cree en realidad en el mismo Dios.

Pero lo que no se comprende aquí es que el judío rechaza a Cristo como Hijo de Dios, de modo que la proposición debería formularse de esta manera:

(1) El judaísmo rechaza a Cristo como el Hijo de Dios.

185

(2) Cristo es el Hijo de Dios y el único camino al Padre.
(3) Por lo tanto, el judaísmo ha rechazado en realidad el único camino al Padre.

O Cristo tiene razón o está equivocado. Si tiene razón, y hemos tratado de demostrar que la tiene, entonces el judío debe llegar a Dios por medio de El.

Una segunda pregunta que a veces oímos tiene que ver con la proclamación del cristianismo a otros. Debido a la gran mentalidad misionera del cristianismo, se plantea la pregunta, "¿No es falto de amor, intolerante, condescendiente, y hasta arrogante predicar que Cristo es el único camino a Dios?" Algunas personas piensan que el cristianismo es duro y falto de amor. Debemos equilibrar esta reacción negativa con dos puntos cruciales:

(1) Fue el mismo Cristo quien dijo que El era el único camino (Juan 14:6), y dio la Gran Comisión para llevar este mensaje a todos (Mateo 28:19-20; Marcos 16:15; Lucas 24:47; Hechos 1:8).

(2) Puesto que el cristianismo es verdadero, aun cuando sea estrecho, sería falto de amor si no compartiéramos con otros la solución de Cristo.

Podemos ilustrar esto imaginando a un científico que acaba de descubrir una cura completa para el cáncer. Ahora se enfrenta al dilema de si debería compartir este descubrimiento. Si lo comparte, corre el riesgo de ofender a algunos que están procurando hallar otras técnicas para curar el problema. El científico objetará las teorías de otros investigadores cuando comparta su descubrimiento y de esa forma se arriesga a recibir su desdén. Pero puesto que su única alternativa es dejar que la gente muera en su ignorancia, lo bondadoso sería dar a conocer la cura, aun cuando algunos podrían no comprender el ofrecimiento. De igual manera, el mundo tiene necesidad de Cristo y nosotros debemos procurar con amor que otros lo conozcan.

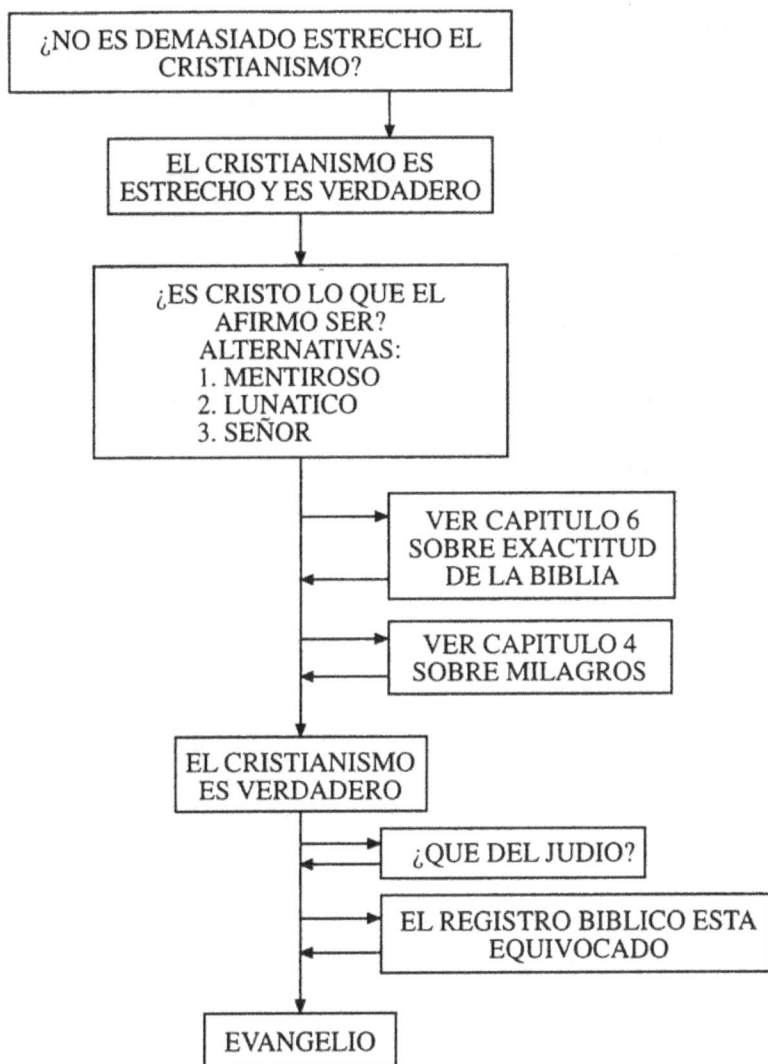

```
┌─────────────────────────────────────┐
│  ¿NO ES DEMASIADO ESTRECHO EL        │
│         CRISTIANISMO?                │
└─────────────────────────────────────┘
                 │
                 ▼
        ┌──────────────────────┐
        │  EL CRISTIANISMO ES   │
        │ ESTRECHO Y ES VERDADERO│
        └──────────────────────┘
                 │
                 ▼
        ┌──────────────────────┐
        │  ¿ES CRISTO LO QUE EL │
        │      AFIRMO SER?      │
        │     ALTERNATIVAS:     │
        │     1. MENTIROSO      │
        │     2. LUNATICO       │
        │     3. SEÑOR          │
        └──────────────────────┘
                 │
                 │        ┌──────────────────────┐
                 │───────▶│   VER CAPITULO 6      │
                 │◀───────│  SOBRE EXACTITUD      │
                 │        │   DE LA BIBLIA        │
                 │        └──────────────────────┘
                 │        ┌──────────────────────┐
                 │───────▶│   VER CAPITULO 4      │
                 │◀───────│  SOBRE MILAGROS       │
                 │        └──────────────────────┘
                 ▼
        ┌──────────────────────┐
        │   EL CRISTIANISMO     │
        │    ES VERDADERO       │
        └──────────────────────┘
                 │        ┌──────────────────────┐
                 │◀───────│   ¿QUE DEL JUDIO?     │
                 │        └──────────────────────┘
                 │        ┌──────────────────────────┐
                 │───────▶│ EL REGISTRO BIBLICO ESTA  │
                 │◀───────│      EQUIVOCADO           │
                 │        └──────────────────────────┘
                 ▼
        ┌──────────────────────┐
        │     EVANGELIO         │
        └──────────────────────┘
```

Diagrama 40

En todo esto, debemos recordar que nuestra misión es exponer el cristianismo a otros no imponerlo. Cristo nunca dijo que obligáramos a otros a aceptarlo. Nuestra tarea es presentar a Cristo de una manera amable, dejando que hombres y mujeres hagan la elección de aceptarlo o rechazarlo.

Si su amigo no cristiano no hace estas dos preguntas suplementarias, puede pasar directamente a hacer una presentación del Evangelio. No es suficiente que una persona reconozca intelectualmente que Cristo es el único pago efectuado por los pecados. Debe aceptar personalmente a Cristo como su propio Salvador del pecado. Para una presentación detallada de lo que es esencial para la salvación, remítase al capítulo 13.

En el Diagrama 40 se presenta la sección sobre el cristianismo como estrecho y verdadero.

Resumen y Organigrama

La primera opción que consideramos es que el cristianismo no es estrecho, pero luego nos enfrentamos al problema de que Cristo afirmaba no sólo ser el camino exclusivo a Dios, sino que además era Dios mismo. Los discípulos también afirmaban lo que Cristo enseñaba. Al surgir la pregunta, "¿Qué lugar tienen las buenas obras si la salvación viene solamente por medio de Cristo?", nos remitimos al capítulo 11.

Si después de que se le presentan las afirmaciones de Cristo en las Escrituras, la persona continúa negando la verdad de dicho testimonio, su problema no es con esta pregunta, sino con la que expusimos en el capítulo 6, "¿Es confiable la Biblia?" El testimonio es claro, que Cristo afirmó ser el único camino. La persona debe decidir si cree que esta afirmación es verdadera o falsa.

La segunda opción que consideramos es que el cristianismo

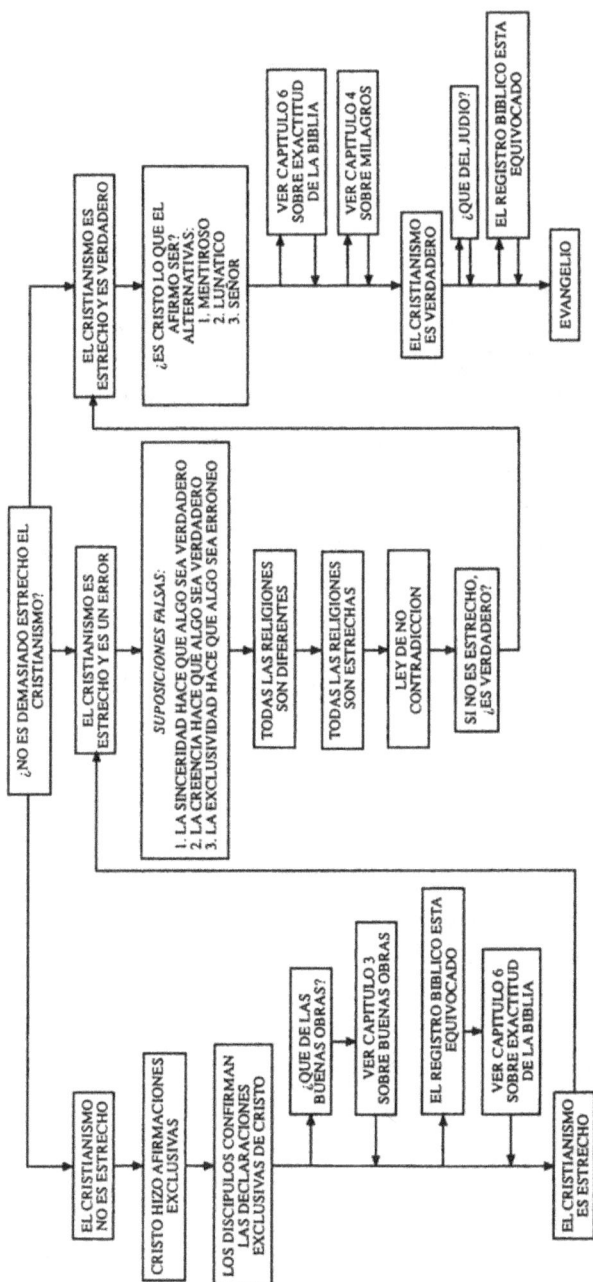

Diagrama 41

189

es estrecho y erróneo. Descubrimos que las suposiciones detrás de esta opción son falsas. La verdad no se determina en base a la sinceridad o a las creencias. Ni se puede descreer de una fe simplemente porque sea estrecha.

Después de un breve examen de cinco religiones importantes, llegamos a la conclusión que, contrariamente a la creencia popular, todas ellas son diferentes y no son básicamente iguales. También observamos que el cristianismo no es la única religión que afirma ser la única correcta. Después, con la ayuda de la ley de no contradicción, vimos que: o una y una sola religión del mundo es correcta, o son todas erróneas; no puede haber dos de ellas que sean ciertas. Esto nos dejó con la tarea de determinar si el cristianismo es verdadero.

La tercera opción afirmaba que el cristianismo es estrecho y verdadero. Las afirmaciones únicas de Cristo nos conducen a sólo tres alternativas: Era un mentiroso, un lunático, o el Señor. Las evidencias de la Biblia y la Resurrección proporcionan suficientes datos objetivos para garantizar una respuesta positiva a la cuestión de la veracidad de Cristo.

Quizás habría que hallar la respuesta a otras dos preguntas antes de presentar el Evangelio: "¿Qué de los judíos? ¿Necesitan a Cristo?" y "dar a conocer a Cristo a otros en el mundo, ¿es caer de la firmeza en los principios?"

Finalmente llegamos a la conclusión de que el cristianismo es estrecho y correcto porque es verdadero. Sin Cristo no hay solución al problema de pecado y de separación del hombre de Dios.

Lecturas Suplementarias

(1) J. N. D. Anderson, *Christianity and Comparative Religion* (Tyndale). Una enriquecedora presentación de la singularidad del cristianismo.

(2) Kenneth Boa, *Cults, World Religions, and You* (Victor Books). Examina 10 religiones mundiales importantes, proporcionando información básica, enseñanzas, y evaluación bíblica.

(3) David A. DeWitt, *Answering the Tough Ones* (Moody). El capítulo 1 comparte una experiencia verídica acerca de la forma en que se manejó esta pregunta con un no cristiano.

(4) Gordon R. Lewis, *Judge For Yourself* (InterVarsity Press). El capítulo 1 es útil para demostrar cómo se aplican pasajes apropiados de las Escrituras a diferentes aspectos de esta cuestión.

(5) R. C. Sproul, *Objections Answered* (Regal Books). El capítulo 2 esboza brevemente la idea de la tolerancia en nuestra cultura como guía para entender el concepto de la igual validez de todas las religiones.

(6) Barry Wood, *Questions Non-Christians Ask* (Revell). El capítulo 6 sobre Jesús y el judío, y el capítulo 8 sobre Jesús y Mahoma dan algunos indicios sobre la forma de testificar a ambos grupos.

9

¿JUZGARÁ DIOS A LOS QUE NUNCA OYERON ACERCA DE CRISTO?

Preguntas que se hacen a menudo:

¿Condenaría Dios a un incrédulo inocente simplemente por no haber oído nunca acerca de Cristo?

¿Qué se podría decir de las personas religiosas que no saben nada de Cristo y dan a su dios un nombre diferente?

¿Que le sucedió a la gente antes de la venida de Cristo?

¿Que se podría decir acerca de las criaturas y de las personas que son mentalmente incapaces de comprender el Evangelio?

Tres Opciones

Algunos tratan de minimizar el problema argumentando que aquellos que no han oído acerca de Cristo son inocentes a causa de su ignorancia, y no serán juzgados. Si, por el contrario, estas personas son objeto del juicio divino, restan sólo dos posibilidades que el juicio de Dios es justo, o injusto. Muchos cuestionan la justicia de Dios en este punto, porque suponen falsamente que Dios va a hacerlos responsables de aquello que no tienen forma de conocer. Pero las Escrituras son claras en que el juicio de Dios es perfectamente justo y nadie que comparezca delante de Dios lo acusará de ser injusto.

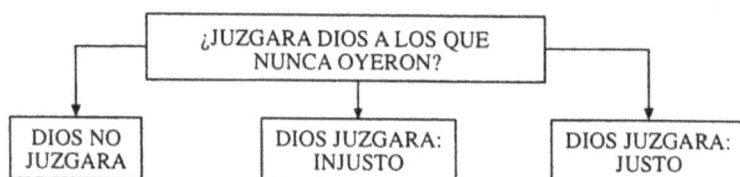

```
              ┌─────────────────────────────┐
              │  ¿JUZGARA DIOS A LOS QUE     │
              │      NUNCA OYERON?           │
              └─────────────────────────────┘
  ┌────────────┐    ┌────────────────┐    ┌────────────────┐
  │ DIOS NO    │    │ DIOS JUZGARA:  │    │ DIOS JUZGARA:  │
  │ JUZGARA    │    │   INJUSTO      │    │    JUSTO       │
  └────────────┘    └────────────────┘    └────────────────┘
```

Diagrama 42

Primera Opción: Dios no juzgará a los que no han oído

La objeción en este capítulo está estrechamente relacionada con la conclusión del capítulo precedente, que Cristo es en verdad el único camino al Padre (Juan 14:6; Hechos 4:12). Cuando una persona comienza a comprender bien la exclusividad del Evangelio, es lógico que en su mente surja alguna de las preguntas enumeradas al comienzo de este capítulo. En algunos casos esta objeción puede que la haga como una maniobra evasiva cuando las implicaciones del Evangelio están comenzando a tocar demasiado en lo vivo. Con mayor frecuencia, sin embargo, surge porque hace aparecer a Dios como juez injusto. Algo estaría sumamente mal si los humanos demostraran más compasión que Dios por aquellos que están perdidos.

Estas cuestiones han llevado a algunas personas a la

conclusión de que quienes nunca han oído hablar de Cristo escaparán del juicio de Dios. Si esto fuera así, los misioneros cristianos no sólo estarían desperdiciando sus vidas sino estarían haciendo un gran mal. Al predicar el Evangelio a los que no estaban conscientes de Cristo, han sacado a la gente de un estado de inocencia a un estado de culpabilidad moral si no responden. Esto significaría que pasajes como de la Gran Comisión (Mateo 28:19-20) y Romanos 10:14-15 no tienen ningún sentido. ¡La muerte y resurrección de Jesucristo deberían haber sido mantenidas en secreto!

Como vimos en el capítulo 7, la Biblia es clara sobre la realidad del juicio divino y el infierno. La posición del universalismo (todos serán salvos) es naturalmente más atractiva, pero la realidad no está determinada por lo que quisiéramos que fuera verdad. Está determinada por la mente infinita de Dios que dijo: "Porque mis pensamientos no son vuestros pensamientos, ni vuestros caminos mis caminos. . .Como son más altos los cielos que la tierra, así son mis caminos más altos que vuestros caminos, y mis pensamientos más que vuestros pensamientos" (Isaías 55:8-9).

La suprema autoridad para la verdad es la revelación divina, no la opinión humana. Dios no eligió revelar muchos detalles que nos gustaría conocer, pero las Escrituras ofrecen suficientes principios que nos capacitan para obtener una perspectiva razonablemente exacta sobre esta cuestión. (Suponemos aquí que quien opone reparos ya ha llegado a reconocer la confiabilidad de las Escrituras. Si no es así pudiera ser que cuestione algunos de estos principios bíblicos. Cuando esto ocurre, quizás usted tenga que repasar alguna parte del material en el capítulo 6 antes de continuar.)

El siguiente párrafo resume la enseñanza bíblica sobre el amor y la santidad de Dios. El juicio es necesario a causa de su carácter.

Dios es amor (1 Juan 4:8), y este amor se manifestó cuando él "envió a su Hijo en propiciación (satisfacción) por nuestros pecados" (1 Juan 4:10). "En esto hemos conocido el amor, en que él puso su vida por nosotros" (1 Juan 3:16; ver también Romanos 5:5-8). Dios no quiere que nadie esté una eternidad separado de El sino "que todos los hombres sean salvos y vengan al conocimiento de la verdad" (1 Timoteo 2:4). El Señor es "misericordioso y piadoso; tardo para la ira, y grande en misericordia y verdad" (Exodo 34:6); Su deseo es que nadie perezca, sino que todos procedan al arrepentimiento (2 Pedro 3:9; cf. Deuteronomio 30:19; Ezequiel 18:23, 32). Dios no es sólo bondadoso y misericordioso, sino también santo y justo, y, por lo tanto, no puede pasar por alto el pecado. El pecado es una condición humana universal (1 Reyes 8:46; Salmo 51:5; Romanos 3:9, 23; 1 Juan 1:8), y produce separación entre el hombre y Dios (Isaías 59:2). El pecado lleva a la muerte (Romanos 6:23), y la ira de Dios está sobre todos los que permanecen alejados de Cristo (Juan 3:18, 36). Todos han pecado, y quienes no han sido "justificados gratuitamente por su gracia, mediante la redención que es en Cristo Jesús" (Romanos 3:24) están bajo la condenación divina (Romanos 3:10-20; 5:16-19) y deben comparecer delante de Dios en el juicio (Juan 5:27-29; Apocalipsis 20:11-15). Las obras humanas, la sinceridad y la religión no son suficientes para prevenir este juicio, porque sin Cristo somos enemigos de Dios (Romanos 5:10). Sólo por medio de Cristo puede una persona ser salva de la ira de Dios (Romanos 5:1; 8:1).

Las personas no se pierden por no haber oído. Se pierden por ser pecadoras. Morimos a causa de una enfermedad, no por desconocer la cura adecuada.

Cuando se supera la primera opción, automáticamente conduce a la segunda, expuesta en el Diagrama 43.

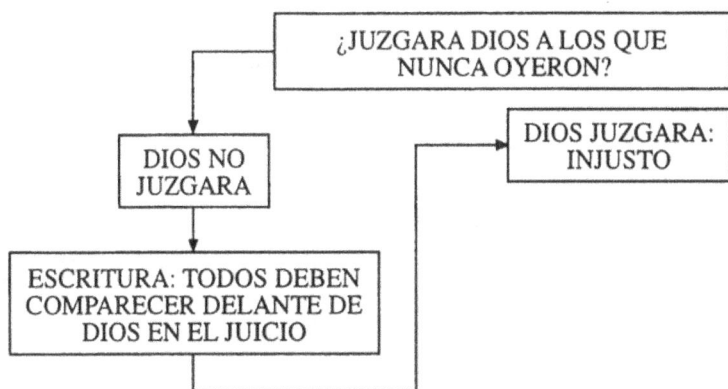

```
                    ┌─────────────────────────────┐
          ┌─────────│  ¿JUZGARA DIOS A LOS QUE     │
          │         │      NUNCA OYERON?           │
          │         └─────────────────────────────┘
          │                    │
          │                    ▼
          │         ┌─────────────────────────────┐
 ┌────────────┐     │  DIOS JUZGARA:              │
 │  DIOS NO   │────▶│  INJUSTO                     │
 │  JUZGARA   │     └─────────────────────────────┘
 └────────────┘
      │
      ▼
 ┌──────────────────────────────┐
 │ ESCRITURA: TODOS DEBEN        │
 │ COMPARECER DELANTE DE         │
 │ DIOS EN EL JUICIO             │
 └──────────────────────────────┘
```

Diagrama 43

Segunda Opción: El juicio de Dios contra los que no han oído es injusto

Cuando una persona se da cuenta de que Dios *juzgará* a los paganos, podría objetar que esto es injusto. También podría plantear dudas acerca de la justicia de Dios y la ignorancia del hombre. Consideraremos estas dos objeciones.

La perfecta justicia de Dios. Si Dios es bondadoso y justo, ¿puede él condenar realmente a las personas que nunca han tenido oportunidad de hacer una decisión acerca de Jesucristo? Si él efectivamente las juzga, ¿cómo podemos confiar nosotros en semejante Dios?

Aunque la Biblia no desarrolla con tanta profundidad como quisiéramos el tema de aquellos que no han oído, proporciona al menos varios principios que podemos usar al responder esta importante objeción. Una de estas es que Dios es santo y justo en todas Sus formas de obrar: "Sí, por cierto, Dios no hará injusticia, y el Omnipotente no pervertirá el derecho" (Job 34:12). Dios ha "establecido un día en el cual juzgará al mundo con justicia" (Hechos 17:31; ver también Génesis 18:25) "El Juez de

197

toda la tierra, ¿no ha de hacer lo que es justo?" y Romanos 3:3-5). En aquel día, nadie se atreverá a acusar a Dios de injusticia.

Romanos 2:2-16 revela tres aspectos importantes del juicio de Dios: (1) Dios juzga conforme a la verdad (Romanos 2:2-5). A diferencia de un juez humano, Dios conoce la verdad completa (incluyendo los pensamientos y las intenciones del corazón; Hebreos 4:12), y Su justicia no está enturbiada por el error. (2) Dios juzga según las obras (Romanos 2:6-10). Su juicio depende de si la persona obedece a la verdad o a la impiedad. (3) Dios juzga con imparcialidad (Romanos 2:11-16). "No hay acepción de personas para con Dios" (Romanos 2:11; ver 1 Pedro 1:17).

Otro principio clave para responder a esta objeción es que el juicio de Dios está basado en la luz que la persona tiene. No le hará responsable de un mensaje acerca de Cristo que nunca ha recibido. Las personas serán juzgadas según la revelación que haya recibido y a la pauta moral que han reconocido. La responsabilidad es proporcional a la revelación, y Dios sabe exactamente cuánta revelación recibió la persona y exactamente cómo respondió a ella. Como hay diferentes grados de responsabilidad, evidentemente hay diferentes grados de castigo para los que prefirieron rechazar la revelación que se les había dado (ver Mateo 11:21-24; Lucas 12:47-48; Hebreos 2:2-3). "A todo aquél a quien se haya dado mucho, mucho se le demandará" (Lucas 12:48).

¿Cuánta luz tienen realmente las personas que no saben de Cristo? Conforme a las Escrituras, no están en oscuridad total acerca de Dios, el pecado, y ni siquiera de la salvación.

Ignorancia acerca de Dios. Implícita en la objeción acerca de los incrédulos está la frecuente suposición de que son completamente ignorantes de Dios y, por lo tanto, inocentes o irresponsables. Esta suposición no tiene fundamento porque su ignorancia es sólo relativa, no absoluta. La poderosa revelación que hace Pablo de la rebelión del hombre contra el único Dios verdadero en Romanos 1:18-25 es el texto bíblico central en esta cuestión. El versículo 20 describe la *revelación externa* de Dios a toda la humanidad: "Porque las cosas invisibles de él, su eterno poder y deidad, se hacen claramente visibles, siendo entendidas por medio de las cosas hechas, de modo que no tienen excusas." La creación apunta más allá de sí misma hacia Aquél que la hizo, y nadie puede aducir ignorancia del Creador, porque todas las personas tienen acceso a esta revelación general de Dios. (La revelación general es el conocimiento espiritual al alcance de todas las personas, en tanto que la revelación especial se refiere a medios más directos de comunicación de Dios con algunas personas por medio de sueños, visiones, ángeles, y se aplica especialmente la Biblia.)

El universo manifiesta las "cosas invisibles" de Dios, incluyendo Su "eterno poder y deidad." La eternidad, omnipotencia, omnisciencia, y sabiduría de Dios son "claramente visibles" en la creación, pero a causa de su impiedad, los hombres han suprimido estas verdades evidentes acerca de Dios (Romanos 1:18). Esta revelación de Dios en la naturaleza está también afirmada por el Salmo 19: "Los cielos cuentan la gloria de Dios, y el firmamento anuncia la obra de sus manos. Un día emite palabra a otro día, y una noche a otra noche declara sabiduría" (vv. 1-2). Pablo dijo a los residentes de Listra que en Su creación Dios "no se dejó a sí mismo sin testimonio" (Hechos 14:15-17).

Dios se reveló a Sí mismo a todas las personas no sólo externamente en la naturaleza sino también a través de una *revelación interna*: "Porque lo que de Dios se conoce les es manifiesto, pues Dios se lo manifestó" (Romanos 1:19). Aunque caídos, los seres humanos están todavía "hechos a la semejanza de Dios" (Santiago 3:9) con una dimensión espiritual y una conciencia interior de la existencia de Dios. Dios "ha puesto eternidad en el corazón de ellos" (Eclesiastés 3:11), y es "el necio" quien suprime este conocimiento diciendo en su corazón, "No hay Dios" (Salmo 14:1). "Porque la ira de Dios se revela desde el cielo contra toda impiedad e injusticia de los hombres, que detienen con injusticia la verdad" (Romanos 1:18).

Hay una revelación general, por lo tanto, de la existencia y el poder del Dios eterno a la cual las personas deben responder. Aquellos que rechazan o detienen la luz que les ha sido dada "no tienen excusas" y están bajo la ira del Dios viviente. Quizás nunca oyeron acerca del Hijo de Dios, pero ya han rechazado la verdad que conocen acerca de Dios el Padre.

Puede que alguien responda, "¿Qué ocurre con los seguidores dedicados de otras religiones? Seguramente no rechazan la luz que tienen acerca de Dios." Nuevamente, Romanos 1 nos da una respuesta:

"Pues habiendo conocido a Dios, no le glorificaron como a Dios, ni le dieron gracias, sino que se envanecieron en sus razonamientos, y su necio corazón fue entenebrecido. Profesando ser sabios, se hicieron necios, y cambiaron la gloria del Dios incorruptible en semejanza de imagen de hombre corruptible, de aves, de cuadrúpedos y de reptiles. Por lo cual también Dios los entregó a la inmundicia, en las concupiscencias de sus corazones, de modo que deshonraron entre sí sus propios cuerpos, ya que cambiaron la verdad de Dios por la mentira, honrando y dando culto a las criaturas antes que al Creador, el cual es bendito por los siglos. Amén. (Romanos 1:21-25)

Según Pablo, las religiones de los hombres fueron producto, no de una búsqueda de la verdad, sino de una perversión de la verdad que la humanidad conoció originalmente. Contrariamente a la opinión popular, muchas religiones no evolucionaron sino que se degradaron desde un monoteísmo primordial a un politeísmo y animismo degradados. Debido a su impiedad, la gente rápidamente se alejó del conocimiento de Dios para dedicarse a sus propias especulaciones frívolas, "y su necio corazón fue entenebrecido." Pusieron la criatura en el lugar del Creador y elaboraron sus propios caminos de salvación.

Es significativo que todas las religiones no cristianas enseñan que la salvación se alcanza por el esfuerzo humano, los rituales, los sacrificios y el servicio devocional. Estos sistemas de salvación por medio de obras minimizan dos verdades esenciales: la ruindad del pecado y la santidad de Dios. Para ser salva una persona debe reconocer su incapacidad para expiar sus propios pecados y confiar en la misericordia del único Dios verdadero. Jesús aclaró que las obras humanas nunca cubrirán la brecha moral entre el hombre y Dios; la única obra aceptable es la fe en Cristo (Juan 6:28-29, 40).

En las religiones no cristianas hay verdades tomadas de la revelación general, pero albergan además graves falsedades especificamente en las áreas fundamentales de Dios, el hombre, el pecado y la salvación debido a una supresión de la revelación general. A causa de deformaciones como la idolatría, aquellos que participan en las religiones paganas agravan su culpa al rechazar la revelación externa e interna que ya tienen acerca del Creador.

Ignorancia del pecado. Romanos 1 proclama que las personas no pueden alegar ignorancia de Dios el Padre, aunque no hayan oído acerca de Dios el Hijo. Romanos 2 agrega que todas las personas tienen además conciencia de pecado. Puede que no compartan el mismo conjunto de principios morales, pero todos tienen *normas morales*, incluso el relativista. Estas normas surgen claramente cada vez que alguien critica a otro. "Por lo cual eres inexcusable, oh hombre, quienquiera que seas tú que juzgas; pues en lo que juzgas a otro, te condenas a tí mismo; porque tú que juzgas haces lo mismo" (Romanos 2:1).

No sólo tenemos normas morales, sino que todos somos culpables de violarlas. Por ejemplo, la mayoría de las personas cree que la consideración por los intereses de otros es preferible al egoísmo, ¿pero cuántas son las que viven permanentemente respetando esta norma? La mayoría de los esposos están de acuerdo en que deberían tratar a sus esposas con amabilidad y respeto, pero ¿qué esposo es perfecto en el cumplimiente de este principio?

Por lo tanto, cuando alguien dice, "Si una persona que no conoce acerca de Cristo vive según sus propias pautas de conducta, no debería ser juzgada," podemos responder, "Eso parece razonable si esa persona obedece impecablemente a su código moral, debería ser considerada inocente. ¿Pero existe alguna persona que haga eso?" Alguna que otra vez alguien podría decir, "Bueno, tengo un amigo que es un ser humano maravilloso. No cree en Dios, sin embargo, es una persona solícita, compasiva y siempre servicial." Este siempre será un tercero, porque los otros que conocemos pueden en ocasiones mantener la apariencia de vivir en conformidad con sus creencias morales. Pero es sumamente raro encontrar una persona que pueda decir, "Según mi leal saber y entender, siempre he cumplido mis normas morales y nunca las he violado."

La gente puede tratar de minimizar o racionalizar el pecado, pero no lo ignora. Tienen una ley escrita en sus corazones, y su *conciencia* lo sabe:

Porque cuando los gentiles que no tienen ley, hacen por naturaleza lo que es de la ley, éstos, aunque no tengan ley, son ley para sí mismos, mostrando la obra de la ley escrita en sus corazones, dando testimonio su conciencia, y acusándoles o defendiéndoles sus razonamientos, en el día en que Dios juzgará por Jesucristo los secretos de los hombres, conforme a mi evangelio (Romanos 2:14-16).

Uno puede cauterizar su conciencia (1 Timoteo 4:2), pero no eliminarla. La conciencia es un testimonio interno divinamente dado a todas las personas acerca de su insuficiencia moral. Séneca, el filósofo romano del primer siglo, escribió, "Todos somos malos; lo que culpamos en los demás, cada uno lo encontrará en su propio pecho." El poeta romano Ovidio confesó, "Yo veo y apruebo el mejor sendero y sigo el peor." Y el crítico inglés del siglo dieciocho, Samuel Johnson, sabiamente observó, "Todos conocemos cosas de nosotros mismos que no nos atreveríamos a contarle a nuestro mejor amigo."

El incrédulo no es tan ignorante entonces, como podríamos suponer. En su corazón tiene conciencia del del Creador eterno y omnipotente, y sabe de su propia culpa moral. Si responde a estas dos verdades en lugar de reprimirlas, estará avanzando en dirección de la solución de Dios.

Ignorancia de la solución. Toda persona tiene algún conocimiento acerca de Dios y del pecado de que es responsable. Esta revelación exige una respuesta, y en este sentido, todos tienen una oportunidad. Dios está consciente de la luz que cada uno tiene, y conoce la respuesta de cada corazón humano. Vimos antes que por ser justo, Dios no hará a nadie responsable de ningún conocimiento que no haya recibido. Pero Dios es también santo y debe juzgar a aquellos que no responden a la verdad que tienen. La salvación es un don de Dios completamente gratuito; nadie puede ganarlo o merecerlo. Dios no tiene, por lo tanto, obligación de justificar a nadie, menos aun a aquellos que no responden a la revelación que han recibido.

Todo individuo debe cargar con su parte de responsabilidad al tomar una decisión acerca de la salvación. Ningún otro puede hacer esto por él. Hay una revelación doble acerca de Dios y el pecado, y la respuesta del incrédulo debería ser doble también: debe reconocer su necesidad (perdón del pecado) y abandonarse a la misericordia

203

del Creador (Dios). En Hebreos 11:6 se encuentran ambos elementos: "Pero sin fe es imposible agradar a Dios; porque es necesario que el que se acerca a Dios crea que le hay, y que es galardonador de los que le buscan".

En todo hombre hay un vacío que lleva la impronta de Dios; cuando una persona reconoce su necesidad de Dios y responde a la luz que ha recibido, Dios mismo responderá y recompensará a esa persona con más luz. Hay varios versículos que afirman que quienes buscan a Dios lo hallarán: "Y me buscaréis y me hallaréis, porque me buscaréis de todo vuestro corazón" (Jeremías 29:13). "Tú oh Jehová, no desamparaste a los que te buscaron" (Salmo 9:10). "Cercano está Jehová a todos los que le invocan" (Salmo 145:18). "Bueno es Jehová a los que en él esperan, al alma que le busca" (Lamentaciones 3:25). David exhortó a su hijo Salomón, "Jehová escudriña los corazones de todos, y entiende todo intento de los pensamientos. Si tú le buscares, lo hallarás; mas si lo dejares, él te desechará para siempre" (1 Crónicas 28:9; cf. 2 Crónicas 15:2). La sabiduría ofreció sus tesoros a aquellos que la buscaren: "Yo amo a los que me aman, y me hallan los que temprano me buscan" (Proverbios 8:17; ver también Mateo 7:7-8).

Otros versículos nos dicen que Dios está activamente involucrado en el otro extremo de este proceso: "Porque los ojos de Jehová contemplan toda la tierra, para mostrar su poder a favor de los que tienen corazón perfecto para con él" (2 Crónicas 16:9). "Porque así ha dicho Jehová el Señor: He aquí yo, yo mismo iré a buscar mis ovejas, y las reconoceré" (Ezequiel 34:11). Jesús proclamó, "Porque el Hijo del Hombre vino a buscar y a salvar lo que se había perdido" (Lucas 19:10).

El buscar a Dios es más que un proceso intelectual; implica también una disposición moral:

"Y ésta es la condenación: que la luz vino al mundo, y los hombres amaron más las tinieblas que la luz, porque sus

obras eran malas. Porque todo aquel que hace lo malo, aborrece la luz y no viene a la luz, para que sus obras no sean reprendidas. Mas el que practica la verdad viene a la luz, para que sea manifiesto que sus obras son hechas en Dios (Juan 3:19-21).

Juan 7:17 relaciona también la dimensión moral con la recepción de la verdad espiritual. "El que quiera hacer la voluntad de Dios, conocerá si la doctrina es de Dios, o si yo hablo por mi propia cuenta." Después de su visión del lienzo, Pedro comprendió que "Dios no hace acepción de personas, sino que en toda nación se agrada del que le teme y hace justicia" (Hechos 10:34-35; cf. 17:26-27).

Por otra parte, David escribió que nadie busca a Dios ni hace lo bueno (Salmo 14:2-3) y Pablo lo confirmó (Romanos 3:10-12). Evidentemente esto significa que no hay nadie que busque a Dios de todo corazón o que merezca la salvación por sus obras; aparte de la gracia de Dios nadie lo buscaría a El. Aun así, seguimos siendo responsables. Aquellos que responden en forma positiva a la luz que han recibido obtendrán el conocimiento que conduce a la salvación, y aquellos que la reprimen permanecen bajo la ira de Dios. Hay por lo tanto una garantía o necesidad bíblica de una segunda oportunidad.

Dios ha tenido a bien usar a Sus hijos como Su medio primario de proveer de luz adicional a aquellos que desean tener más luz. El Nuevo Testamento enfatiza fuertemente la necesidad de las misiones, para que todos puedan ser confrontados con las Buenas Nuevas acerca de Jesús.

"Porque no hay diferencia entre judío y griego, pues el mismo que es Señor de todos, es rico para con todos los que le invocan; porque todo aquél que invocare el nombre del Señor, será salvo. ¿Cómo, pues, invocarán a aquél en

el cual no han creído? ¿Y cómo creerán en aquél de quien
no han oído? ¿Y cómo oirán sin haber quien les predi-
que? ¿Y cómo predicarán si no fueren enviados? Como
está escrito: ¡Cuán hermosos son los pies de los que anun-
cian la paz, de los que anuncian buenas nuevas!"
(Romanos 10:12-15).

Se debe enviar misioneros para que las personas que
no han oído puedan oír y creer. Esta fue la razón de la
Gran Comisión de Cristo: "Id, y haced discípulos a todas
las naciones, bautizándolos en el nombre del Padre y del
Hijo y del Espíritu Santo; enseñándoles que guarden todas las cosas que os he mandado" (Mateo 28:19-20). Las
últimas palabras de nuestro Señor previas a Su ascensión
fueron un anuncio de la propagación del Evangelio en
todo el mundo. "Pero recibiréis poder, cuando haya venido sobre vosotros el Espíritu Santo, y me seréis testigos
en Jerusalén, en toda Judea, en Samaria, y hasta lo último
de la tierra" (Hechos 1:8). Después de la difusión de las
Buenas Nuevas por toda Judea (Hechos 1:7), llegó a los
samaritanos en Hechos 8 a través del ministerio de Felipe.

El incidente con el eunuco etíope (Hechos 8:26-40) es
una buena ilustración de la provisión que hace Dios de
más luz a una persona que responde a la luz que ha recibido. El etíope deseaba saber más acerca del Siervo
Sufriente de Isaías 53, y Dios envió a Felipe a predicarle.
Una ilustración similar aparece en Hechos 10 con la conversión de un gentil, el centurión Cornelio, y su familia.
Comenzando en Hechos 13, los viajes misioneros de Pablo y otros llevaron el mensaje de Jesús por todo el Imperio Romano a los judíos y gentiles que necesitaban oírlo.

Ha habido contratiempos, pero hoy en día este mensaje
se ha expandido de una manera sin precedentes en todo
el globo. Han ocurrido grandes avivamientos en Africa,
Indonesia y otros países; millones de personas han
asisitido a concentraciones cristianas en Corea del Sur;

las emisiones radiales del Evangelio llegan a todo el mundo por medio de poderosas trasmisoras; las organizaciones cristianas con visión global están alcanzando a millones de personas por semana a través de los diarios, la literatura, las películas y la distribución de alimentos y provisiones. (Estos hechos han llevado a algunas personas a dar vuelta nuestra pregunta" ¿Qué ocurre con los incrédulos en los Estados Unidos?")

A pesar de todo esto, sin embargo, enormes cantidades de personas nunca han oído acerca de Jesucristo. Este es un problema importante debido a la significación del nombre de Jesús, según pasajes tales como Juan 3:18; Hechos 4:12; 5:41; Filipenses 2:10; Juan 3:23; 5:13; 3 Juan 7. (Estos versículos se refieren, desde luego, a la *persona* de Jesús y no a la forma de escribir en griego el nombre *Iesous*.) La resolución de este problema se halla en el conocimiento y el poder de Dios. El conoce lo que hay en el corazón de todos, y es capaz de hacer que la palabra de salvación llegue a todos los que la desean.

Con demasiada frecuencia pensamos en Dios en términos liliputienses. El no es un anciano caballero que contempla la tierra desde Su elevada posición celestial, mordiéndose las uñas y diciendo, "¡Espero que ese misionero lo logre. Espero que llegue allí a tiempo!" Si El es realmente el Creador y Sostenedor omnisciente y omnipotente del universo, el Señor puede hacer que el mensaje llegue, no importa dónde esté la persona (cf. Salmo 139:7-12). No podemos poner a Dios en una caja y limitar las maneras que podría usar para hacer esto. Deuteronomio 29:29 nos dice que, "las cosas secretas pertenecen a Jehová nuestro Dios." Nosotros conocemos sólo una minúscula parte de la historia.

La Biblia nos dice repetidamente que Dios puede hablar directamente al corazón humano. Consideremos, por ejemplo, el llamado de Abraham (Génesis 12:1-3), la historia de Melquisedec (Génesis 14:18-20), el sueño de

Abimelec en Génesis 20:3, el profeta Balaam de (Números 22-24), el sueño de Nabucodonosor en Daniel 2, la advertencia de Dios a los Magos en Mateo 2:12, y la aparición de Cristo al fariseo Saulo en Hechos 9. Hoy en día los misioneros a veces informan acerca de similares encuentros divinos, así como sobre circunstancias poco comunes, obviamente preparadas por Dios para llevar a la gente al conocimiento de Cristo.

Un misionero al Sur de Tailandia, en carta con pedidos de oración enviada a una de las iglesias que lo sostenían, contaba acerca del líder de una villa musulmana que fue dirigido por medio de un sueño a ir al hospital misionero para averiguar acerca de Jesús y creer en El. Durante esa misma semana un médico misionero que había trabajado varios años en el Medio Oriente, hizo una imprevista visita al mismo hospital. Como este doctor hablaba árabe pudo compartir a Cristo con ese musulmán.

Otra historia tiene que ver con un joven que en 1968 comenzó a indagar sobre la forma de lograr la iluminación espiritual. Después de una serie de experiencias perturbadoras con drogas, se encontró desorientado, vagando por el interior del país. En Oregon se involucró con algunos cristianos en un ministerio casero, quienes compartieron el Evangelio con él. Pensando que se había hecho cristiano, siguió adelante y comenzó a estudiar cualquier religión que mencionara a Jesús. Esto hizo que estuviera abierto a otras religiones y finalmente al misticismo oriental y al ocultismo. Pasó cuatro años en un monasterio en Colorado, tratando de desarrollar sus poderes psíquicos. En una de sus visiones, se sintió impulsado a encontrar a un maestro espiritual que lo estaba llamando. Convencido de que este gurú estaba en las montañas del Himalaya en Tibet, comenzó un arduo viaje. Recorrió las últimas 200 millas a pie en la fase final de la temporada de los monzones, deteniéndose en un monasterio budista tras otro, buscando a su maestro. Cuando sobrepasó la línea de los últimos árboles al llegar a una altitud de entre 4.200 y 4.500 metros, se sintió abrumado por un ansia de realidad, clamando a Dios para conocer la verdad. De pronto se sintió impactado por la presencia de Jesucristo, e inmediatamente reconoció que el mensaje que había oído hacía cinco años en Oregon era real. Allí, en medio de los Himalayas, confió en Jesús como su verdadero Maestro y Redentor.

Un incidente que ocurrió en la India en el siglo diecinueve ilustra el poder efectivo que tiene hasta un pequeño fragmento de la Palabra de Dios. Un misionero viajaba con una caravana que hacía el cruce desde una parte de la India a otra. Durante el viaje, un hindú estaba tan rendido por el calor y el cansancio que cayó, y los demás lo dejaron en el camino para que muriera. El misionero lo vio, y arrodillándose a su lado cuando los otros viajeros se adelantaron, susurró en su oído, "Hermano, ¿cuál es su esperanza?" El moribundo se incorporó un poco, y con un último esfuerzo musitó, "La sangre de Jesucristo su Hijo limpia de todo pecado." El asombrado misionero se preguntaba cómo este hombre, que tenía apariencias de ser un pagano, había llegado a conocer a Cristo. Entonces observó que el muerto tenía fuertemente apretado en la mano un papel. Para su deleite vio que era una hoja de la Biblia que contenía el primer capítulo de la primera epístola de Juan, en el que aparecen estas palabras. En esa única página este hindú había hallado la vida eterna.

El Espíritu de Dios usa la Palabra de Dios a través de hombres y mujeres de Dios para hacer que el mensaje acerca del Hijo de Dios esté al alcance de todos los que desean conocer la verdad. No hay límite en los métodos que él puede usar para continuar este proceso.

Pero algunas personas se preocupan por aquellos que vivieron antes de Cristo. ¿De qué manera podría haber llegado alguno de ellos al conocimiento del Dios verdadero? La respuesta a este problema es que la base de la salvación siempre ha sido la muerte sacrificial, la sepultura y resurrección de Cristo Jesús. Aunque la obra salvadora de Cristo era futura, Dios la vio desde antes de la fundación de la tierra. Al no estar limitado por el tiempo, el Señor aplicó los beneficios de la muerte de Cristo a todos los que invocaran a Dios pidiendo salvación. El medio de salvación siempre ha sido la fe, no las obras. El Antiguo Testamento enseña claramente que el hombre es pecaminoso y está necesitado de la gracia de Dios (Isaías 59:2; 64:6; Salmo 6:1-2; 51:1-13). Por eso, un israelita tenía que reconocer su pecado y volverse a Dios en arrepentimiento y fe. La sangre de los sacrificios de animales no salvaba, pero señalaba hacia adelante al sacrificio del Hijo de Dios. En los tiempos del Antiguo Testamento, la gente no comprendía claramente esto; como Abraham (Génesis 15:6), fueron justificados por la gracia por medio de la fe, y el objeto de esa fe era Dios. Pero con la revelación progresiva del Nuevo Testamento, el contenido de la fe incluye ahora la obra consumada de Cristo.

El Antiguo Testamento ofrece además algunos ejemplos de gentiles que llegaron a conocer al único Dios verdadero. Estos incluyen a Rahab la ramera (Josué 2:1-21; Hebreos 11:31), Rut (Rut 1:15-17), Naamán el sirio (2 Reyes 5:1-19), y los habitantes de Nínive que se arrepintieron con la predicación de Jonás (Jonás 3:5-10).

Otro problema relacionado con esta pregunta es el de las criaturas y aquellos que son mentalmente incapaces de comprender el Evangelio. Aunque la Biblia no es explícita en este tema, sí provee ciertos principios y ejemplos que sugieren que Dios no hace responsables a aquellos que no tienen la capacidad de hacer una decisión acerca de El. Números 14:29 dice que los menores de 20 años de edad serían exceptuados del juicio de muerte en el desierto. La generación más joven no era considerada responsable de los pecados de sus padres. Se les permitiría en cambio tomar posesión de Canaán: "Y vuestros niños, de los cuales dijisteis que servirían de botín, y vuestros hijos que no saben hoy lo bueno ni lo malo, ellos entrarán allá, y a ellos la daré, y ellos la heredarán" (Deuteronomio 1:39). No habían llegado a la edad de ser responsables del conocimiento del bien y del mal.

El tema aquí es el mismo que se extiende a lo largo de este capítulo la justicia de Dios. Es evidente que Dios será justo con aquellos que son incapaces de darle una respuesta intelectual y moral.

La doctrina de la salvación de las criaturas no puede ser probada desde la Biblia, pero hay algunos pasajes que dan a entender que las criaturas son, de alguna manera especial, guardadas por el poder de Dios. La enseñanza de Cristo en Mateo 18:3-14 y 19:14 apunta en esta dirección:

"Mirad que no menospreciéis a uno de estos pequeños; porque os digo que sus ángeles en los cielos ven siempre el rostro de mi Padre que está en los cielos. . . Así, no es la voluntad de vuestro Padre que está en los cielos, que se pierda uno de estos pequeños. . . Dejad a los niños venir a mí, y no se lo impidáis; porque de los tales es el reino de los cielos" (Mateo 18:10, 14; 19:14).

El rey David, después de la pérdida de la criatura nacida de su adulterio con Betsabé, dijo, "Mas ahora que ha muerto, ¿para qué he de ayunar? ¿Podré yo hacerle volver? Yo voy a él, mas él no volverá a mí" (2 Samuel 12:23). Aunque David había pecado, sabía que el niño estaría con Dios, y esperaba verlo otra vez.

Algunas personas consideran también que Apocalipsis 5:9 ("Porque tú fuiste inmolado, y con tu sangre nos has redimido para Dios, de todo linaje y lengua y pueblo y nación") es una referencia parcial a la salvación de las criaturas. El argumento es que esto podría explicar la salvación de personas en toda tribu y nación que haya

211

existido. Si las criaturas están cubiertas por la obra
expiatoria de Cristo, es probable que estas personas cons-
tituyan un alto porcentaje de los redimidos en el cielo.
(Es posible que este versículo ofrezca una solución parcial al problema de los indios americanos antes de Colón
y otros grupos grandes no alcanzados por los misioneros.)

La segunda opción a esta pregunta se muestra en el
Diagrama 44.

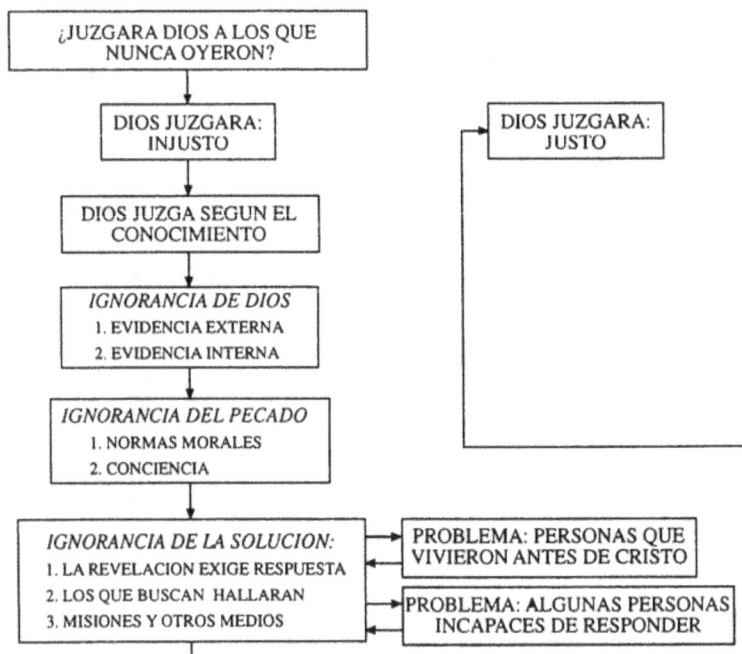

Diagrama 44

Tercera Opción: El juicio de Dios contra los que no han oído es justo

Cuando una persona se da cuenta que el juicio de Dios es justo, es tiempo de aplicar en forma personal la pregunta para mostrar la aplicación de ella. Dijimos que Dios juzga de acuerdo al conocimiento que cada persona ha recibido y no la hace responsable de lo que no podía saber. Pero el reverso de la moneda es que Dios sí nos hace responsables del conocimiento que hemos recibido, y quien haya hecho esta pregunta ya está consciente del mensaje del Evangelio. Por lo tanto, el tema real para él no es ya el incrédulo sino su propia persona. De manera que debemos preguntar, "¿Qué es lo que *usted* va a hacer con Jesucristo?"

La pregunta del incrédulo no puede ser usada como argucia para eludir una decisión acerca de Cristo. Aquellos que han oído el Evangelio y lo han rechazado son doblemente culpables: han rechazado no sólo al Padre sino también al Hijo. Y las Escrituras son claras acerca del juicio que espera a aquellos que han rechazado el ofrecimiento de salvación de Dios. La ira de Dios está sobre ellos (Juan 3:36; cf. Hebreos 2:3; 10:26-31).

Aun aquellos que no han oído el mensaje de Cristo tienen algún conocimiento acerca de Dios, del pecado y de la solución, que es entregarse a la misericordia del único Dios verdadero. Este conocimiento de la revelación general no es refutado sino confirmado por la revelación especial.

Conocimiento de Dios. Las Escrituras revelan Su carácter claramente en la persona de Jesucristo (cf. Juan 1:14, 18).

Conocimiento del pecado. La norma de Dios es la perfección (Mateo 5:20, 48), y ninguno de nosotros está a la altura de esa norma (Romanos 3:23). Sin Cristo, estamos bajo la condenación de Dios (Romanos 3:9; 6:23).

Conocimiento de la solución. Dios ha provisto una

213

solución para el pecado por medio de la obra de su Hijo. Debemos reconocer nuestra necesidad de su don de justicia y recibirlo mediante una elección de fe (Lucas 19:10; Juan 1:12; 3:16; 14:6; 2 Corintios 5:21; 1 Pedro 3:18).

El Diagrama 45 muestra la tercera opción.

```
┌─────────────────────────────┐
│  ¿JUZGARA DIOS A LOS QUE     │
│       NUNCA OYERON?          │
└─────────────────────────────┘
                    ┌─────────────────────┐
                    │   DIOS JUZGARA:     │
                    │      JUSTO          │
                    └─────────────────────┘
              ┌───────────────────────────┐
              │  CONOCIMIENTO DE DIOS      │
              └───────────────────────────┘
         ┌─────────────────────────────────┐
         │  CONOCIMIENTO DEL PECADO         │
         └─────────────────────────────────┘
      ┌───────────────────────────────────────┐
      │  CONOCIMIENTO DE LA SOLUCION           │
      └───────────────────────────────────────┘
```

Diagrama 45

Resumen y Organigrama

Cuando una persona llega a comprender que la afirmación de Cristo es el único camino al Padre, probablemente se pregunte qué ocurrirá con los que nunca oyeron acerca de Jesucristo. Algunos eluden el problema aseverando que estas personas no serán juzgadas. Eso resolvería el problema (y eliminaría la necesidad de las misiones), pero no es una opción viable. La Biblia enseña repetidamente la universalidad del pecado y el juicio que produce el pecado. Todos debemos comparecer delante del Dios santo en el juicio final.

Esto puede parecer injusto hasta que comprendemos ciertos principios bíblicos acerca de la justicia de Dios y del conocimiento del incrédulo. La justicia de Dios es perfecta, y se basa en la luz que ha recibido cada persona. Nadie es absolutamente ignorante del Creador, porque aun aparte de la revelación especial de Su Palabra, él se ha dado a conocer a todos por medio de la revelación general. Esto incluye su revelación externa por medio de la creación y su revelación interna en el corazón humano.

Además, nadie ignora en forma absoluta del problema del pecado. Todos tenemos normas morales que no podemos mantener firmemente, y nuestra conciencia nos advierte de esa insuficiencia moral. Esta revelación acerca de Dios y el pecado exige una respuesta, y aquellos que reconocen su necesidad y apelan a Dios por la respuesta recibirán más luz. Dios usa a sus hijos para llevar las Buenas Nuevas acerca de Cristo a todas partes del mundo donde las personas están buscando al único Dios verdadero.

La base de la salvación ha sido la misma en todas las edades la obra redentora de Cristo. El medio de la salvación siempre ha sido la gracia por medio de la fe. El contenido de esta fe en el caso de aquellos que vivieron antes de Cristo no era tan específico como lo es ahora debido a la revelación progresiva. Es evidente que las criaturas y los mentalmente deficientes no sean considerados responsables de dar una respuesta para la cual no están capacitados.

Los que hacen esta pregunta deben darse cuenta que cuando comparezcan delante de Dios la pregunta no será: "¿Qué le ocurrirá con los que no han oído?" sino, "Usted oyó la verdad acerca de Jesucristo. ¿qué respuesta dio?"

Lecturas Suplementarias

(1) J. N. D. Anderson, *Christianity and Comparative Religion* (Tyndale). El capítulo 5 ofrece excelentes enseñanzas sobre este problema.

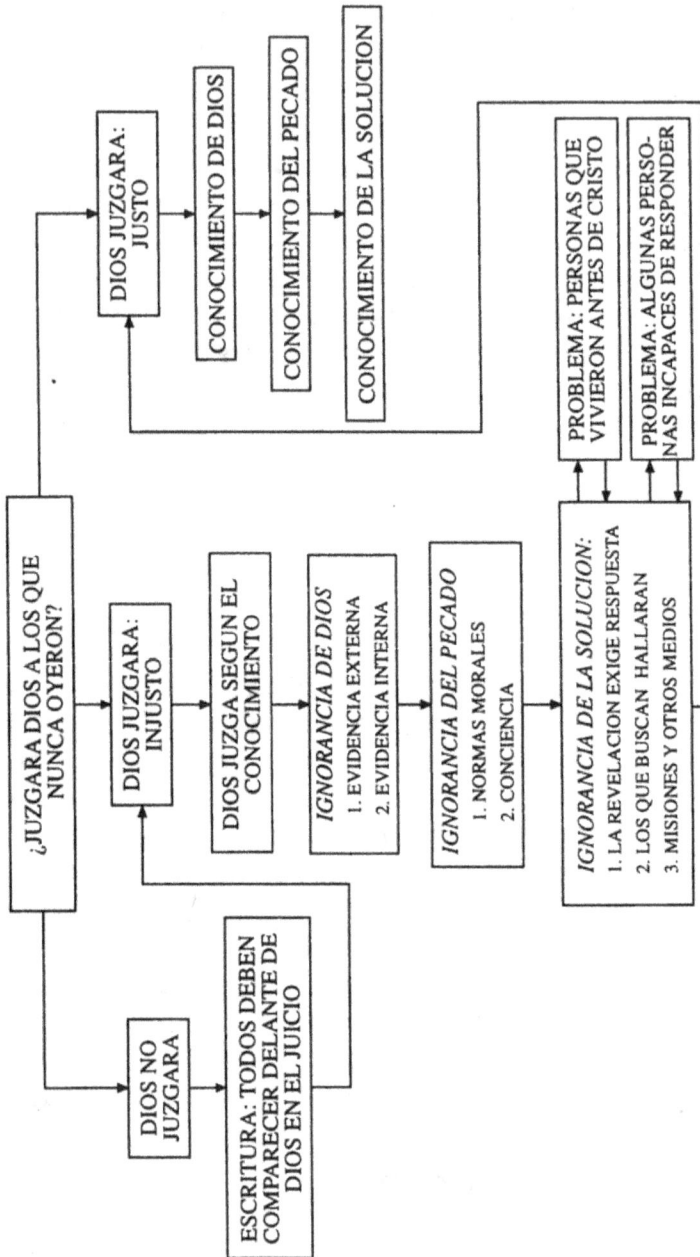

Diagrama 46

(2) David A. DeWitt, *Answering the Tough Ones* (Moody). El capítulo 6 ilustra algunas maneras de responder a esta pregunta.

(3) Norman L. Geisler, *The Roots of Evil* (Zondervan). El Apéndice 1 trata suscintamente esta cuestión.

(4) Gordon R. Lewis, *Judge for Yourself* (InterVarsity Press). El capítulo 2 provee base bíblica y preguntas para ayudar al lector a pensar en forma inductiva en este problema.

(5) Paul E. Little, *How to Give Away Your Faith* (InterVarsity Press). El capítulo 5 incluye un útil estudio sobre la forma de tratar esta objeción.

(6) Josh McDowell y Don Stewart, *Answers to Tough Questions* (Here's Life). Ver páginas 129-132.

(7) Don Richardson, *Eternity in Their Hearts* (Regal Books). Este ameno libro explora el casi universal concepto de un Dios supremo en las culturas "primitivas" y avanzadas.

(8) R. C. Sproul, *Objections Answered* (Regal Books). Ver el capítulo 3 para una buena presentación de las respuestas a esta pregunta.

(9) Barry Wood, *Questions Non-Christians Ask* (Revell). El capítulo 12 contiene algunos buenos principios.

10

SI EL CRISTIANISMO ES VERDAD, ¿POR QUÉ HAY TANTOS HIPÓCRITAS?

Preguntas que se hacen a menudo:

Entre los cristianos que conozco, son demasiados los farsantes. Si en eso consiste el cristianismo, ¿por qué habría de hacerme cristiano?

Si los cristianos se preocupan realmente por otros, ¿por qué no lo demuestran?

Algunos de los no cristianos que conozco parecen vivir vidas mejores que muchas de las personas que van a la iglesia; ¿no demuestra esto que el cristianismo no es todo lo que afirma ser?

¿Cómo puede la gente que profesa ser cristiana mantenerse llena de odio racial, de materialismo y de insensibilidad social?

Muchos de los que asisten a la iglesia parecen tener actitudes que anuncian soy-más-santo-que-tú. ¿Por qué habría de unirme a las filas de los que se creen muy justos y buenos?

Dos Opciones

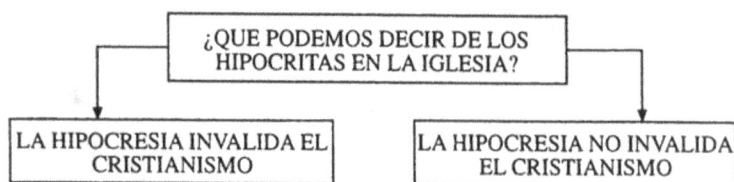

Diagrama 47

El tema real de esta pregunta no es simplemente el problema de lo que uno profesa en contraste con lo que practica. Es la implicación de que puesto que los cristianos no están a la altura de las expectativas, las afirmaciones de la verdad del cristianismo tampoco lo están. La conducta hipócrita entre quienes profesan ser cristianos, ¿anula el mensaje acerca de Cristo? Quienes se han desilusionado con la conducta de los creyentes suponen que sí la anula, y no desean tener parte en el cristianismo. La otra posibilidad es que la verdad del cristianismo no sea determinada por los antecedentes de quienes lo profesan. (Ver el Diagrama 47).

Primera Opción: La hipocresía invalida el cristianismo

Donde la iglesia cristiana se ha extendido ha resultado en incalculables beneficios para millones de personas en todos los niveles espiritual, social, intelectual, físico. Pero la gente tiene la costumbre de concentrarse en las peores cosas que se conocen de un individuo o institución, y lo mismo ocurre con la iglesia. Muchos se deleitan en contar las peores parodias perpetradas en nombre del cristianismo; por ejemplo, las Cruzadas, la Inquisición Española, o los juicios contra las brujas de Salem. También se señalan en el presente ejemplos de explotación financiera, adulterio y otras formas de conducta no ética entre los líderes de la iglesia. Llegan a la conclusión, por lo tanto, que la iglesia está llena de toda clase de hipócritas, y dan a entender que el cristianismo no es verdadero porque en la realidad no funciona.

Formas de hipocresía. Aunque no podemos convenir en que la iglesia está *llena* de hipócritas, debemos reconocer que hay algunos. No podemos negar los abusos e incoherencias mencionados anteriormente, y deberíamos reconocer rápidamente que la iglesia no es inmune a este problema. En los *Pénsees*, Blaise Pascal escribe: "Los hombres nunca hacen el mal de manera tan completa y alegre como cuando lo realizan por convicción religiosa." Con demasiada frecuencia esto es verdad, y la hipocresía tiene muchas fuentes y formas.

Algunas personas se hacen miembros de una iglesia por razones sociales, comerciales o de familia. Simulan tener fe y hacen los ejercicios religiosos una vez por semana, pero la realidad espiritual de sus vidas es igual a cero.

Hasta los creyentes auténticos caen presa de la tentación de aparentar que son más justos de lo que son. El deseo de aceptación puede hacer que los cristianos simulen una fachada de espiritualidad por temor de que sus amigos cristianos los rechacen si fueran más honestos en su manera de comportarse. Otros se hacen hipócritas en su conducta porque desean impresionar a la gente y convertirse en el centro de atención (por ejemplo, Mateo 6:1-5).

Otra forma de hipocresía es demostrar mayor amor por la doctrina ortodoxa acerca de Dios, Cristo, el Espíritu Santo, y la Biblia que por los objetos de esa doctrina.

Hay también una gran tentación entre los pastores por mantener una imagen super espiritual frente a sus congregaciones. Pero ningún ministro puede vivir perfectamente en la práctica lo que predica. Cuando los ministros reconocen esto, reducen el riesgo de hipocresía. El problema surge cuando transmiten la impresión de que siempre viven a la altura de sus sermones.

Otra forma de hipocresía ocurre cuando los cristianos hacen solemnes votos públicos y los violan de manera flagrante. Los votos de matrimonio y de membresía de la iglesia, que se supone son declaraciones de compromiso, son luego anulados, por pura conveniencia.

La hipocresía, entonces, es una realidad que no ha sido desairragada de la iglesia cristiana. Pero sería erróneo condenar a todos los cristianos como hipócritas, así como sería erróneo condenar a la profesión médica a causa de diagnósticos erróneos y de tratamientos no efectivos, al igual que ciertos casos de mala práctica. Por cada ejemplo de hipocresía en la iglesia, pueden multiplicarse los ejemplos de vidas auténticamente transformadas.

Definición de hipocresía. En la Grecia antigua, la palabra *hypokrisis* designaba la "simulación" o a una "exterioridad". Otra palabra, hyp*okrites*, significaba "hipócrita, simulador, el que finge," y era usada originalmente para describir a los actores que hablaban a través de máscaras (la clase de máscara que a veces encontramos en los programas y las decoraciones teatrales) durante sus representaciones. De esa forma, la palabra llegó a ser usada para describir a una persona que estaba simulando ser algo que no era. El hipócrita vive una mentira porque simula un carácter moral que no posee. Cubre cuidadosamente sus faltas para que los demás tengan una opinión más alta de él.

Por lo tanto, para que una persona venga a Cristo bajo Sus condiciones, debe llegar a ser lo opuesto de un hipócrita. Es decir, debe reconocer su falta de mérito ante la vista de Dios y aceptar el inmerecido favor (gracia) que Dios en el don de la justicia de Cristo, ha provisto para aquellos que se acercan a El. Antes que una persona pueda aceptar a Cristo como Salvador, debe reconocer que es pecador. Jesús dijo a los fariseos: "Los sanos no tienen necesidad de médico, sino los enfermos. No he venido a llamar a justos sino a pecadores" (Marcos 2:17). Es el hombre que piensa que está moralmente sano delante de Dios aparte de Cristo, quien es el verdadero hipócrita, porque se considera justo cuando es en realidad un transgresor de la ley moral de Dios. "Si decimos que no tenemos pecado, nos engañamos a nosotros mismos, y la verdad no está en nosotros. . . Si decimos que no hemos pecado, le hacemos a El mentiroso, y Su Palabra no está en nosotros" (1 Juan 1:8, 10).

Falsas suposiciones. Hay tres suposiciones falsas relacionadas con esta objeción concerniente a los hipócritas, y tienen que ser expuestas como tales antes de contestar la objeción. La prim*era suposición falsa* es que *profesión significa posesión.* Muchas personas dan por sentado que cualquiera que afirma ser cristiano debe serlo. Pero hay mucha diferencia entre cristianismo e "iglesianismo"; muchos miembros de iglesia no son miembros del cuerpo de Cristo. Ser religioso no es sinónimo de tener esa relación. Los fariseos eran sumamente religiosos, pero muchos de ellos no conocían a Dios. Profesión no quiere decir posesión.

Cuando esta objeción acerca de los hipócritas sale a la superficie, es importante estar seguros de que hablamos acerca de cristianos verdaderos es decir, de aquellos que han admitido su pecaminosidad y se han vuelto a Cristo como su Salvador. Cualquier cosa de valor auténtico como el dinero, las joyas y las obras de arte pueden ser falsificadas. Pero el hecho de que exista el dinero falso no significica que debamos dejar de usarlo. De igual manera, las reproducciones o falsificaciones de grandes pinturas no disminuyen el valor de las pinturas auténticas. La asistencia a la iglesia, las altas normas morales, y la profesión religiosa no convierten a alguien en un cristiano bíblico así como ir a un estadio no hace que una persona sea un jugador de béisbol. Esto puede ayudar a aliviar el problema planteado por el tema del hipócrita, porque muchos de los hechos malos asociados con el cristianismo no son realizados por cristianos auténticos.

La segunda suposición falsa es que *los cristianos afirman ser perfectos*. Algunos no cristianos ponen al creyente en una situación en que de todos modos pierden. Por una parte, imponen una doble norma, al esperar que los cristianos se comporten en un nivel que ellos mismos nunca piensan alcanzar. Por otra parte, se ofenden ante la conducta recta a causa de su sentido interior de culpa. Cuando sus amigos cristianos se comportan de una manera piadosa, suponen que debe ser una simulación e igualan la piedad a la hipocresía.

Pero la conducta ética no tiene que significar fariseísmo; uno puede ser moral sin ser moralizador. De hecho, un verdadero cristiano debería ser el primero en admitir que no es perfecto en la práctica. Los cristianos no afirman estar exentos de pecado, pero sí el estar perfectamente perdonados.

Es evidente en pasajes tales como Romanos 7:14-25; Gálatas 5:13-26; Filipenses 3:12-16; y 1 Juan 1:5-10 que los cristianos no han llegado a un estado de completa semejanza a Cristo. Hasta que veamos a Cristo "tal como El es" (1 Juan 3:2) y nos hagamos como El, ningún creyente estará inmune de sentir la atracción de diversas clases de pecados. Fracasaremos, pero esto no invalida el cristianismo; significa simplemente que durante un tiempo nos apartamos de nuestro andar con Cristo.

De modo que el tema real no es la perfección sino el crecimiento. La calidad de vida de un cristiano podrá fluctuar, pero a lo largo de un período debe progresar más y más hacia una semejanza en Cristo. A diferencia del hipócrita, este cambio no es un barniz exterior sino surge desde el interior hacia afuera.

Por lo tanto, no es prudente comparar la vida de un creyente con la vida de otro. Es más válido comparar lo que él es ahora con lo que era antes de venir a Cristo. Si encontráramos a alguien en la playa con un físico promedio, y esa persona nos hablara del magnífico programa de ejercicios físicos que ha estado realizando, no estaríamos demasiado impresionados. Pero si descubriéramos que había sido un alfeñique de 44 kilos sólo seis semanas antes, nuestra evaluación de su programa de ejercicios súbitamente cambiaría. De igual manera, algunos no cristianos son personas mejor adaptadas que algunos cristianos, pero esto no significa que el cristianismo no sea efectivo. Los no cristianos pueden señalar incoherencias, en la vida de los cristianos que conocen, especialmente en los nuevos creyentes. Pero si miran con mayor atención, probablemente descubran que han ocurrido algunos cambios verdaderos cuando comparan la vida presente del creyente con lo que solía ser antes de convertirse en cristiano.

Aunque el Espíritu de Dios mora en los creyentes y los capacita, es demasiado fácil para nosotros "apagar el Espíritu" (1 Tesalonicenses 5:19) y contristarlo (Isaías 63:10; Efesios 4:30). Cuando un verdadero cristiano no logra progresar en su fe y lleva una vida de inconsistencia o hipocresía, comenzará a experimentar la firme pero bondadosa disciplina de su Padre celestial. "Si soportáis la disciplina, Dios os trata como a hijos; porque ¿qué hijo es aquel a quien el padre no disciplina? Pero si se os deja sin disciplina, de la cual todos han sido participantes, entonces sois bastardos, y no hijos" (Hebreos 12:7-8). Debido a que ama a sus hijos, Dios nos disciplina "para lo que nos es provechoso, para que participemos de su santidad" (Hebreos 12:10). Esta capacitación divina tiene por fin producir "fruto apacible de justicia" (Hebreos 12:11) lo cual atraerá a otros al cristianismo en lugar de repelerlos.

La tercera *falsa suposición* es que *todo pecado es hipocresía.*

225

Si esto fuera verdad, el cristiano que abiertamente reconoce que su conducta está lejos de ser perfecta, se convertiría no obstante en un hipócrita cada vez que peca. Es mucho más razonable decir que aunque toda hipocresía es pecado, no todo pecado es hipocresía. El pecado es un término general, y la hipocresía, como el robo y la calumnia, es una especie particular de pecado. Por eso, aunque todos los cristianos pecan (1 Juan 1:8, 10), no todos los cristianos son hipócritas.

La visión que tenía Cristo de la hipocresía. Sólo Cristo usó la palabra *hipócrita* en el Nuevo Testamento, y reservó sus palabras más duras para aquellos que caían en esta categoría. Mateo 23 contiene una alarmante serie de ayes dirigidos por nuestro Señor a los líderes religiosos de su tiempo (los escribas y fariseos) que hacían una exhibición exterior de santidad pero interiormente no conocían a Dios. Se enorgullecían de su conocimiento de la ley y los rituales, pero la Ley de Dios no estaba escrita en sus corazones. En su pompa y formalismo buscaban los aplausos de los hombres antes que la aprobación de Dios. Ese fariseísmo les impedía ver su propio pecado. Fue por eso que Jesús les dijo, "¡Ay de vosotros, escribas y fariseos, hipócritas! Porque sois semejantes a sepulcros blanqueados, que por fuera, a la verdad, se muestran hermosos, mas por dentro están llenos de huesos de muertos y de toda inmundicia. Así también vosotros por fuera, a la verdad, os mostráis justos a los hombres, pero por dentro estáis llenos de hipocresía e iniquidad" (Mateo 23:27-28).

También hoy en día hay simuladores religiosos en la iglesia que están engañando a otros, y en forma igualmente trágica, se engañan a sí mismos. Pero Dios, que escudriña los corazones de los hombres, no puede ser engañado y un día dirá a estos fariseos de los tiempos modernos las terribles palabras, "Nunca os conocí; apartaos de mí, hacedores de maldad" (Mateo 7:23).

Cristo pronunció estas severas palabras no sólo a causa

del orgullo engañoso involucrado en semejante hipocresía, sino también a causa del gran daño que produce la hipocresía. Cuando el fraude religioso queda expuesto en las vidas de los ministros, muchas personas se desilusionan y desengañan. La hipocresía hace tropezar a la gente, y los efectos pueden ser de largo alcance.

No sólo Jesús está inflexiblemente en contra de la hipocresía en todas sus formas, sino que también lo está toda la Biblia. Los profetas del Antiguo Testamento continuamente denunciaban la ortodoxia religiosa y el formalismo que carecía de realidad interior. El Señor reprobó a Judá por medio del profeta Isaías diciendo, "Este pueblo se acerca a mí con su boca, y con sus labios me honra, pero su corazón está lejos de mí, y su temor de mí no es más que un mandamiento de hombres que les ha sido enseñado" (Isaías 29:13; ver también Proverbios 26:23-26; Isaías 1:13-17; Jeremías 7:8-10; 9:8). Amós recalcó y aclaró este punto en su oráculo al reino del norte, Israel:

"Aborrecí, abominé vuestras solemnidades, y no me complaceré en vuestras asambleas. Y si me ofreciereis vuestros holocaustos y vuestras ofrendas, no los recibiré, ni miraré a las ofrendas de paz de vuestros animales engordados. Quita de mí la multitud de tus cantares, pues no escucharé las salmodias de tus instrumentos. Pero corra el juicio como las aguas, y la justicia como impetuoso arroyo" (Amós 5:21-24).

Los autores del Nuevo Testamento están unidos también en su oposición a la hipocresía y la simulación religiosa. Pablo describe a ciertas personas "que tendrán apariencia de piedad, pero negarán la eficacia de ella; a éstos evita" (2 Timoteo 3:5). Al escribir a su colaborador Tito, Pablo dice: "Profesan conocer a Dios, pero con los hechos lo niegan, siendo abominables y rebeldes, reprobados en cuanto a toda buena obra" (Tito 1:16; ver también Romanos

2:1, 3, 17-29; Gálatas 2:11-14; 1 Timoteo 4:1-2; Santiago 1:22-26; 2:14-26; 2 Pedro 2:17, 19; 1 Juan 1:6; 4:20; Judas 12-13; Apocalipsis 2:9).

De manera que el no cristiano contrario a la hipocresía religiosa en realidad está de acuerdo con Cristo y la Biblia en este punto.

La primera opción a esta pregunta se ve en el Diagrama 48.

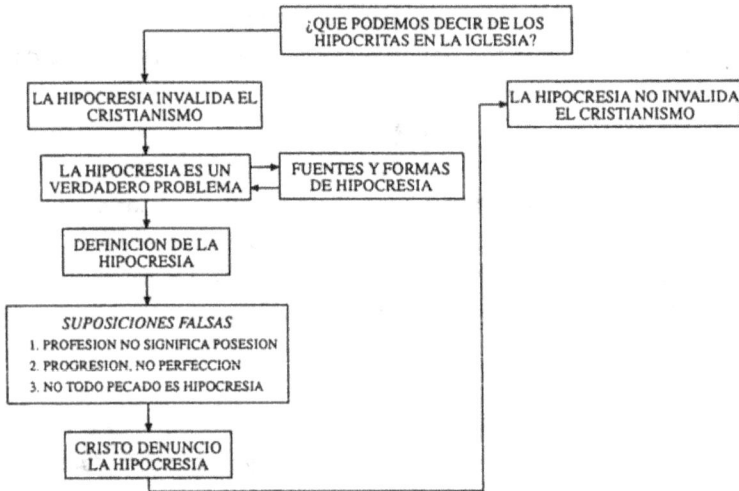

¿QUE PODEMOS DECIR DE LOS HIPOCRITAS EN LA IGLESIA?

LA HIPOCRESIA INVALIDA EL CRISTIANISMO

LA HIPOCRESIA NO INVALIDA EL CRISTIANISMO

LA HIPOCRESIA ES UN VERDADERO PROBLEMA

FUENTES Y FORMAS DE HIPOCRESIA

DEFINICION DE LA HIPOCRESIA

SUPOSICIONES FALSAS
1. PROFESION NO SIGNIFICA POSESION
2. PROGRESION, NO PERFECCION
3. NO TODO PECADO ES HIPOCRESIA

CRISTO DENUNCIO LA HIPOCRESIA

Diagrama 48

Segunda Opción: La hipocresía no invalida el cristianismo

Los cristianos no afirman ser perfectos, pero sí haber sido perdonados por Jesucristo, aquél que es perfecto. Debido a la flaqueza, la incoherencia y la rebelión humanas contra Dios, el desempeño de la iglesia cristiana a lo largo de los siglos ha estado lejos de ser ideal. Pero el cristianismo se sostiene o cae realmente en la persona de Cristo, no en el desempeño de los cristianos. Si Cristo era un hipócrita, toda la estructura del cristianismo se desmorona.

Los alguaciles que fueron enviados por los principales sacerdotes y los fariseos a detener a Jesús volvieron con las manos vacías y dijeron de El: "¡Jamás hombre alguno ha hablado como este hombre!" (Juan 7:46). Jesús hablaba las palabras más nobles que se hubieran pronunciado jamás, y las normas que El estableció eran tan altas que son humanamente inalcanzables. Pero en la vida de Jesús, sus palabras y obras eran de una sola pieza: inconsútil; Sus preceptos se conformaban perfectamente a Su práctica. Habló de amarnos unos a otros y mostró una inigualada compasión por la gente de todos los niveles. Habló de servidumbre y se convirtió en el modelo de servidumbre. Habló de obediencia a la voluntad de Su Padre y caminó en todo momento en completa dependencia y sumisión a la vida y voluntad de Dios. Fue el hombre más humilde y sabio que jamás vivió, y en Su carácter, El produjo perfectamente el fruto del Espíritu: amor, gozo, paz, paciencia, benignidad, bondad, fe, mansedumbre, templanza. Habló la verdad y vivió la verdad, y cuando públicamente preguntó, "¿Quién de vosotros me redarguye de pecado?" nadie fue capaz de responder. Sus propios discípulos que vivieron con El día y noche durante más de tres años declararon de El que no hizo pecado (1 Pedro 2:22; 1 Juan 3:5).

Jesús estaba en contra de la hipocresía y su vida estuvo siempre opuesta a esa actitud. Nuestra tarea es ayudar a que los que plantean el tema de la hipocresía vean que en realidad están de acuerdo con nosotros y con Jesús en esta cuestión. Tenemos que decirles: "Cristo recriminó con fuerza a los hipócritas de su tiempo y fue la antítesis de un hipócrita en su propia vida y carácter. ¿Por qué habría de permitir que estas personas se interpongan entre usted y Cristo?" Nadie debería dejar de tener una relación con Jesús a causa de la incoherencia e hipocresía de alguna otra persona. El ofrece Su perfecta justicia a las personas imperfectas que se arrepienten y se acercan a El.

Sería necio permitir que el resentimiento contra la conducta hipócrita de alguien le impida recibir este precioso don. Cristo dijo que los hipócritas religiosos no escaparán "de la condenación del infierno" (Mateo 23:33). ¿Por qué habría de proponerse pasar una eternidad con ellos rechazando a Cristo?

En ocasiones el tema de la hipocresía se plantea como excusa para rechazar el cristianismo o como argucia para eludir una confrontación con las afirmaciones de Cristo. Cuando esto ocurre, el que opone reparos debe ser persuadido tan rápido como sea posible a darse cuenta de que el tema real no es el desempeño de los cristianos sino la persona de Cristo. La simulación y los abusos religiosos hechos en nombre del cristianismo son un problema, pero no pueden ser atribuidos a Cristo o usados para eludir el problema del pecado propio. Hay que ocuparse de ese problema, ya sea que la persona está molesta o no con los hipócritas. La única solución a ese problema es la obra de Cristo.

La segunda opción al tema de los hipócritas se presenta en el Diagrama 49.

¿QUE PODEMOS DECIR DE LOS HIPOCRITAS EN LA IGLESIA?

LA HIPOCRESIA NO INVALIDA EL CRISTIANISMO

EL CRISTIANISMO SE SOSTIENE EN LA PERSONA DE CRISTO, NO EN EL DESEMPEÑO DE LOS CRISTIANOS

NO DEJE QUE LOS PECADOS DE OTROS LE IMPIDAN LLEGAR A CRISTO

Diagrama 49

Resumen y Organigrama

Muchas personas se han sentido desencantadas y desilusionadas por aquellos que profesan ser cristianos pero viven vidas execrables. Algunos no cristianos afirman que el cristianismo no puede ser verdadero porque no produce resultados: la iglesia está llena de hipócritas. No hay duda de que la hipocresía es un problema real y que hay muchas fuentes y formas de ella. Pero si se examina con más calma, el tema de la hipocresía no es tan abrumador como parece al principio. La palabra *hypocrite* se aplica a la persona que simula ser algo que no es. Pero el prerrequisito para llegar a ser un cristiano auténtico es el reconocimiento franco de que uno es pecador, no justo.

Además, debemos corregir tres suposiciones falsas para descargar esta objeción. Primero, no todos los que profesan ser cristianos lo son en realidad. Segundo, los cristianos verdaderos no afirman vivir vidas perfectas. Tercero, aunque los creyentes pecan, no todo pecado es hipocresía. Además, Cristo mismo denunció la hipocresía, y también lo hace toda la Biblia. El carácter de Cristo fue perfecto, y esta es la base del cristianismo, no el desempeño de los cristianos. No deberíamos dejar que la hipocresía de algunos se convierta en una barrera entre el que expone la objeción y Cristo.

Lecturas Suplementarias

(1) David R. DeWitt, *Answering the Tough Ones* (Moody).
(2) Gordon R. Lewis, *Judge for Yourself* (InterVarsity Press). El capítulo 5 desarrolla las opciones y ofrece una cantidad de textos bíblicos que ayudarán al lector a considerar esta objeción.
(3) R. C. Sproul, *Objections Answered* (Regal Books). Ver el capítulo 5 para una presentación muy provechosa de este problema.
(4) Barry Wood, *Questions Non-Christians Ask* (Revell). En el capítulo 5 se ofrece una discusión breve pero útil.

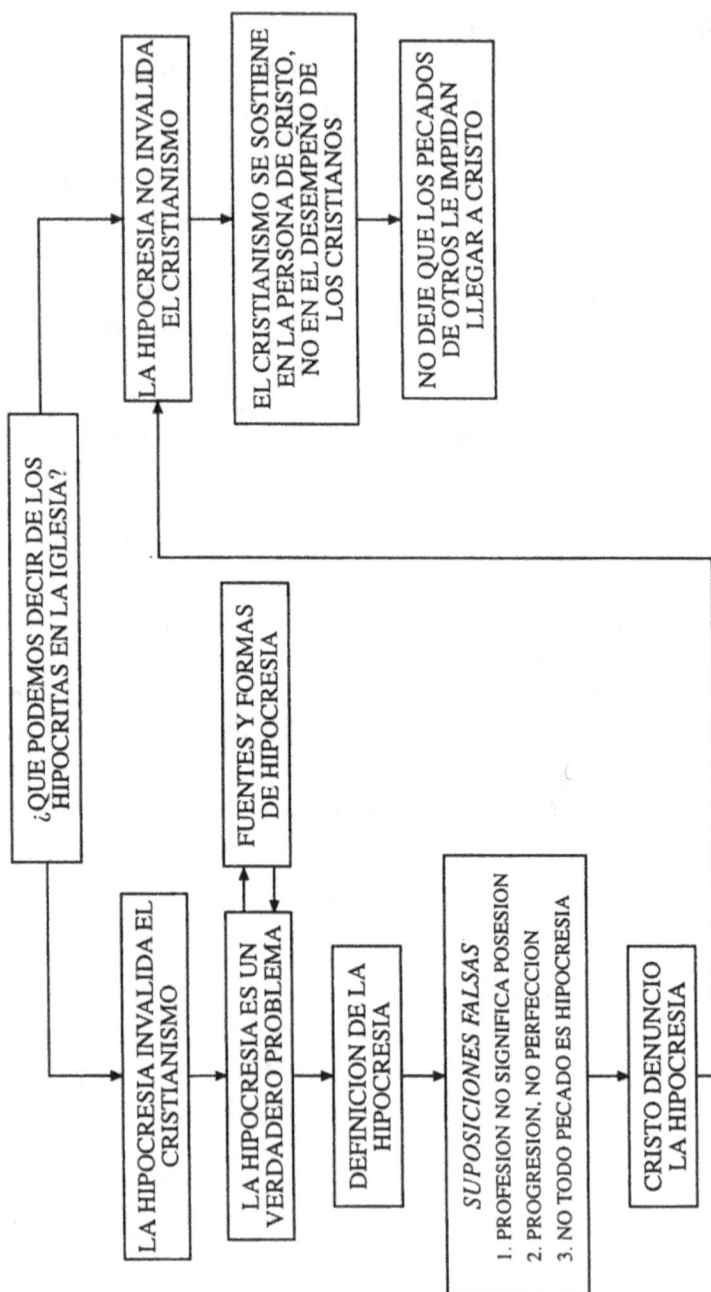

¿QUE PODEMOS DECIR DE LOS HIPOCRITAS EN LA IGLESIA?

LA HIPOCRESIA NO INVALIDA EL CRISTIANISMO

EL CRISTIANISMO SE SOSTIENE EN LA PERSONA DE CRISTO, NO EN EL DESEMPEÑO DE LOS CRISTIANOS

NO DEJE QUE LOS PECADOS DE OTROS LE IMPIDAN LLEGAR A CRISTO

LA HIPOCRESIA INVALIDA EL CRISTIANISMO

LA HIPOCRESIA ES UN VERDADERO PROBLEMA

FUENTES Y FORMAS DE HIPOCRESIA

DEFINICION DE LA HIPOCRESIA

SUPOSICIONES FALSAS
1. PROFESION NO SIGNIFICA POSESION
2. PROGRESION. NO PERFECCION
3. NO TODO PECADO ES HIPOCRESIA

CRISTO DENUNCIO LA HIPOCRESIA

Diagrama 50

232

11

¿QUÉ SE PUEDE DECIR DE LAS BUENAS OBRAS?

Preguntas que se hacen a menudo:

Si la gente hace lo mejor que puede, ¿no les permitirá Dios entrar an el cielo? Conozco a muchos no cristianos que son personas muchos mejores que la mayoría de los cristianos que he conocido. ¿Realmente los rechazará Dios? Dios ¿no me exige que solo sea mejor que el ser humano promedio? Si quiero ir al cielo, ¿no tengo que tener fe en Cristo y vivir una vida buena?

Dos Opciones

Las opciones para esta pregunta son bien directas. La primera sostiene que las buenas obras desempeñan un papel esencial, por no decir único, para alcanzar el cielo. La segunda opción afirma que la salvación se alcanza solamente

233

por medio del don de Cristo a nuestro favor. (Ver el Diagrama 51). La perspectiva bíblica sobre esta cuestión es importantísima. Diez de las once religiones principales del mundo enseñan la salvación por las buenas obras. El cristianismo es la única que pone el acento en la gracia más bien que en las obras para la salvación.

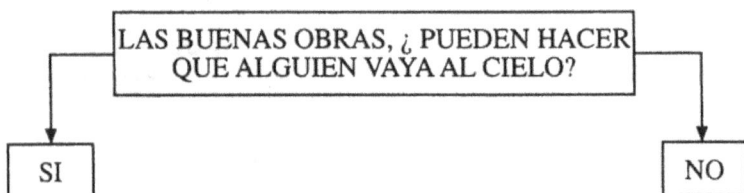

```
          ┌──────────────────────────────────────┐
          │ LAS BUENAS OBRAS, ¿ PUEDEN HACER      │
          │    QUE ALGUIEN VAYA AL CIELO?         │
          └──────────────────────────────────────┘
   ┌──────────┘                            └──────────┐
   ▼                                                  ▼
┌──────┐                                         ┌──────┐
│  SI  │                                         │  NO  │
└──────┘                                         └──────┘
```

Diagrama 51

Primera Opción: Podemos alcanzar el cielo por las buenas obras

Durante milenios el hombre ha tratado de apaciguar a Dios por sus propios esfuerzos. Sabiendo, sin embargo, que no podía alcanzar la perfección, el hombre ideó diversos sistemas que exigían distintos grados de bondad. Procuró elevarse hacia Dios realizando una cierta cantidad de buenas obras. Estos sistemas apelan a muchas personas, pero, examinados detenidamente, encontramos que tienen cuatro problemas principales: son arbitrarios; no ofrecen seguridad de salvación; piden a Dios que dé aprobación al mal; y contradicen la Biblia.

(1) *Son arbitrarios.* Primero, ¿quién determina el criterio para las obras que deberíamos seguir? Algunos dirían que deberíamos cumplir los Diez Mandamientos. Otros eligen los Cinco Pilares del Islam y un número mayor todavía, opta por la Regla de Oro. Segundo, si tratamos de seguir un sistema de obras, ¿a qué altura tendríamos que

desempeñarnos? ¿Cuál es el nivel de lo bueno necesario para que Dios nos permita entrar en el cielo?

En un reciente grupo de discusión para adultos, alguien preguntó: "¿Qué es lo suficientemente bueno para que el hombre vaya al cielo?" Algunas personas respondieron: "Debemos guardar los Diez Mandamientos y seguir la Regla de Oro." La pregunta siguiente fue: "¿Cuántos guardan estas dos cosas?" La respuesta: "Aunque no las guardamos perfectamente, todos deberíamos hacer cuanto podamos." Inmediatamente le siguió una tercera pregunta: "¿Alguno de ustedes hace lo mejor que puede todo el tiempo?" Nadie pudo responder con un resonante sí, de manera que el grupo bajó nuevamente el nivel de la norma. Sentían que si uno trataba de hacer cuanto puede la *mayor parte* del tiempo, lo podría lograr. ¿Pero qué significa la mayor parte del tiempo? ¿Tal vez el 51 por ciento? ¿O el 85 por ciento? En la última vuelta de preguntas, el grupo admitió que era incapaz de determinar un nivel de compromiso que fuera necesario para la salvación.

Esto se hace frustrante porque no sabemos cómo califica Dios nuestro desempeño. ¿Lo califica según una curva en forma de campana? ¿Nos compara con nosotros mismos o con otros? Si es con otros, ¿nos compara con Jack el Destripador y el Estrangulador de Boston o con Alberto Schweitzer y Teresa de Calcuta?

(2) No ofrecen seguridad de salvación. Aun cuando los sistemas humanos son totalmente arbitrarios, es sorprendente cuántas personas esperan cumplirlos. Es como si pusiéramos a la raza humana en una escalera. Mientras más acciones buenas hace una persona, más escalones asciende; el pícaro más vil se ubica en el primer escalón y el más santo en el último. Si fuéramos a pedirle a la gente que eligiera el escalón en el cual Dios trazará la línea para la salvación, la mayoría respondería que el punto de corte está justo por debajo de su escalón. Pero aun cuando podrían pensar que han tenido éxito, mantienen una

lacerante duda. *No pueden estar seguros.* Los que hacen de sus acciones buenas y sus acciones malas una especie de juego de balanza, no pueden conocer el resultado hasta el final, cuando es demasiado tarde.

(3) Piden a Dios que dé *Su aprobación al mal.* Un sistema que demanda menos que la perfección debe permitir algún mal, y, por lo tanto, pedir a Dios que apruebe este mal. Si Dios admitiera en el cielo a personas imperfectas, el cielo ya no sería perfecto. El cielo es sin sufrimiento ni pecado, no un lugar donde sólo hay un mínimo de sufrimiento y pecado (Apocalipsis 21-22). Si usted tuviera un vaso de agua 100 por ciento pura y agregara una partícula de suciedad, el agua ya no sería pura. La misma idea se aplica para el cielo.

Algunos han argumentado que el cielo estaría bien si Dios permitiera la entrada de personas básicamente buenas. Aunque no fuera perfecto, sería agradable. Pero Dios nos recuerda que El ya hizo desaparecer todo mal, con excepción de algunas personas básicamente buenas Noé y su familia. Pero la condición del mundo no siguió siendo buena; rápidamente se hizo mucho peor.

Es por eso que Dios debe erradicar el pecado de Su reino, porque el cielo pronto se parecería a la tierra si se permitiera la entrada de gente imperfecta. Dios no puede aprobar ninguna clase de mal. Su carácter perfecto le exige juzgar todo mal. Dios dice que cualquiera que sea menos que perfecto debe ser separado de El (Isaías 59:2).

Observemos que en este punto aparece el tópico de la reencarnación . El reencarnacionista cree que las buenas obras lo harán llegar a un estado perfecto, pero sólo después de una larga serie de transmigraciones. Tras millones de vidas, uno puede alcanzar la perfección, haciéndose así aceptable a Dios. Nos ocuparemos con más detalle de la encarnación en el apéndice a este capítulo.

(4) *Contradicen la Biblia.* Cualquier sistema de salvación por las obras está evidentemente en pugna con la Biblia.

Es clara la enseñanza de las Escrituras que la única manera de salvar el abismo entre Dios y el hombre es la fe en Cristo, no las buenas obras.

"Ya que por las obras de la ley ningún ser humano será justificado delante de El; porque por medio de la ley es el conocimiento del pecado" (Romanos 3:20).

"Pero al que obra, no se le cuenta el salario como gracia, sino como deuda; mas al que no obra, sino cree en aquél que justifica al impío, su fe le es contada por justicia" (Romanos 4:4-5).

"Y que por la ley ninguno se justifica para con Dios, es evidente, porque: El justo por la fe vivirá" (Gálatas 3:11)

"Nos salvó, no por obras de justicia que nosotros hubiéramos hecho, sino por su misericordia, por el lavamiento de la regeneración y por la renovación en el Espíritu Santo" (Tito 3:5).

Todo el sistema de obras está enraizado en el pecado sutil del orgullo. El orgullo causó la caída de Satanás y la de Adán, y continúa manteniendo al hombre alejado de la solución de Dios. Al seguir el sistema de obras, el hombre procura darse crédito a sí mismo. Si confía en Cristo, sólo Dios puede recibir crédito. Existen muchas razones por las que Dios decidió salvar al hombre por la gracia, pero la que Pablo menciona tiene que ver con el orgullo del hombre:

"Porque por gracia sois salvos por medio de la fe; y esto no de vosotros, pues es don de Dios; no por obras, para que nadie se gloríe" (Efesios 2:8-9).

Alguno quizás cuestione el testimonio de la Biblia, y

en ese caso, puede que tengamos que volver a ocuparnos de la confiabilidad de la Biblia.

Si las obras no son el medio de salvación, ¿cuál es la respuesta? Antes de pasar a la segunda opción, veamos el Diagrama 52 que se refiere a la primera opción.

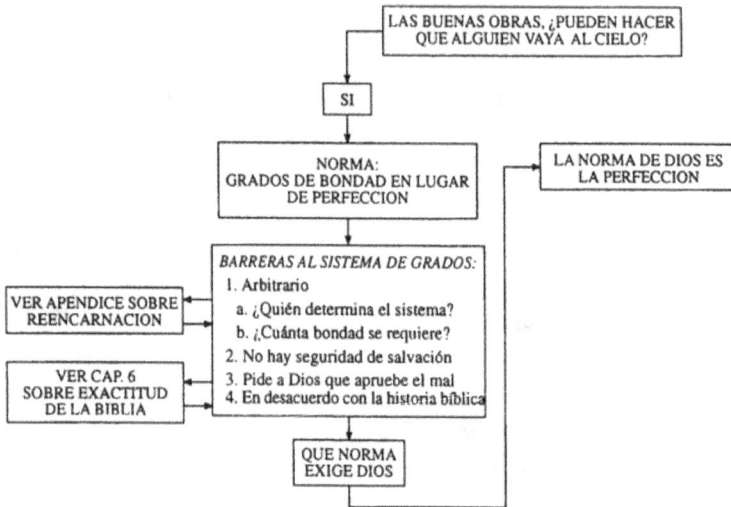

Diagrama 52

Segunda Opción: Por las buenas obras no llegaremos al cielo

Uno de los más grandes discursos de Cristo fue el Sermón del Monte donde El entregó la norma de Dios para entrar al cielo: "Sed, pues, vosotros perfectos, como vuestro Padre que está en los cielos es perfecto" (Mateo 5:48). La norma es la *perfección*. Observemos la frase calificadora: "como vuestro Padre que está en los cielos es perfecto." El es santo y sin mancha. Cristo ya había dicho a la multitud que una perfección igual a la de sus líderes religiosos no sería suficiente para salvarlos: "Porque os digo que si vuestra justicia no fuere mayor que la de los escribas y fariseos, no entraréis en el reino de los cielos" (Mateo 5:20).

Debemos volver atrás en el tiempo y recrear la atmósfera de Israel durante la época de Cristo. Los líderes religiosos de entonces estaban comprometidos con un sistema de buenas obras para la salvación. Los fariseos se engañaban creyendo que habían alcanzado la perfección al observar sus rituales externos. Cristo reveló la pecaminosidad de sus corazones al declarar que Dios exigía perfección, no sólo en sus acciones sino también en sus actitudes. Quizás no habían cometido el acto de matar, pero tenían una actitud homicida en sus corazones (Mateo 5:21-22). Podían no haber cometido el acto de adulterio, pero tenían una actitud de adulterio en sus corazones (Mateo 5:27-28).

Cristo prosiguió diciendo:

"Por tanto, si tu ojo derecho te es ocasión de caer, sácalo, y échalo de ti; pues mejor te es que se pierda uno de tus miembros, y no que todo tu cuerpo sea echado al infierno. Y si tu mano derecha te es ocasión de caer, córtala, y échala de ti; pues mejor te es que se pierda uno de tus miembros, y no que todo tu cuerpo sea echado al infierno" (Mateo 5:29-30).

Jesús no estaba propiciando un nuevo culto de auto mutilación. Ilustraba gráficamente un punto. Los fariseos trataban de ganar su salvación por las buenas obras. Cristo acababa de declarar que no eran sólo sus acciones sino también sus actitudes las que Dios consideraba. Si persistían en transitar el necio camino de la religiosidad y las obras externas con el objeto de entrar en el reino de Dios, debían comprender el costo. Para ser perfectos, ellos tendrían que eliminar todo lo que en sus vidas les llevara a hacer el mal.

Pero el problema sigue presente. Aunque se arrancaran

los ojos para no codiciar, podrían todavía tener la actitud de codicia. Cristo puso bien en claro que (1) la salvación no es para los que hacen el intento de ser perfectos, sino sólo para quienes son perfectos; y (2) el hombre es imperfecto, no sólo en sus acciones, sino también en sus actitudes.

La forma en que ilustremos la imperfección es esencial, si deseamos comunicar las afirmaciones de Cristo. Cuando los cristianos piensan en el pecado del hombre, lo hacen en términos teológicos y ven el pecado de todos los hombres como lo mismo. Cuando el no cristiano considera el pecado y la imperfección, lo hace en *términos sociológicos* y ve enormes diferencias en los pecados de los hombres. Nuestros amigos deben comprender que no estamos diciendo que ellos son las personas más viciosas que existen cuando hablamos de cuán lejos se quedan de la norma de perfección de Dios.

Quizás usted desee usar una variante de la siguiente ilustración como ayuda para comunicar esta verdad. Imaginemos a toda la humanidad alineada a lo largo del Gran Cañón. Cada persona debe saltar de una orilla hasta la otra. La habilidad de cada persona para saltar es directamente proporcional a cuántas buenas acciones haya realizado. El primer turno le toca al autor de muchos homicidios, que sólo salta 30 centímetros desde la orilla y luego cae a plomo. El promedio salta de 2,40 hasta 3 metros, pero todos quedan lastimosamente lejos de la meta. Una persona excepcionalmente humanitaria supera a la mayor parte de la humanidad y salta 45 metros de la orilla. Pero lo mismo le ocurre a todos los que saltan; ninguno alcanza la otra orilla. Hay grandes diferencias entre la gente en cuanto a sus niveles de bondad, pero toda la humanidad se queda lejos de la perfección.

O puede ilustrar este concepto según el Diagrama 53.

_____ DIOS

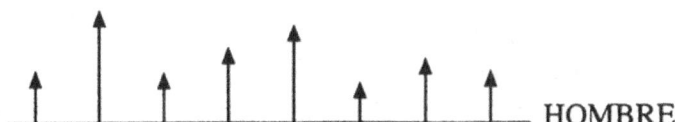

_____ HOMBRE

Diagrama 53

La persona representada por la segunda flecha podría sentirse inclinada a comparar su vida con la de los que están alrededor suyo y pensar que Dios le permitiría seguramente entrar al cielo debido a la calidad relativa de su vida. Pero la norma de Dios es absoluta, no relativa. Es nada menos que la vida perfecta de Cristo. Dios no quiere ni puede rebajar sus normas de justicia para graduarlas.

Para ser más exacta, la línea superior tendría que estar en realidad mucho más alta que la que se ha dibujado en este diagrama. A esa escala, las diferencias relativas en las obras humanas desaparecen en la insignificancia. (De igual modo, si se pudiera reducir la tierra al tamaño de una pelota de basquet y sostenerla en las manos, sus dedos no podrían percibir la diferencia entre el Monte Everest y las colinas de baja altura.)

Es por esto que fue necesario que Dios cubriera la brecha (ver Diagrama 54).

Pablo nos dice en Romanos 3:23, "Por cuanto todos pecaron, y están destituidos de la gloria de Dios". Esto significa que todo ser humano es imperfecto. Pudiera ser que algunas personas no estén dispuestas a admitir fácilmente su falta de perfección, y cuando esto ocurre, tenemos que recurrir a nuestro proyector de pensamientos de 24 horas. Con un cierto tono de humor, preguntamos a nuestros amigos si nos dejarían ver proyectados sobre la pared todos sus pensamientos de las últimas 24 horas. Después les podemos recordar la famosa frase de Samuel Johnson: "Todo hombre conoce de sí mismo cosas que no se atrevería a contarle a su mejor amigo." Es importante reconocer ante nuestros amigos que no deseamos que ellos vean nuestros pensamientos de las últimas 24 horas así como ellos no desean que nosotros veamos los de ellos. De lo contrario, esta ilustración podría parecer presuntuosa y farisaica.

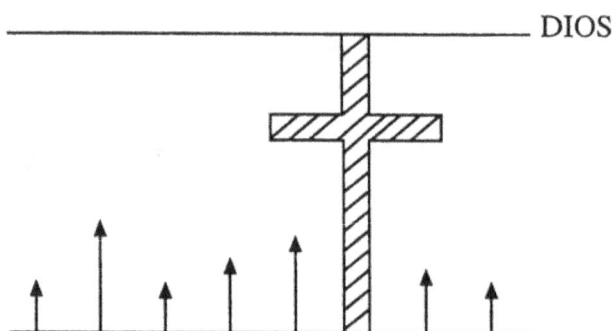

Diagrama 54

Santiago nos dice cuán poco hace falta para que seamos imperfectos: "Porque cualquiera que guardare toda la ley, pero ofendiere en un punto, se hace culpable de todos" (Santiago 2:10). Supongamos que usted estuviera suspendido de una cadena sobre un precipicio de 600 metros y uno de los eslabones de la cadena se rompiera. No importa que sea sólo uno o sean todos los eslabones los que se rompan. El resultado es el mismo usted se precipitaría a la muerte. Lo mismo ocurre cuando el hombre viola la ley de Dios, ya sean numerosas las transgresiones o sólo una.

La justicia de Dios exige que se pague un castigo por la desobediencia. El juicio por el pecado es la eterna separación del Dios santo. Isaías nos dice que nuestros pecados causaron la separación de Dios: "Pero vuestras iniquidades han hecho división entre vosotros y vuestro Dios" (Isaías 59:2). Pablo también describe el castigo en Romanos 6:23: "Porque la paga del pecado es muerte." Dios no puede cambiar la penalidad, porque si lo hiciera, ya no sería un juez justo. La penalidad debe ser pagada. O el hombre paga su propia pena, o algún otro lo hace.

La justicia de Dios exige un pago, y el amor de Dios nos ofrece un sustituto. Cristo pagó nuestra deuda en la cruz del Calvario. "Mas Dios muestra su amor para con nosotros, en que siendo aún pecadores, Cristo murió por nosotros" (Romanos 5:8). Podemos regocijarnos en el hecho de que Pablo no interrumpiera Romanos 6:23 en la mitad sino que terminó el versículo para nosotros: "Porque la paga del pecado es muerte, mas la dádiva de Dios es vida eterna en Cristo Jesús Señor nuestro." Pedro describe la belleza del sacrificio de Cristo por nosotros: "Quien llevó él mismo nuestros pecados en su cuerpo sobre el madero, para que nosotros, estando muertos a los pecados, vivamos a la justicia; y por cuya herida fuisteis sanados" (1 Pedro 2:24). "Porque también Cristo padeció una sola vez por los pecados, el justo por los injustos, para llevarnos a Dios, siendo a la verdad muerto en la carne, pero vivificado en espíritu" (1 Pedro 3:18).

Consideremos una historia que describe tanto la justicia como el amor que Dios demostró a Su creación. Un día, durante la Gran Depresión, la policía de Nueva York llevó a un asustado anciano delante del magistrado de un juzgado nocturno. Lo acusaban de una ratería; el hambre lo había impulsado a robar un pan. Por pura coincidencia, el propio alcalde de la ciudad, Fiorello LaGuardia, estaba presidiendo el juzgado aquella noche. LaGuardia solía en ocasiones reemplazar a los jueces como una manera de mantenerse próximo a los habitantes de la ciudad. LaGuardia aplicó al anciano una multa de $10. "La ley es la ley, y no puede ser quebrantada," le señaló el alcalde. Al mismo tiempo, sacó un billete de $10 de su propia billetera, diciéndole al anciano que pagaría la multa por él. Luego se dirigió a los que estaban en la sala del juzgado y "sentenció" a cada uno de ellos por vivir en una ciudad que no se acercaba a ayudar a sus pobres y ancianos, tentándolos indebidamente a robar. El alcalde multó a todos los que estaban en la audiencia con cincuenta centavos por persona. Hizo que pasaran su famoso sombrero de fieltro de ala ancha para recolectar las multas, y luego entregó el contenido al sorprendido acusado. El sombrero contenía casi $50. El anciano salió de la sala del juzgado con los ojos llenos de lágrimas.

Dios proveyó una solución a nuestro problema, y gratuitamente nos la ofrece como un don. Cristo murió por el pecado de todos, pero cada individuo debe recibir el pago de Cristo o pagar la deuda él mismo. Cada persona debe recibir personalmente este don, y cuando lo hace, el pago hecho por Cristo es acreditado en su cuenta. Dios puede considerar entonces que la deuda de pecado de esa persona está TOTALMENTE PAGADA. La necesidad de recibir personalmente a Cristo es mencionada por Juan: "Mas a todos los que le recibieron, a los que creen en su nombre, les dio potestad de ser hechos hijos de Dios" (Juan 1:12). Para una explicación más detallada de lo que implica recibir a Cristo como Salvador, ver el capítulo 13.

Resolvemos nuestro problema de separación de Dios solo por confiar en el pago de Cristo y no tratando de pagar el castigo con nuestras propias buenas acciones. Aunque las buenas obras pueden hacernos mejores personas, todavía quedaremos muy lejos de la norma de Dios. Sólo por medio de Cristo podemos ser restaurados a una posición de perfección delante de Dios. En el momento en que confiamos en Cristo, somos perfectos delante del Padre. El ya no nos ve en nuestro pecado sino que ve a Cristo en nosotros.

Podemos usar uno de los versículos más valiosos de las Escrituras para ilustrar este concepto. Pablo escribió: "Al que no conoció pecado (Cristo), por nosotros (Dios) lo hizo pecado, para que nosotros fuésemos hechos justicia de Dios en él" (2 Corintios 5:21). Si yo sumo mis propios logros en la carne, el resultado es sólo pecado (ver Diagrama 55, columna de la izquierda); pero si se suman los logros de Cristo, el total es justicia (columna de la derecha).

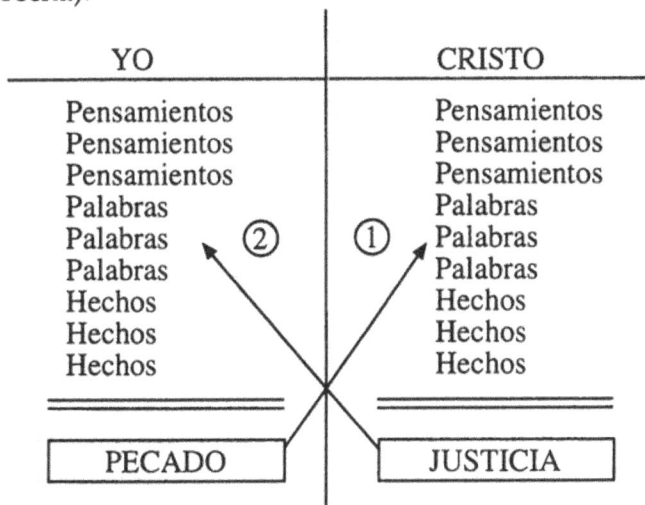

YO	CRISTO
Pensamientos	Pensamientos
Pensamientos	Pensamientos
Pensamientos	Pensamientos
Palabras	Palabras
Palabras ②	① Palabras
Palabras	Palabras
Hechos	Hechos
Hechos	Hechos
Hechos	Hechos
PECADO	JUSTICIA

Diagrama 55

La flecha 1 representa la primera mitad de este versículo (Cristo depositó nuestro pecado en su cuenta), y la flecha 2 representa la segunda mitad (Cristo depositó Su justicia en nuestra cuenta).

Una ilustración relativa a un niñito y su globo aclara esta cuestión. El niño entró a la casa un día, observó a su padre a través del globo color naranja, y gritó: "¡Papito, Papito! ¡Eres un papito color naranja; eres un papito color naranja!"

El padre sonrió, apartó el globo y le preguntó a su hijo:

"¿Ahora, qué ves?"

El niño respondió: "Oh, ahora sólo eres un papito común."

En seguida apretó de nuevo la cara contra el globo y con emoción declaró: "¡Otra vez eres un papito naranja!" El padre le preguntó por qué lo veía anaranjado. "Porque te estoy mirando a través de mi globo naranja," dijo el niñito.

Cuando pertenecemos a Cristo, Dios nos mira en forma diferente en El y ve hijos perfectos. A esto lo llamamos *santificación posicional* (1 Corintios 6:11). En Cristo, nos convertimos en nuevas criaturas (2 Corintios 5:17). Cuando recibamos nuestros cuerpos de resurrección, estaremos completamente libres de toda mancha de pecado (*completa santificación*; Efesios 5:26-27).

Los discípulos de Cristo estaban inmersos en una sociedad presa de una mentalidad de salvación por las obras. En los comienzos de Su ministerio, la gente venía a Cristo y le preguntaba qué debía hacer para realizar las obras de Dios. Cristo respondía: "Esta es la obra de Dios, que creáis en el que él ha enviado" (Juan 6:29). Juan 14:6 nos dice que la salvación sólo es posible a través de Cristo. (Si alguien tiene problemas con las credenciales de Cristo, recordemos el argumento a favor de su resurrección en el apéndice al capítulo 4.)

Dios no aceptará nuestras buenas obras como pago por nuestros pecados. Aun cuando fuéramos 99 por ciento buenos, el uno por ciento de imperfección sería suficiente para descalificarnos y no dejarnos entrar en el cielo. En Efesios 2:8-10, vemos qué parte tienen las obras en la salvación. Las buenas obras no son el *medio* de salvación, son el *resultado* de la salvación. Habiendo aceptado a Cristo y Su pago a nuestro favor, nos convertimos en hijos de Dios. Como tales, procuramos agradarle andando en buenas obras.

Ver el Diagrama 56.

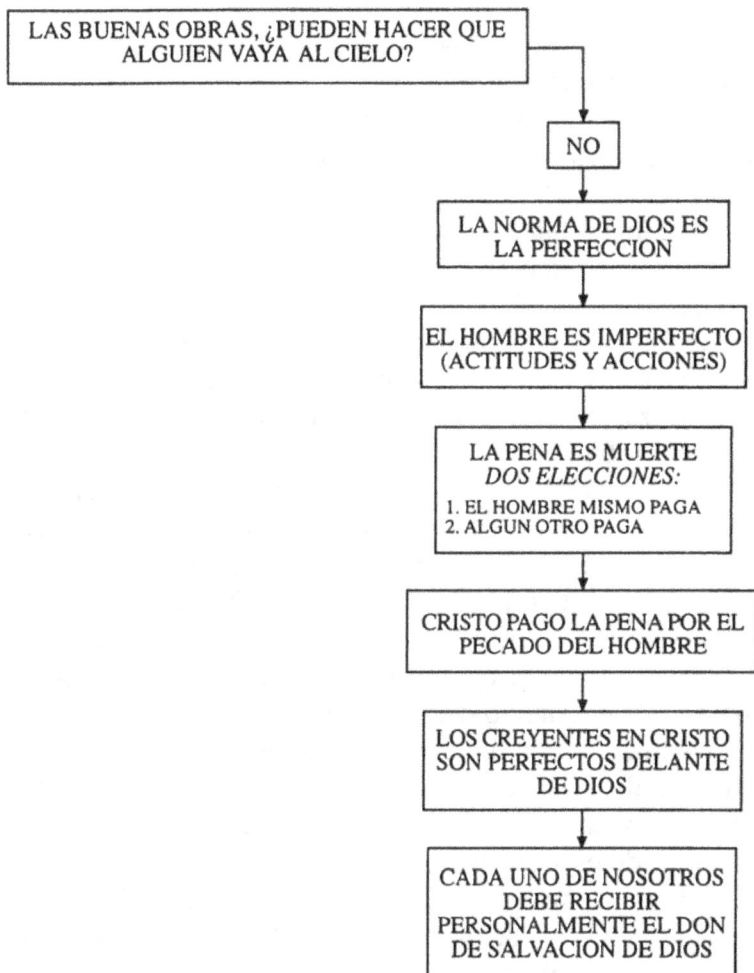

LAS BUENAS OBRAS, ¿PUEDEN HACER QUE ALGUIEN VAYA AL CIELO?

NO

LA NORMA DE DIOS ES LA PERFECCION

EL HOMBRE ES IMPERFECTO (ACTITUDES Y ACCIONES)

LA PENA ES MUERTE
DOS ELECCIONES:
1. EL HOMBRE MISMO PAGA
2. ALGUN OTRO PAGA

CRISTO PAGO LA PENA POR EL PECADO DEL HOMBRE

LOS CREYENTES EN CRISTO SON PERFECTOS DELANTE DE DIOS

CADA UNO DE NOSOTROS DEBE RECIBIR PERSONALMENTE EL DON DE SALVACION DE DIOS

Diagrama 56

Resumen y Organigrama

Primero hemos considerado la posibilidad de alcanzar el cielo por medio de las buenas obras. La mayoría de los sistemas religiosos de salvación por obras exigen que alcancemos cierto grado de bondad, puesto que no podemos alcanzar la perfección. Esto tiene mucho atractivo para personas educadas en una sociedad con una fuerte ética de obras. Pero, pese a su atractivo, hay varias barreras que invalidan esta opción:

(1) Los diferentes sistemas de obras son arbitrarios. ¿Quién decide cuál es el correcto?

(2) Bajo un sistema de obras nunca podemos tener seguridad de salvación. Las normas cambian como arenas movedizas, y nadie puede tener la certeza de que su vida es suficientemente buena.

(3) La mentalidad de buenas obras es, en esencia, pedir a Dios que apruebe un mal limitado y lo asimile a Su reino. (Esto se relaciona con la cuestion de la reencarnación tratada en el apéndice a este capítulo.) Dios es perfecto, y El no puede "calificar" rebajando la escala de salvación.

(4) Finalmente, cualquier sistema de salvación por obras está en directo desacuerdo con las Escrituras.

De manera que si los grados de bondad no son la norma, ¿cuál es? Cristo ha establecido la norma siendo perfecto El mismo. El hombre es imperfecto, y el resultado del pecado es la separación de Dios. Existen sólo dos opciones para pagar la penalidad del pecado: (1) Podemos pagar la pena nosotros mismos, o (2) Podemos dejar que algún otro pague el precio por nosotros.

Cristo ha pagado el castigo, pero debemos aceptar personalmente el pago de Cristo. Aquellos que reciben el don de Cristo se hacen perfectos a los ojos de Dios, y son reconciliados con El. El hombre no puede alcanzar la salvación por las buenas obras debido a que la norma es la perfección, y eso es posible sólo a través de Cristo.

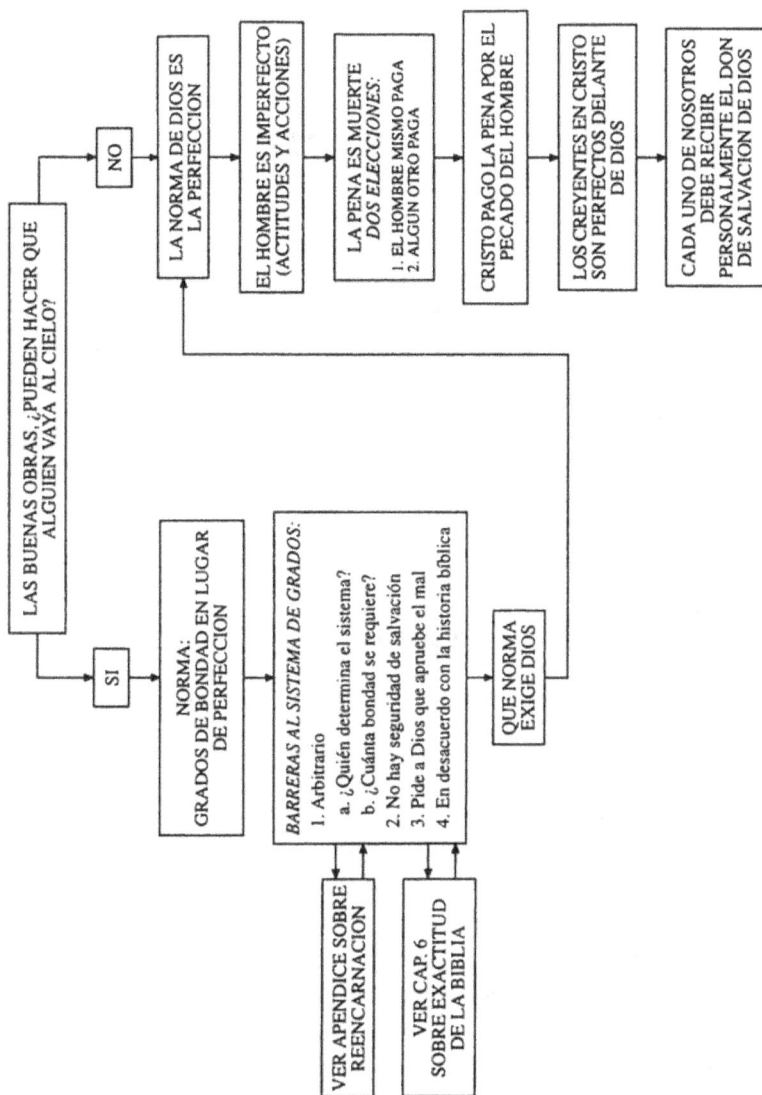

LAS BUENAS OBRAS, ¿PUEDEN HACER QUE ALGUIEN VAYA AL CIELO?

NO

LA NORMA DE DIOS ES LA PERFECCION

EL HOMBRE ES IMPERFECTO (ACTITUDES Y ACCIONES)

LA PENA ES MUERTE
DOS ELECCIONES:
1. EL HOMBRE MISMO PAGA
2. ALGUN OTRO PAGA

CRISTO PAGO LA PENA POR EL PECADO DEL HOMBRE

LOS CREYENTES EN CRISTO SON PERFECTOS DELANTE DE DIOS

CADA UNO DE NOSOTROS DEBE RECIBIR PERSONALMENTE EL DON DE SALVACION DE DIOS

SI

NORMA:
GRADOS DE BONDAD EN LUGAR DE PERFECCION

BARRERAS AL SISTEMA DE GRADOS:
1. Arbitrario
   a. ¿Quién determina el sistema?
   b. ¿Cuánta bondad se requiere?
2. No hay seguridad de salvación
3. Pide a Dios que apruebe el mal
4. En desacuerdo con la historia bíblica

QUE NORMA EXIGE DIOS

VER APENDICE SOBRE REENCARNACION

VER CAP. 6 SOBRE EXACTITUD DE LA BIBLIA

Diagrama 57

249

Lectura Suplementaria

(1) David A. DeWitt, *Answering the Tough Ones* (Moody). El capítulo 9 tiene algunas buenas ilustraciones.

(2) Walter Martin, *The New Cults* (Vision House). El capítulo 11 tiene un análisis breve pero claro de la reencarnación.

(3) Robert A. Morey, *Reincarnation and Christianity* (Bethany Fellowship). Expone varias incoherencias lógicas en el sistema de reencarnación.

(4) R. C. Sproul, *Objections Answered* (Regal Books). En el capítulo 6 hace una buena comparación entre humanismo y cristianismo.

(5) Barry Wood, *Questions Non-Christians Ask* (Revell). En las páginas 43-49 se hace una exacta distinción entre moralidad y espiritualidad.

Apéndice sobre la reencarnación

Quizás sea necesario examinar la teoría de la reencarnación al discutir la cuestión de las buenas obras como medio de alcanzar el cielo. La reencarnación es el epítome de la salvación por el sistema de obras.

El principio más importante en todas las formas de reencarnación es la creencia en un ciclo continuamente rotante, donde el alma de uno va pasando de cuerpo en cuerpo hasta alcanzar un estado de impecabilidad. El alma pasa de una forma de vida a otra en el instante de la muerte. En algunas versiones el alma va solamente a otro cuerpo humano, mientras otras enseñan que el alma puede pasar también a formas de vida inferiores. La reencarnación, entonces, es un proceso de purificación por el cual uno alcanza la salvación por medio de su propio mérito y esfuerzo.

El progreso de una persona a través de ciertos ciclos

de vida está determinado por la ley del karma. El karma es la ley moral de causa y efecto. El destino presente de una persona, ya sea bueno o malo, está basado en sus acciones en vidas anteriores. Esta es la idea de cosechar lo que uno ha sembrado. El pecado no puede ser perdonado; debe ser pagado mediante sufrimientos en la próxima vida. El reencarnacionista cree que si estamos sufriendo ahora, es debido a los pecados en nuestra vida pasada. El pago debe ser hecho por la persona que cometió los pecados, y no puede ser eludido de ninguna manera. Este sistema no da lugar a la gracia ni al perdón.

Sin embargo, la reencarnación resuelve algunas de las preocupaciones e interrogantes básicas del hombre. Si una persona considera que las buenas acciones son el medio para alcanzar el cielo, puede sentirse frustrado por su falta de progreso hacia la perfección. Pero en la reencarnación, el hombre tiene muchas vidas para mejorarse a sí mismo. Este sistema permite al individuo resolver el problema de su propio pecado.

La reencarnación puede resultar atractiva a una sociedad que ha sido educada en la noción de que uno recibe sólo aquello por lo que paga. Y ello explica el dolor y el sufrimiento del aparentemente inocente. Las personas sufren debido a los pecados cometidos en sus vidas pasadas, de manera que no hay que culpar a Dios. Al exigirle al hombre que permanezca en la rutina de los sucesivos nacimientos hasta no tener pecado, la reencarnación supera el problema de tener que pedirle a Dios la aprobación del mal.

Concediendo que la reencarnación resuelve algunos problemas, cuando nos detenemos a observarla, vemos que crea más problemas que los que resuelve.

Primero, puesto que no hay creación de nuevas almas, la vida debería ir mejorando a medida que el hombre progresa en el proceso de purificación. El problema es que hoy en día vemos en el mundo tanto o más mal, que el que había hace 100 años.

Segundo, ¿por qué está aumentando la población del mundo y no disminuyendo como la teoría nos induce a creer? El reencarnacionista tradicional responde a esta objeción diciendo que las almas han estado transmigrando no sólo en seres humanos, sino también en otras formas de vida. La consecuencia debería ser que, como la población humana aumenta, la de otras formas de vida debería disminuir. Pero un estudio de la naturaleza no revela que éste sea el caso.

Tercero, si todos fuéramos a adoptar la reencarnación, nuestro mundo estaría virtualmente desprovisto de compasión y cuidado por aquellos que sufren. Recordemos que el sufrimiento viene como resultado de los pecados en vidas anteriores. Puesto que el Karma nunca da lugar al perdón del pecado, sino que exige que siempre se haga el pago, estamos en realidad privando a la gente de la oportunidad de expiar sus pecados en esta vida si aliviamos ahora su sufrimiento. El concepto de karma no da lugar a la gracia.

Cuarto, ¿cómo construyen un buen karma las formas inferiores de vida como los gusanos y los moluscos? ¿Se encarnará una cucaracha en una forma de vida superior si se mantiene fuera de las cocinas de la gente? La moralidad requiere la capacidad de hacer una elección consciente, y esto es totalmente diferente de la obediencia ciega al instinto.

El problema más difícil para la reencarnación es que contradice las Escrituras. En este capítulo, examinamos varios pasajes que enseñan la imposibilidad de la salvación por medio de los esfuerzos del hombre. Sería útil hacer un repaso de estos versículos. Además, Cristo repudió la ley del karma en Juan 9:1-3. De prevalecer el karma, la condición del ciego habría sido el resultado de su propio pecado. Pero Cristo dijo: "No es que pecó éste, ni sus padres" (Juan 9:3). También, 2 Corintios 5:21 dice que Cristo ocupó nuestro lugar para que pudiéramos ser hechos justos por medio de El.

Este concepto del perdón de los pecados es ajeno a la reencarnación. El karma exige pago y requiere sufrimiento, en tanto que Cristo paga el castigo y ofrece perdón. ¡Qué contraste!

Hebreos 9:27 nos dice: "Está establecido para los hombres que mueran una sola vez, y después de esto el juicio." Esto, como vemos en Juan 3:18, viene como resultado de rechazar a Cristo y sxu pago. Juan 5:24 explica que recibiendo a Cristo, uno queda exento de este juicio.

Gandhi, el famoso dirigente hindú, expresó la frustración a que millones se enfrentan al tratar de alcanzar la perfección por medio de sus obras. Ya cerca del final de una vida incansablemente dedicada a los demás, confesó en su autobiografía *The Story of My Experiments with Truth*:

> *"Para alcanzar la pureza perfecta uno tiene que hacerse absolutamente libre de pasiones en pensamiento, palabra y acción. . . Yo sé que no tengo en mí todavía esa triple pureza, a pesar de la constante, incesante lucha por lograrla. Es por eso que las alabanzas del mundo no me conmueven; realmente, con mucha frecuencia me hieren. Conquistar las pasiones sutiles me parece mucho más difícil que la conquista física del mundo por la fuerza de las armas" (pp. 504-05).*

Si Gandhi no pudo lograrlo con la vida de sacrificios que tuvo, ¿quién podrá? Un sistema de obras siempre produce frustración y fracaso, en tanto que Cristo ofrece perdón y libertad. La elección es nuestra.

12

¿NO ES DEMASIADO SIMPLE LA SALVACIÓN POR LA FE?

Preguntas que se hacen a menudo:	*¿No es demasiado fácil sólo creer?* *Uno no recibe algo por nada. ¿Por qué tendría que ser diferente la salvación?* *¿No dice la Biblia, "Dios ayuda al que se ayuda?* *¿Qué ocurre con el incentivo para ser bueno?* *¿Por qué habría de apreciar alguien la salvación si ella fuera gratuita?*

Dos Opciones

Cuando oyen que todo lo que uno tiene que hacer para obtener el don de la salvación es recibir a Jesucristo y Su pago por el pecado, algunos se resisten a la idea. Argumentan que eso es demasiado fácil; sólo creer no es suficiente. La salvación debe ser ganada para que uno la aprecie. Pero las Escrituras afirman que aunque la salvación es gratuita, no es fácil (Ver Diagrama 58).

255

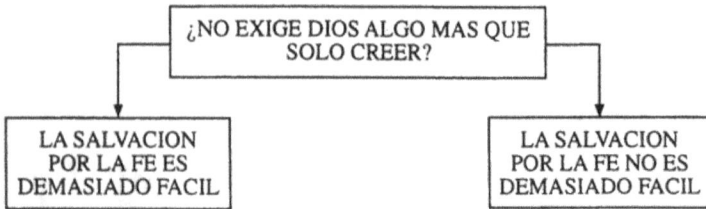

```
        ┌─────────────────────────────┐
        │  ¿NO EXIGE DIOS ALGO MAS QUE │
        │        SOLO CREER?           │
        └─────────────────────────────┘
      │                              │
      ▼                              ▼
┌──────────────┐              ┌──────────────┐
│ LA SALVACION │              │ LA SALVACION │
│ POR LA FE ES │              │ POR LA FE NO │
│ DEMASIADO    │              │ ES DEMASIADO │
│ FACIL        │              │ FACIL        │
└──────────────┘              └──────────────┘
```

Diagrama 58

Primera Opción: La salvación por la fe es demasiado fácil

Hay muchos que tiemblan ante el concepto de que la salvación sea un don. La salvación debe ser ganada, piensan, porque todos saben que no se recibe algo por nada. Si sus amigos enfatizan que la salvación debe ser ganada, entonces primero usted debe ocuparse de la cuestión de las buenas obras (ver capítulo 11).

Detrás de esta posición está la idea de que nada de valor es jamás totalmente gratuito. Pero algo podría ser de valor y gratis para nosotros si fuera pagado por algún otro. Cuando un hijo recibe un auto nuevo como regalo de graduación, es gratis para él. Pero sus padres tuvieron que pagar el precio.

Otro argumento a favor de esta posición dice que si la salvación es nuestra con sólo tomarla, quitaría todo incentivo para vivir rectamente. ¿Por qué no recibir a Cristo y luego salir y vivir de cualquier forma que uno desee, dándose todos los gustos? Pablo se ocupa de esta misma cuestión en Romanos 6:1-2. Termina de desarrollar el tema de que la salvación es por gracia, no por obras. Al darse cuenta de que algunos quizás cuestionen los motivos que un hombre pueda tener una vez que se le garantiza la salvación, Pablo pregunta: "¿Qué, pues, diremos? ¿Perseveraremos en el pecado para que la gracia abunde?" Su respuesta: "En ninguna manera. Porque los que hemos muerto al pecado ¿cómo viviremos aún en él?" Cuando una persona comprende la grandeza de la salvación de Dios y las riquezas de Su misericordia, no buscará formas de violar su relación con Dios. En lugar de eso, deseará cultivar su relación con El.

El gran problema con la idea de que la salvación por la fe es demasiado fácil está en que contradice lo que está escrito en la Biblia. Efesios 2:8-9 afirma claramente, "Porque por gracia sois salvos por medio de la fe; y esto no de vosotros, pues es don de Dios; no por obras, para que nadie se gloríe." Para una refutación escritural más detallada de esta opinión insostenible, repasar el capítulo 11.

El Diagrama 59 describe la primera opción.

Segunda Opción: La salvación por la fe no es demasiado fácil

El don de la salvación tenía que ser gratuito, porque el problema del hombre de alcanzar la salvación no es difícil es imposible. Cristo aclaró esto en Mateo 5:48: "Sed, pues, vosotros perfectos, como vuestro Padre que está en los cielos es perfecto." Pablo nos dice que "todos pecaron, y están destituidos de la gloria de Dios" (Romanos 3:23).

Gratis no es lo mismo que fácil, sin embargo. El plan de salvación no fue fácil para el Padre. Tuvo que separarse de su Hijo (Mateo 27:46). El plan de salvación no fue fácil para el Hijo. Se humilló a sí mismo (Filipenses 2:5-8), pagó el castigo por nuestros pecados (2 Corintios 5:21), y fue separado del Padre. Y el plan de salvación no es fácil para el hombre. Tiene que abandonar su orgullo y admitir que no puede hacer nada para ser merecedor delante del Padre (Tito 3:5).

Imaginemos que un hombre rico está golpeando a su puerta. Cuando usted abre él dice, "Tengo entendido que el auto de sus sueños es un Rolls Royce gris pizarra de $120.000. ¿Le gustaría tener uno?"

¿NO EXIGE DIOS ALGO MAS QUE SOLO CREER?

LA SALVACION POR LA FE ES DEMASIADO FACIL

LA SALVACION POR LA FE NO ES DEMASIADO FACIL

LA SALVACION DEBE SER GANADA

VER CAP. 11 SOBRE LAS BUENAS OBRAS

NADA DE VALOR ES JAMAS GRATUITO

QUITA EL INCENTIVO PARA VIVIR RECTAMENTE

CONTRADICE LA AFIRMACION BIBLICA

VER CAP. 6 SOBRE EXACTITUD DE LA BIBLIA

Diagrama 59

La mirada se le pone vidriosa a usted, pero vuelve a sus cabales, y dice, "Yo no sé cómo armar una máquina magnífica como esa. No conozco la diferencia entre un árbol de leva y un cigüeñal. Además, no tengo ni cerca el dinero suficiente para comprar semejante auto."

El caballero responde: "Usted no entiende. El auto ya ha sido armado por artesanos expertos, y está aquí en la entrada de su casa. Yo mismo lo he pagado. Aquí están las llaves. Lo único que tiene que hacer es aceptarlas."

El hecho de que el automóvil sea ofrecido gratuitamente no hace fácil el armado o la compra.

La electricidad también ilustra algo que parece fácil pero realmente no lo es. La mayoría de nosotros damos la electricidad por sentada cuando la usamos en nuestros hogares. No tenemos más que tocar apenas un interruptor, y la electricidad produce luz, sonido, o imágenes en la televisión. La corriente eléctrica hierve agua, nos seca el cabello, lava los platos y nos mantiene frescos.

Pero no fue fácil para los electricistas que hicieron la instalación en nuestros hogares. Ni es fácil tampoco para la empresa producir la electricidad o reanudar el servicio cuando los cables se han cortado a causa de una tormenta. Sería necio que alguien rechace algo de valor sólo porque es gratis.

Imagine que su barco se ha hundido en medio del océano. Transcurren los días mientras usted se mantiene a flote con su salvavidas. Sabe que es imposible nadar hasta la costa, y pareciera que no hay esperanza. De pronto, aparece un barco en el horizonte y finalmente llega a su lado. Algunos tripulantes le lanzan un salvavidas unido a una soga, que cae al alcance de su mano. ¿Le pediría usted al barco que se aleje una milla con el objeto de que usted pudiera sentir que ha ganado su rescate? La respuesta es obvia.

Lo mismo ocurre con Cristo. Mientras el hombre es agitado por el mar de la vida, está perdido sin esperanza

ni posibilidad de sobrevivir. Cristo se aproxima a nosotros y nos ofrece salvación. ¿Habría de ser rechazado su
ofrecimiento sólo por ser gratuito?

El Diagrama 60 muestra la segunda opción.

```
┌────────────────────────────────────┐
│  ¿NO EXIGE DIOS ALGO MAS QUE        │
│         SOLO CREER?                 │
└────────────────────────────────────┘
                    │
                    ▼
          ┌──────────────────────┐
          │   LA SALVACION       │
          │   POR LA FE NO ES    │
          │   DEMASIADO FACIL    │
          └──────────────────────┘
                    │
                    ▼
          ┌──────────────────────────┐
          │  ALCANZAR LA SALVACION   │
          │  NO ES DIFICIL PARA EL   │
          │  HOMBRE — ES IMPOSIBLE   │
          └──────────────────────────┘
                    │
                    ▼
    ┌────────────────────────────────────┐
    │  GRATIS NO SIGNIFICA FACIL:         │
    │  1. No fue fácil para el  Padre —   │
    │     entregó a su Hijo               │
    │  2. No fue fácil para el  Hijo —    │
    │     llevó nuestro pecado            │
    │  3. No es fácil para el hombre —    │
    │     debe entregar su orgullo        │
    └────────────────────────────────────┘
```

Diagrama 60

Resumen y Organigrama

La confusión surge cuando la salvación es presentada
como un don. Muchos sienten que esto es demasiado fácil, y que el hombre debería ganarse el camino a Dios.
Pero eso va en contra de las Escrituras. La salvación es
gratis porque somos incapaces de ganarla. La norma de
Dios es la perfección, y Cristo nos la hace disponible por
medio de Su vida y sacrificio perfectos. Aunque el ofrecimiento de la salvación es gratuito, no fue fácil para el
Padre ni para el Hijo, y no es fácil para el hombre aceptarla, debido a su orgullo.

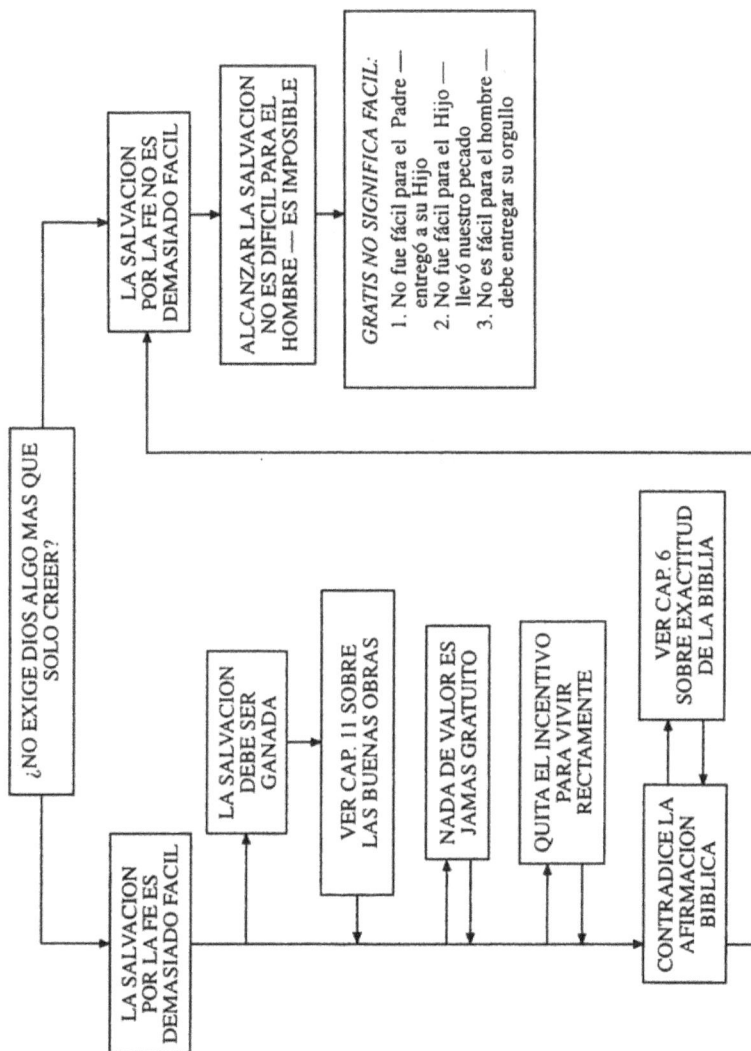

Diagrama 61

13

¿QUÉ QUIERE DECIR LA BIBLIA CON LA PALABRA CREER?

Preguntas que se hacen a menudo:

¿Cuánta fe tiene que tener uno?

¿No creen todos en Cristo y en Su existencia?

¿Qué ocurre si deseo creer pero sigo teniendo dudas?

Para creer en Cristo,¿ no tiene uno que dejar de pecar?

Dos Opciones

Existen más de 14.000 significados para las 500 palabras más comúnmente usadas. Con tantos significados para tan pocas palabras, hay mucha oportunidad para que se deslicen errores en la comunicación. Por lo tanto, cuando tratamos de comunicarnos con otros, es importante que todas las partes involucradas estén en la misma longitud de onda. Si esto es así en la conversación cotidiana, ¿cuánto más esencial es definir adecuadamente nuestros términos cuando lo que está implicado en lo que discutimos es la eternidad?

La primera opción para la palabra *creer* la define como el reconocimiento intelectual de un conjunto de hechos. La segunda opción no sólo requiere un reconocimiento intelectual sino también la aceptación personal de la verdad.

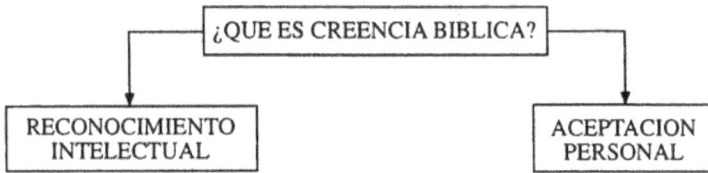

```
            ┌─────────────────────────────┐
            │  ¿QUE ES CREENCIA BIBLICA?  │
            └─────────────────────────────┘
          │                               │
          ▼                               ▼
┌───────────────────┐         ┌───────────────────┐
│  RECONOCIMIENTO   │         │    ACEPTACION     │
│   INTELECTUAL     │         │     PERSONAL      │
└───────────────────┘         └───────────────────┘
```

Diagrama 62

Primera Opción: Reconocimiento intelectual

Si siguiéramos el uso común, la frase *"Creo en los tornados"* significaría que damos reconocimiento intelectual a la existencia de los tornados. Si decimos que creemos en George Washington o en Susan B. Anthony, estamos dando reconocimiento intelectual al hecho de que ellos existieron. Esta es una creencia acerca de alguien o algo. Pero Santiago nos dice que una creencia que abarca sólo el asentimiento intelectual no es suficiente. Los demonios tienen este tipo de creencia (Santiago 2:19). Ellos reconocen la existencia de Cristo y todas las obras que El realizó, pero esta creencia no los salva.

El uso del término *creer* en el Nuevo Testamento tiene un sentido más profundo que el uso popular del término. Juan 1:12 dice: "Mas a todos los que le *recibieron*, a los que creen en su nombre, les dio potestad de ser hechos hijos de Dios." De manera que una creencia bíblica no sólo involucra el asentimiento intelectual sino además la aceptación personal. No es sólo creer *acerca* de Cristo; es creer *en* Cristo, o con más exactitud, creer entrando en Cristo. Esto denota una creencia o fe que saca al hombre de sí mismo y lo pone dentro de Cristo. La creencia bíblica, entonces, es más que el reconocimiento de la existencia y la muerte de Cristo. Requiere la entrega de la persona de uno a Cristo. Una persona cree en El si recibe personalmente el pago de Cristo por su pecado. Esto significa un cambio de actitud, de modo que ya no depende de sus propios esfuerzos para obtener la salvación, antes bien, confía solamente en Jesucristo como su única esperanza de reconciliación con Dios.

¿Dónde está el paso de un tipo de creencia al otro? Quizás ayude la siguiente ilustración. Cierta vez, un joven campesino se aventuró a ir a la gran ciudad de Knoxville, Tennessee. Deseaba visitar a un amigo en Memphis y decidió ir en avión. Nunca había volado, y éste era su primer viaje al aeropuerto. Cuando llegó, miró el tablero de salidas y entradas de aviones y notó que el avión para Memphis salía de Knoxville a las 10.30 a.m. y llegaba a destino a las 10.30 a.m. Al no darse cuenta del cambio de huso horario entre las dos ciudades, se quedó confundido con los tiempos de salida y llegada, de modo que preguntó a la empleada de la boletería si los horarios eran correctos. "Oh sí," contestó ella. "¿Quisiera comprar un pasaje?" El respondió, "No, todavía no," y fue hacia una ventana para observar los aviones. Un rato después notó que en el mostrador había otra empleada, de manera que fue y le repitió la pregunta. Ella confirmó que los horarios eran correctos y le preguntó si deseaba comprar un boleto. Rápidamente contestó, "No, señorita, ¡Sólo quiero estar cerca cuando esa cosa emprenda vuelo!"

El creía que lo que se decía *acerca* del avión era verdad. Tenía un reconocimiento intelectual de que el avión haría lo que el tablero de partidas anunciaba que haría. Pero no estaba dispuesto a creer *en* el avión y comprarse un pasaje.

Durante la Edad Media, se usaban tres palabras para

describir los diferentes niveles de creencia: (1) *notitia* (observación) - observar los hechos en forma objetiva; (2) *assentia* (asentimiento) - reconocer esta verdad en forma intelectual; y (3) *fiducia* (fe) - recibir la solución personalmente. Apliquemos estas palabras al mensaje del Evangelio. En el primer nivel, observamos los hechos que deben ser creídos. Somos pecadores, y el castigo por nuestro pecado es la muerte y la separación de Dios. En la cruz, Cristo pagó la pena por nuestros pecados y puso a nuestra disposición el don de la vida eterna. En el segundo nivel, no sólo observamos los hechos sino también reconocemos su verdad en forma intelectual. Hasta este punto todavía sólo creemos *acerca* de Cristo. Para que creamos *en* Cristo tenemos que avanzar hacia nuestro tercer concepto, *fiducia*. Debemos poner ahora nuestra confianza solamente en Cristo para el perdón de nuestros pecados personales. Cuando avanzamos al nivel tres, habremos recibido el don gratuito de la salvación de Cristo, pero no antes. La salvación viene, no de un reconocimiento intelectual, sino de una creencia que personalmente recibe el ofrecimiento de Cristo.

Antes de examinar nuestra segunda opción, el Diagrama 63 nos muestra la primera opción.

Segunda Opción: Aceptación personal

Como vimos en nuestro examen de Juan 1:12, *creer* es igual a *recibir*. El concepto de recibir a Cristo es coherente con varios otros pasajes de las Escrituras.

"Además os declaro, hermanos, el evangelio que os he predicado, el cual también *recibisteis*, en el cual también perseveráis" (1 Corintios 15:1). "Porque primeramente os he enseñado lo que asimismo *recibí*: que Cristo murió por nuestros pecados, conforme a las Escrituras." (1 Corintios 15:3). "Por tanto, de la manera que habéis *recibido* al

Señor Jesucristo, andad en él" (Colosenses 2:6). "Y con todo engaño de iniquidad para los que se pierden, por cuanto no *recibieron* el amor de la verdad para ser salvos" (2 Tesalonicenses 2:10). La idea de que la creencia bíblica equivale a recibir a Cristo es comprobada además por la forma en que la salvación es descrita como un *don* en varios pasajes (Romanos 5:17; 6:23; Efesios 2:8-9).

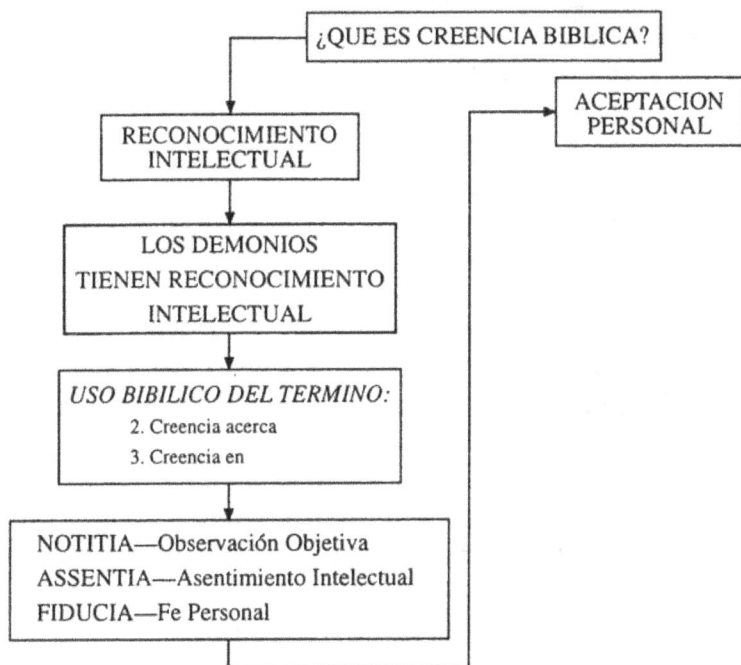

¿QUE ES CREENCIA BIBLICA?

ACEPTACION PERSONAL

RECONOCIMIENTO INTELECTUAL

LOS DEMONIOS TIENEN RECONOCIMIENTO INTELECTUAL

USO BIBILICO DEL TERMINO:
2. Creencia acerca
3. Creencia en

NOTITIA—Observación Objetiva
ASSENTIA—Asentimiento Intelectual
FIDUCIA—Fe Personal

Diagrama 63

La idea de un don es inherente a la idea de que debe ser recibido de un dador, y esto se cumple con el don de la salvación. Bíblicamente, creer y recibir son sinónimos, y Juan 1:12 usa ambos términos con la clara intención de igualar las dos acciones. Imaginemos a unos padres que desean dar un regalo a su pequeño hijo. Mientras lo sostienen en sus manos, el hijo lo observa, emocionado por el amor de sus padres, y les agradece profusamente el regalo. Pero éste permanece en manos de los padres. ¿Cuál es el problema? El hijo ha hecho todo menos recibir el regalo extendiendo la mano y para recibirlo de manos de sus padres. Lo mismo ocurre con el don de la salvación: Dios extiende su don, y todo individuo debe recibirlo personalmente de El.

Una persona puede dudar de Cristo y de Sus credenciales, o puede creer que Cristo era quien El dijo ser. Pero mientras no reclame para sí el ofrecimiento de Cristo, no está en mejores condiciones que la persona que no cree en absoluto.

Un hombre y una mujer se presentan ante el pastor para casarse. El pastor le pregunta a la novia, "¿Tomas a este hombre por esposo delante de Dios?"

"Oh," responde ella, "es muy buen mozo, ¿no es verdad?"

Entonces el pastor intenta otra vez, "¿Tomas a este hombre por esposo?"

"Oh, yo creo que es muy amable," contesta, y luego agrega, "Creo que va a ser un esposo y proveedor maravilloso."

Es obvio aquí que lo que la novia tiene que decir es "Sí". Cuando haya dicho "Sí" el novio se convertirá en su esposo, pero no antes. Ella debe aceptarlo, en la misma forma que toda persona debe ir más allá del solo reconocimiento de Jesucristo. Cada persona debe recibir a Cristo no sólo como el Salvador del mundo sino como su Salvador personal.

Imaginemos a un hombre que cae de un peñasco escarpado. Mientras se precipita, consigue tomarse de la rama de un arbusto. Desesperado, mira hacia arriba, y ve el abrupto precipicio. Mira hacia abajo y es como si las rocas agudamente dentadas extendieran sus picos para asir su cuerpo estirado al máximo. Comienza a desesperar. De pronto, ve un ángel cerca y comienza a gritar, —¡Sálvame!

—¿Crees que *puedo* salvarte? —pregunta el ángel.

El hombre ve las fuertes alas, los poderosos brazos y dice: —Sí, creo que puedes salvarme.

—¿Crees que te *salvaré?*

El hombre ve el rostro compasivo y misericordioso. —¡Sí, sí, creo! —grita.

Entonces dice el ángel—¡SUELTATE!

Todavía aferrado, el hombre exclama—¿Hay alguien más allá arriba?

Vemos que es posible creer que Jesús puede salvarlo. Eso es esencial, pero no suficiente. Uno puede tener la confianza de que El lo *salvará.* Eso también es necesario, pero no es una creencia verdadera. Confiar en Jesucristo es deshacerse de toda otra confianza, de toda otra seguridad, y entregarse a El como la única esperanza de salvación.

Charles Blondin, un francés, fue uno de los mejores equilibristas del mundo en cuerda floja. En 1860 cruzó con éxito sobre una cuerda floja las traicioneras Cataratas del Niágara (una extensión de aproximadamente 300 metros, 50 metros por encima de las rugientes aguas). Después de cruzar se dirigió a la multitud que estaba maravillada por su increíble proeza y les preguntó cuántos de ellos creían que podría caminar sobre la cuerda floja una segunda vez llevando una carretilla. La entusiasta multitud lo vitoreó, dando muestras de creer en Blondin. El equilibrista cruzó empujando la carretilla; luego se dirigió otra vez a la asombrada multitud; "¿Cree alguien en mí lo suficiente para subir a la carretilla y cruzar conmigo las Cataratas del Niágara?" ¡Nadie se ofreció como voluntario! Finalmente, el representante de Blondin subió sobre sus hombros y cruzaron juntos el gran abismo. Cristo dijo que hay un gran abismo entre el hombre y Dios, y la única forma de pasar de uno a otro lado es por medio de El.

Algunas veces es útil usar una ilustración frívola para hacer comprender un punto. Por ejemplo, está la historia acerca del hombre que padecía de un agudo dolor en el lado derecho del abdomen. El diagnóstico del doctor fue apendicitis, y pensaba que era absolutamente necesario que el hombre se sometiera a una apendectomía de emergencia. El paciente era escéptico de la capacidad del cirujano, de modo que le preguntó si tenía alguna prueba en apoyo de su diagnóstico. Se dio la casualidad que ese día el médico tenía una reunión con todos sus pacientes anteriores operados de apendicitis.

La enfermera lo llevó en una silla de ruedas por el corredor delante de los anteriores pacientes del médico, y todos ellos dieron su entusiasta testimonio de que los había curado con éxito de la misma clase de dolor realizando una apendectomía.

"Muy bien," dijo el hombre. "Yo creo, Doctor, que usted es capaz de sacarme el apéndice y eliminar el dolor."

"Excelente," contestó el doctor. "Firme por favor este formulario de autorización ahora mismo."

"Oh, no," respondió el hombre, "¡Usted no me va a abrir el vientre!"

La creencia del paciente no era verdadera si no permitía que el médico operara. Podemos creer que Cristo diagnosticó nuestro problema en forma correcta, y hasta creer que tiene un porcentaje de curaciones del 100 por ciento, pero si no le permitimos operarnos personalmente, nuestra creencia no es salvadora.

Cuando hablamos a otros de Cristo, es importante que les comuniquemos claramente el concepto bíblico de creencia. Una de las formas más fáciles que tiene Satanás de impedir que la gente confíe en Cristo es hacer que los siervos de Dios deformen este concepto. Deberíamos observar aquí muy cuidadosamente dos cosas:

La primera es la duda. Algunos piensan que no pueden hacer una decisión de recibir a Cristo hasta no haberse quitado todas las dudas. Es imperativo que eliminemos este obstáculo para llegar a Cristo. La fe no es ausencia de duda sino una decisión basada en la Palabra de Dios, aun cuando no todo se entienda. Una persona puede tener ciertas dudas acerca de hacer algo y, sin embargo, asume la decisión de hacerlo. Supongamos que dos hombres tengan iguales dudas acerca de la seguridad de volar. Se presenta una oportunidad especial para ambos, pero significa que deben volar. Ambos siguen teniendo sus dudas, pero uno decide subir al avión en tanto que el otro se queda en tierra. Lo mismo ocurre con el cristianismo; la duda no tiene que inhibir a una persona impidiéndole recibir a Cristo. Es cuestión de elección, un paso dado a pesar de las dudas.

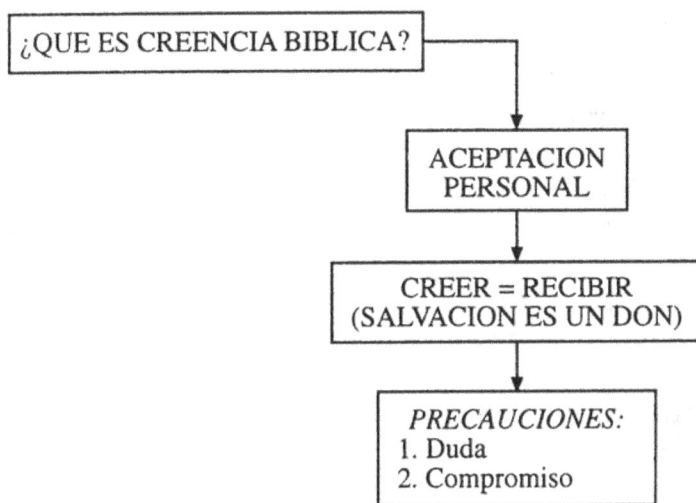

```
┌─────────────────────────────┐
│ ¿QUE ES CREENCIA BIBLICA?   │──────┐
└─────────────────────────────┘      │
                          ┌───────────────────┐
                          │    ACEPTACION     │
                          │    PERSONAL       │
                          └───────────────────┘
                    ┌───────────────────────────┐
                    │    CREER = RECIBIR        │
                    │  (SALVACION ES UN DON)    │
                    └───────────────────────────┘
                        ┌───────────────────────┐
                        │  PRECAUCIONES:        │
                        │  1. Duda              │
                        │  2. Compromiso        │
                        └───────────────────────┘
```

Diagrama 64

La segunda cosa que tenemos que observar es el *compromiso*. Algunas personas han tenido dificultad para recibir a Cristo como su Salvador a causa de que creen que la decisión comprendía la promesa de someter todas las cosas de su vida al control de Dios para siempre. Es verdad que la creencia bíblica requiere compromiso, pero esto no es tanto un compromiso con lo que vamos a hacer en

271

el futuro como un compromiso con lo que Jesucristo ha hecho en el pasado. En muchos casos, la comprensión del compromiso total con el señorío de Cristo no se alcanza sino tiempo después de la salvación. Desafortunadamente es una realidad el hecho de que muchos cristianos reconocen que Jesús es Señor y Maestro, pero tratan todavía de manejar por sí mismo su vida. "Creer en Cristo" es comprender quién es Jesucristo, qué hizo El por usted, reconocer ante Dios que necesita únicamente a El como sustituto por su pecado, e invitarlo a entrar personalmente a su vida (Juan 5:24).

El Diagrama 64 muestra la opción dos.

Resumen y Organigrama

En primer lugar hemos considerado la idea de que la creencia bíblica significa un reconocimiento intelectual de los hechos de Cristo y de Su obra. Pero los demonios tienen esa misma creencia, por eso exploramos las Escrituras para comprender mejor el término *creer*. El término bíblico significa más que simple creencia *acerca* de algo; significa creer *en* algo o en alguien. Es un reconocimiento intelectual que lleva a recibir personalmente a Cristo y su oferta de salvación.

En segundo lugar, defendimos la idea de que *creer* equivale a *recibir*, y buscamos los pasajes corolarios a Juan 1:12. En las Escrituras, la salvación es representada como un don, y somos llamados a recibir ese don. Ofrecimos algunas ilustraciones para ayudar a clarificar la definición de *creer*, y al final enfatizamos dos precauciones: Primero, la fe no es ausencia de duda. Uno puede tener dudas y aun recibir a Cristo. Segundo, el compromiso hecho al aceptar a Cristo no es un compromiso con lo que nosotros vamos a hacer en el futuro. Es un compromiso con lo que El ha hecho por nosotros en el pasado.

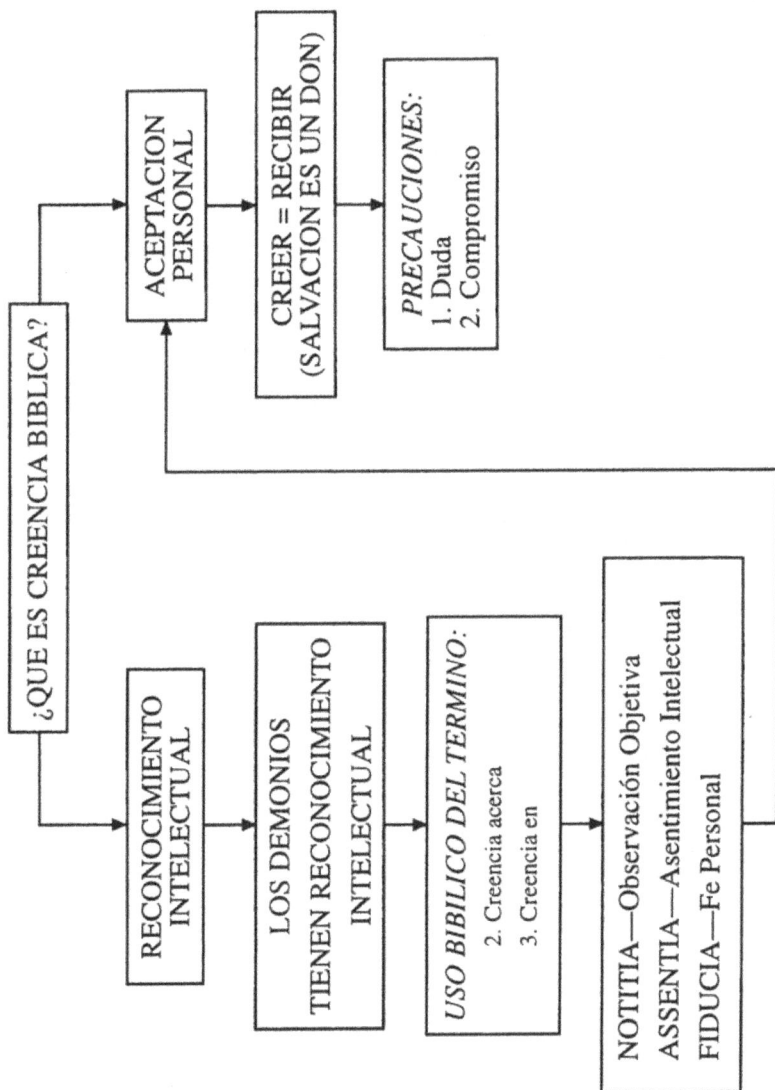

¿QUE ES CREENCIA BIBLICA?

ACEPTACION PERSONAL

CREER = RECIBIR (SALVACION ES UN DON)

PRECAUCIONES:
1. Duda
2. Compromiso

RECONOCIMIENTO INTELECTUAL

LOS DEMONIOS TIENEN RECONOCIMIENTO INTELECTUAL

USO BIBLICO DEL TERMINO:
2. Creencia acerca
3. Creencia en

NOTITIA—Observación Objetiva
ASSENTIA—Asentimiento Intelectual
FIDUCIA—Fe Personal

Diagrama 65

273

14

¿PUEDE ALGUIEN ESTAR SEGURO DE SU SALVACIÓN?

Preguntas que se hacen a menudo:

¿Puede un cristiano simplemente dejar de creer sen Cristo?

¿Existen ciertos pecados que podrían hacer que una persona pierda su salvación?

¿Permitirá Dios que entre al cielo alguien que afirme creer en Jesús aunque vive una vida inmoral?

La salvación se recibe por la fe, ¿pero necesita una persona conservar la fe?

¿No enseñan algunos versículos que un cristiano puede "caer de la gracia"?

Dos Opciones

Si entrar al cielo dependiera de nuestras buenas obras además de nuestra fe en Cristo, ninguno de nosotros podría decir con alguna confianza que *sabemos* que vamos al cielo. Esta es la primera opción. No podríamos jamás estar seguros si estamos trabajando lo suficiente o pecando demasiado. Ningún cristiano podría poner sus esperanzas en la obra consumada de Cristo porque, de alguna manera, no sería suficiente. El servicio cristiano estaría impulsado por lo menos en parte por el deseo de mantener aquello que de lo contrario podría perderse. En contraste, la otra opción afirma que el creyente *puede* tener la certidumbre de la vida eterna, porque está basada únicamente sobre la obra redentora de Cristo, no en nuestro desempeño (Ver Diagrama 66).

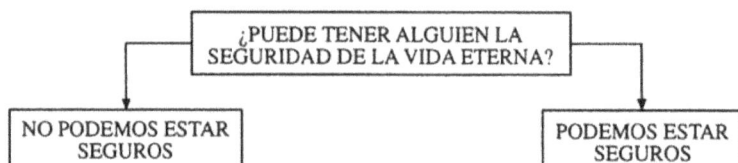

```
              ┌──────────────────────────────┐
              │  ¿PUEDE TENER ALGUIEN LA      │
        ┌─────┤  SEGURIDAD DE LA VIDA ETERNA? ├─────┐
        │     └──────────────────────────────┘     │
        ▼                                           ▼
┌──────────────────┐                    ┌──────────────────┐
│ NO PODEMOS ESTAR │                    │ PODEMOS ESTAR    │
│ SEGUROS          │                    │ SEGUROS          │
└──────────────────┘                    └──────────────────┘
```

Diagrama 66

Primera Opción: No podemos estar seguros de la vida eterna

Cuando la gente llega a tener cierta comprensión de lo que significa creer en Cristo (capítulo 13), en ocasiones quizás plantee el tema de la certidumbre. En la mayoría de los casos, esta cuestión no es tanto una objeción al cristianismo como un pedido de clarificación del Evangelio.

El tema real es lo que la Palabra de Dios dice en relación con la certeza, y no cómo nos sentimos acerca de ella. Para responder a esta inquietud puede que lo único que haga falta sea una explicación del significado del don de Dios de la vida eterna, además de algunos pasajes bíblicos. Pero algunas veces la gente hará objeciones específicas a la idea de la certidumbre, y cuando esto suceda, estas objeciones tendrán que ser satisfechas.

Una de estas objeciones tiene que ver con la naturaleza

de la *fe*. ¿No puede alguien dejar de creer en Cristo?, y esto, ¿no haría que perdiera la salvación? Todos hemos oído de personas que dicen, "Probé el cristianismo una vez, pero simplemente no funcionó." ¿Pero fue realmente cristianismo lo que probaron? Para otros, la iglesia fue una parte prominente de sus vidas en la etapa de su crecimiento. Parecían ser cristianos fervorosos, pero después del primer año en la universidad, desecharon el cristianismo como otra ilusión religiosa. En casos como estos, puede ser que no habían nacido de nuevo. No perdieron su salvación, puesto que no la tuvieron al comenzar.

Tal como lo discutimos bajo el tema acerca de los hipócritas (capítulo 10), existe el problema de confundir *profesión* de salvación con *posesión* de salvación. "No todo el que me dice: Señor, Señor, entrará en el reino de los cielos" (Mateo 7:21; ver 7:22-23). Muchas personas que afirman ser cristianos no han llegado a comprender claramente el Evangelio. Otras que afirman haber perdido su fe, pueden no haberla tenido desde el principio.

Esto no significa que un cristiano auténtico no llegue a dudar. Hay ocasiones cuando muchos creyentes verdaderos experimentan profundas dudas debido a las circunstancias o por problemas intelectuales. Puede ser saludable luchar con las dudas honestas acerca de la fe, porque este proceso puede fortalecer la comprensión de uno. El cristiano que nunca se pregunta en forma consciente, "¿Es realmente verdad todo esto? ¿Cómo sé que no me estoy engañando?" probablemente no tenga una comprensión tan firme de la base de su fe como aquél que lucha por resolver estos interrogantes.

Cuando surgen, las dudas no ponen en peligro la salvación del cristiano. Un visitante en Manhattan puede decidir tomar el ascensor para subir al piso de observación del World Trade Center. Cuando entra y el ascensor comienza a moverse, ha hecho una decisión irrevocable que lo compromete a hacer todo el viaje vertical de un cuarto de milla. Quizás después de 30 segundos y 55 pisos lo atenace un pánico súbito, por estar plenamente convencido de que el cable se cortará. Pero esto no cambia el hecho de que llegará con seguridad al piso 107. De manera similar, el venir a Cristo no involucra sólo asentimiento intelectual sino la elección consciente e intencionada de poner el destino eterno de uno en manos del Salvador. Esta elección no necesita ser hecha más de una vez; después, no importa cómo nos sintamos, El nos llevará con seguridad a nuestro destino.

Otra objeción se relaciona con la naturaleza del *pecado*. ¿No puede ser descalificado un cristiano por la práctica de ciertos pecados? El problema aquí es que muchas personas hacen una distinción artificial entre pecados "grandes" y "pequeños", lo que refleja los códigos de leyes humanas más que la actitud de Dios. En nuestro sistema, el asesinato y el robo a mano armada son ofensas mucho más graves que mentir y engañar, mientras la codicia y la arrogancia no cuentan en absoluto. Pero Dios considera la *intención* de asesinar o de cometer adulterio tan grave como el hecho mismo: "Oísteis que fue dicho: No cometerás adulterio. Pero yo os digo que cualquiera que mira a una mujer para codiciarla, ya adulteró con ella en su corazón" (Mateo 5:27-28). Juan escribe en su primera epístola, "Todo aquel que aborrece a su hermano es homicida" (1 Juan 3:15). A la vista de Dios, pecados como los celos, la ira, la malicia, la calumnia, el orgullo, la amargura y la envidia no son faltas menores. Por lo tanto, si algunos pecados pueden descalificar a alguien como cristiano, todos nosotros estaríamos descalificados.

Una forma alternativa de abordar esta objeción es preguntar, "¿Cuánto es lo suficientemente bueno para alcanzar el cielo y cuánto es lo bastante malo para excluir del cielo?" Dios no tiene alguna clase de balanza para pesar nuestras buenas obras y compararlas con las malas. Si este fuera el caso, un "puntaje" bueno del 51 por ciento alcanzaría, de modo que la gente que tiene hasta un 49 por ciento malo tendría acceso a Su presencia. Toda esta idea es absurda hasta un porcentaje semejante al del Jabón Ivory (99 y 44/100 por ciento) no sería suficientemente bueno. En Su Sermón del Monte, Jesús dijo, "Sed, pues, vosotros perfectos, como vuestro Padre que está en los cielos es perfecto" (Mateo 5:48). Dios no aceptará nada que sea inferior a la perfección. Como vimos en el capítulo 11, El no califica en forma relativa. Nuestra única esperanza de salvación, entonces, es la perfecta justicia de Jesucristo, la cual es impartida a quienes confían en El. Si la perfección es lo que se requiere para la salvación, todo lo que es menos que eso nos descalificaría. Esto significa que aun cuando la salvación de un cristiano dependiera sólo en un uno por ciento de la abstención del pecado, quedaría condenado por no poder realizar ese uno por ciento. Cualquier pecado de comisión o de omisión haría que se quedara corto.

Hay otra objeción más que se relaciona con la naturaleza de las *obras*. ¿No tiene un cristiano que *mantener* su relación con Dios y de esta forma su salvación? No, porque la salvación es un don por la gracia de Dios; debe ser por gracia puesto que nadie la merece. Es mantenida por Su poder, no por nuestro desempeño. La doxología de Judas está dirigida "a aquél que es poderoso para guardaros sin caída, y presentaros sin mancha delante de su gloria con gran alegría" (Judas 24). *El* es aquél que impide que tropecemos, porque de otra forma no podríamos mantenernos sin mancha. Tito 3:4-7 es uno de los retratos bíblicos más claros de la gracia de Dios a nuestro favor:

"Pero cuando se manifestó la bondad de Dios nuestro Salvador, y su amor para con los hombres, nos salvó, no por obras de justicia que nosotros hubiéramos hecho, sino por su misericordia, por el lavamiento de la regeneración

y por la renovación en el Espíritu Santo, el cual derramó en nosotros abundantemente por Jesucristo nuestro Salvador, para que justificados por su gracia, viniésemos a ser herederos conforme a la esperanza de la vida eterna."

La justicia de Cristo nos ha sido imputada depositada, por así decir, en nuestra cuenta. Esta es *Su* justicia, y por Su gracia se ha hecho nuestra; no es puesta en peligro por nuestra conducta. Hablando del Padre y del Hijo, Pablo declaró, "Al que no conoció pecado, por nosotros lo hizo pecado, para que nosotros fuésemos hechos justicia de Dios en él" (2 Corintios 5:21). Resulta evidente de pasajes como éste, que no sólo la salvación sino también la santificación es alcanzada por la fe. Toda buena obra que siguiera sería producto de esta fe viva, lograda por el Espíritu. En verdad, el creer debería llevar a la conducta, y si no vemos ningún cambio cualitativo en la vida de una persona, nos podríamos preguntar si la fe de esa persona es real (ver Santiago 2:14-26). Existe el peligro, sin embargo, de caer en la mentalidad de que la salvación se logra por el principio de la gracia y es mantenida por el principio de las obras. Siguiendo líneas similares, Pablo denunció a los gálatas cuando escribió: "¿Tan necios sois? ¿Habiendo comenzado por el Espíritu, ahora vais a acabar por la carne?" (Gálatas 3:3).

Cuando Cristo pagó por nuestros pecados hace casi 2.000 años El nos conocía, aunque todavía no existíamos. En ese punto, todos nuestros pecados eran acontecimientos futuros, pero El los conocía a todos y pagó por todos ellos. Es un desatino teológico decir que El pagó sólo por aquellos pecados que cometeríamos antes de creer en El pero no por aquellos que habríamos de cometer después de creer en El. O El pagó por todos ellos o no pagó por ninguno; una redención parcial no es redención a los ojos de Dios.

Si alguien decidiera saldar la hipoteca que grava su

casa, se lo notificaría a usted, y se le devolvería el pago mensual si el dinero llegaba al banco después de pagada la hipoteca. Sería absurdo que el banco recibiera su cheque y le enviara una carta manifestando que aunque la hipoteca ha sido saldada, usted debe seguir pagándola porque la hipoteca era suya. Cuando una deuda ha sido saldada, deja de existir.

Cristo no sólo nos salva sino que también nos *sostiene*. Cuando un padre toma la mano de su hijita mientras caminan, él la guía y la preserva del peligro de la calle. Debido a que ella no es experta todavía para caminar, podría llegar a tropezar varias veces, pero la firmeza de la mano de su padre es suficiente para impedir que caiga. ¿Qué padre sostendría la mano de su hija mientras ella está segura pero la soltaría en el momento que comienza a caer? De la misma manera, nuestras manos están firmemente sostenidas por Aquél que nos amó hasta el fin. La salvación está basada en la habilidad de Dios, no en la nuestra.

Muchas personas han confiado claramente en Jesucristo pero no tienen la certeza de la vida eterna. En el caso de los creyentes auténticos, hay dos causas que contribuyen a esto. Una es que muchos cristianos no se percatan de la enseñanza bíblica sobre la seguridad. El resultado es que caen en uno o más de los tres conceptos erróneos que terminamos de discutir (un problema concerniente a la naturaleza de la fe, a la naturaleza del pecado, o a la naturaleza de las obras).

La primera causa se relaciona con la mente, pero la segunda tiene que ver con las emociones. Aun cuando el creyente *comprende* la verdad acerca de la certidumbre, puede no *sentirse* seguro en Cristo. Aunque las emociones son importantes, no determinan ni miden nuestra posición delante de Dios. Las dudas y los sentimientos depresivos no cambian lo que Dios dice que es verdad. Es imperativo que razonemos en base a la verdad de la

Palabra de Dios y no a partir de nuestros sentimientos. Nuestra responsabilidad es creer por fe lo que Dios dice; y cuando honramos a Dios de esta manera, creamos un ambiente en el que Su Espíritu puede conformar gradualmente nuestros sentimientos hacia la verdad. Razonando a partir del hombre (nuestra práctica) hacia Dios conducirá a la inseguridad y el temor, pero razonando desde Dios (nuestra posición) hacia el hombre nos llevará a la confianza y la paz.

La primera opción en la cuestión de la seguridad está detallada en el Diagrama 67.

Segunda Opción: Podemos estar seguros de la vida eterna

La naturaleza de un don y de la vida eterna. La vida eterna debe ser un don, porque nunca podríamos ganarla. Cuando capta el significado de lo que es un don y el sentido de la vida eterna, junto con algunos pasajes bíblicos claves sobre la certidumbre, la persona comienza a entender que aquellos que confían en Cristo pueden *saber* que tienen vida eterna.

Debido a que la salvación es un don (Juan 3:16; Romanos 5:15-16; 2 Corintios 9:15), no puede ser ganada, sino aceptada con las manos vacías. Dios pagó totalmente nuestra deuda, y hemos sido liberados de nuestra esclavitud. Ya no queda nada por pagar.

Si un amigo le diera un libro como regalo de cumpleaños, usted no ofrecería pagárselo; sólo una palabra de gratitud sería lo apropiado. Intentar pagar un presente desvirtuaría todo el concepto de lo que es un regalo, y hasta podría ser un insulto para el dador. Si uno paga algo, ese algo ya no puede ser considerado un don.

Además, cuando se recibe un presente, el receptor no debe trabajar para conservarlo. Si un padre le diera a su

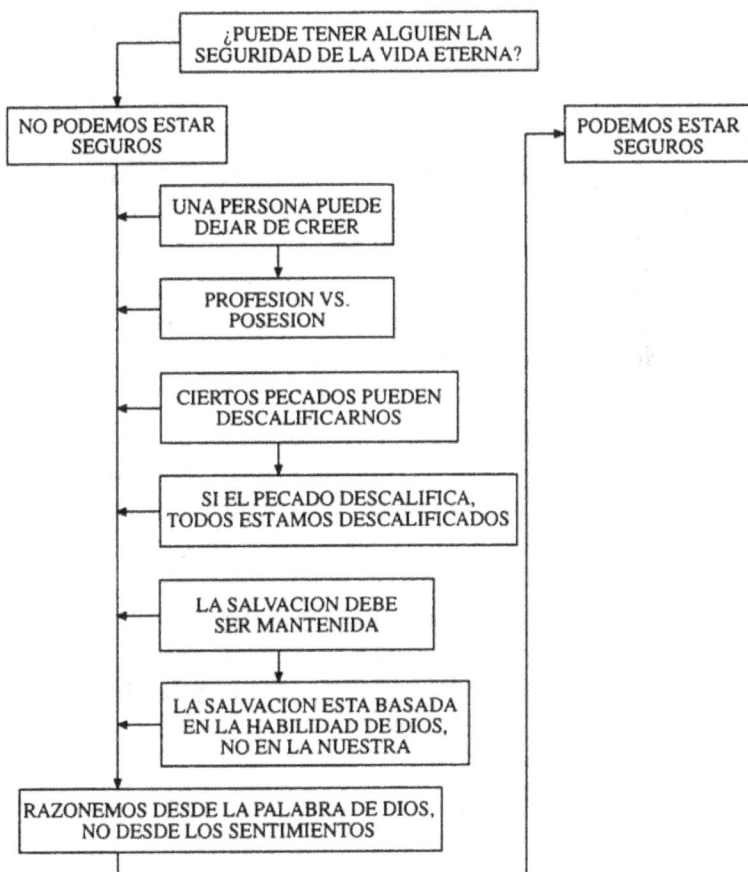

Diagrama 67

hijo algún equipo de campamento como regalo y luego se lo retirara por no haber limpiado su habitación, no sería un regalo después de todo. Sería una paga condicionada al cumplimiento de ciertas tareas. El don de Dios de la salvación es diferente, porque la única condición es que la persona debe extender la mano y recibirlo mediante un acto de fe (capítulo 13). Debido a que es un don, no es conservado por nuestras obras. Ni tampoco es la clase de regalo que puede ser devuelto. El don del perdón y la aceptación no pueden ser recibidos y luego devueltos. Cuando la justicia de Cristo es depositada en nuestra cuenta, está allí para quedarse.

La gente opone con frecuencia reparos a este concepto de un don incondicional: "Si un cristiano no tiene que preocuparse de conservar su salvación, ¿por qué no puede salir y pecar tanto como desee?" Otra variante es el escenario hipotético de "¿qué si....?" "¿Qué pasa si una persona cree en Cristo y luego comete 20 asesinatos? ¿Me va a decir que Dios le permitirá todavía entrar en el cielo?" Algunas veces la gente trata realmente de enfatizar lo que dice usando el peor ejemplo imaginable: "¿Quiere decir que si Adolfo Hitler se hubiera arrepentido y recibido a Cristo, Dios le habría permitido zafarse del trance fatal en que había caído por sus atrocidades?"

Para responder a esta clase de objeción, enfatice que no es prudente elaborar una doctrina sobre situaciones hipotéticas. Es teóricamente posible que la semana que viene se desplome el techo de su casa, pero eso no le da motivo para mudar de casa a su familia. Tenemos que construir sobre la realidad, no sobre vana especulación. ¿Cuántas personas conoce usted que han confiado en Cristo y luego han cometido 20 asesinatos? Es útil considerar el efecto real que el hecho de conocer a Jesús tiene en las vidas de la gente. Cuando una persona asume un compromiso auténtico con Cristo, las cosas empiezan a cambiar gradualmente. Pablo escribió que "si alguno está en Cristo, nueva criatura es; las cosas viejas pasaron; he aquí, todas son hechas nuevas" (2 Corintios 5:17). Comienzan a emerger nuevos intereses y deseos, y el creyente descubre que ya no puede complacerse en las antiguas conductas pecaminosas sin que el Espíritu lo condene. Si no obstante se involucra en el pecado, será disciplinado por su Padre celestial, quien lo ama demasiado para permitirle descarriarse muy lejos sin consecuencias. "Porque el Señor al que ama, disciplina, y azota a todo el que recibe por hijo" (Hebreos 12:6).

Cuando se convierte en cristiano, la persona reconoce su pecado y se acerca a Cristo para recibir el perdón. No dice, "Bien, ahora que tengo mi seguro de vida e incendio, puedo pecar con impunidad." Pablo escribió, "cuando el pecado abundó, sobreabundó la gracia" (Romanos 5:20), pero rápidamente agregó que ningún cristiano debería abusar de la gracia de Dios: "¿Qué, pues, diremos? ¿Perseveraremos en el pecado para que la gracia abunde? En ninguna manera. Porque los que hemos muerto al pecado, ¿cómo viviremos aún en él?" (Romanos 6:1-2). Pablo agregó que, "nuestro viejo hombre fue crucificado juntamente con él, para que el cuerpo del pecado sea destruido, a fin de que no sirvamos más al pecado" (Romanos 6:6).

El pecado es incompatible con la nueva vida del creyente, y no tiene que sucumbir a él. Pero cuando tropieza, descubrirá que el pecado todavía tiene sus consecuencias. A medida que una persona madura en Cristo, verá que lo que anteriormente imaginaba iba a ser una vida deprimente resulta ser la aventura más grande de todas. Permanecer en Cristo hace que nuestra vida sea mucho más abundante (Juan 10:10) que la de poner al yo en primer lugar.

Por lo tanto, cuando alguien se convierte en cristiano, tend*ría* que haber algunos cambios en su vida. Si después de unos meses no hay cambios cualitativos en sus acciones o actitudes, puede que sólo esté profesando pero no poseyendo una relación con Jesucristo.

Hemos visto que un don no puede ser comprado, ganado o mantenido condicionalmente. Si alguna de estas cosas fuera necesaria, el don ya no sería gratuito. El significado de la vida eterna es también importante en relación a la certidumbre de la salvación. No podemos perder la vida eterna, porque es ilimitada. Si alguien pudiera de alguna manera perderla, lo que esa persona tenía era una vida limitada, no la vida eterna. Cristo dice que la vida eterna es posesión presente de cada creyente: "De cierto, de cierto os digo: El que oye mi palabra, y cree al que me envió, tiene vida eterna; y no vendrá a condenación, mas ha pasado de muerte a vida" (Juan 5:24).

Pero la vida eterna es mucho más que una existencia interminable o que una nueva calidad de vida; es la propia vida de Cristo en el creyente. Sólo Dios es eterno (sin principio y sin fin), y El implanta en la persona la vida eterna de Cristo en el momento de nacer en la familia de Dios. Esta nueva vida es nuestra por el nuevo nacimiento (Juan 3:3-8); 1 Pedro 1:3, 23), y aunque en ocasiones desobedezcamos a nuestro Padre celestial, seguimos siendo Sus hijos. Si los padres terrenales más imperfectos no abandonan a sus hijos, ¿cuánto más será el hijo de Dios aceptado por su perfecto Padre celestial? Tal vez pongamos barreras a nuestra comu*nión* con Dios, pero nuestra *relación* como hijos Suyos es segura.

Sin la certidumbre de esta relación irrevocable, no habría gozo ni descanso en la vida cristiana. Si Dios nos aceptara en base a nuestro desempeño, viviríamos en constante temor e inseguridad. Nuestro servicio cristiano estaría motivado por el deseo de hacer mérito ante Dios, y la gracia ya no sería gracia. Es imposible merecer un favor inmerecido (la gracia).

Algunos piensan que de nuestra parte es una arrogancia decir que sabemos que iremos al cielo. A primera vista esto pudiera parecer arrogante, pero un examen más atento revela que es lo opuesto. La persona que se engaña pensando que puede ganar su entrada al cielo es la que se comporta en forma arrogante, no aquella que reconoce que su salvación depende únicamente de la gracia de Dios.

Pasajes bíblicos sobre la seguridad. Numerosos versículos bíblicos afirman la seguridad del hijo de Dios. Citamos 12, en el orden del Nuevo Testamento:

(1) *Juan 3:16:* "Porque de tal manera amó Dios al mundo, que ha dado a su Hijo unigénito, para que todo aquel que en él cree, no se pierda, mas tenga vida eterna". La única condición para tener vida eterna es la fe en Cristo.

(2) *Juan 5:24:* "De cierto, de cierto os digo: El que oye mi palabra, y cree al que me envió, tiene vida eterna; y no vendrá a condenación, mas ha pasado de muerte a vida." Jesús promete tres cosas a aquellos que creen en El: (a) la *posesión presente* de la vida eterna, (b) exención del juicio de condenación, y (c) una nueva posición de vida espiritual delante de Dios. Un contrato no es mejor que la gente que hay detrás de él si podemos creer a los hombres, ¿por qué no a Cristo? Habiendo creído en Cristo, el cumplimiento de Sus promesas depende de El, no de nosotros.

(3) *Juan 6:37, 44:* "Todo lo que el Padre me da, vendrá a mí; y al que a mí viene, no le echo fuera.... Ninguno puede venir a mí, si el Padre que me envió no le trajere; y yo le resucitaré en el día postrero." Todo el que viene a Cristo ha sido traído por el Padre y dado al Hijo.

(4) *Juan 10:28-29:* "Y yo les doy vida eterna; y no perecerán jamás, ni nadie las arrebatará de mi mano. Mi Padre que me las dio, es mayor que todos, y nadie las puede arrebatar de la mano de mi Padre." Las ovejas de Cristo son guardadas en forma segura en sus manos y en las manos del Padre. Ninguna fuerza, incluso nosotros mismos, puede separarnos de sus manos.

(5) *Romanos 8:1, 16:* "Ahora, pues, ninguna condenación hay para los que están en Cristo Jesús, ...El Espíritu

mismo da testimonio a nuestro espíritu, de que somos hijos de Dios." El creyente no debe tener ningún temor de condenación, antes bien un espíritu de adopción como quien sabe que es hijo de Dios.

(6) *Romanos 8:29-35, 38-39:* "Porque a los que antes conoció, también los predestinó para que fuesen hechos conformes a la imagen de su Hijo, para que él sea el primogénito entre muchos hermanos. Y a los que predestinó, a éstos también llamó; y a los que llamó, a éstos también justificó; y a los que justificó, a éstos también glorificó. ¿Qué, pues, diremos a esto? Si Dios es por nosotros, ¿quién contra nosotros? El que no escatimó ni a su propio Hijo, sino que lo entregó por todos nosotros, ¿cómo no nos dará también con él todas las cosas? ¿Quién acusará a los escogidos de Dios? Dios es el que justifica. ¿Quién es el que condenará? Cristo es el que murió; más aun, el que también resucitó, el que además está a la diestra de Dios, el que también intercede por nosotros. ¿Quién nos separará del amor de Cristo? ¿Tribulación, o angustia, o persecución, o hambre, o desnudez, o peligro, o espada? ...Por lo cual estoy seguro de que ni la muerte, ni la vida, ni ángeles, ni principados, ni potestades, ni lo presente, ni lo por venir, ni lo alto, ni lo profundo, ni ninguna otra cosa creada nos podrá separar del amor de Dios, que es en Cristo Jesús Señor nuestro." Este magnífico pasaje nos dice que una vez que la persona está en Cristo, absolutamente nada (incluso ella misma) puede separarla de Cristo. Esta relación se hace sin limitación de tiempo y es irrevocable.

(7) *Efesios 1:4:* "Según nos escogió en él antes de la fundación del mundo, para que fuésemos santos y sin mancha delante de él." Dios nos conoció aun antes de la creación del cosmos y planeó que los creyentes se conformaran a la imagen de Su Hijo.

(8) *Efesios 1:13-14:* "En él también vosotros, habiendo oído la palabra de verdad, el evangelio de vuestra salvación, y habiendo creído en él, fuisteis sellados con el Espíritu

Santo de la promesa, que es las arras de nuestra herencia hasta la redención de la posesión adquirida, para alabanza de su gloria." Todo cristiano es sellado por el Espíritu Santo, y este sello divino no será quitado antes de obtener nuestra herencia celestial.

(9) Colo*senses 1:12-14:* "Con gozo dando gracias al Padre que nos hizo aptos para participar de la herencia de los santos en luz; el cual nos ha librado de la potestad de las tinieblas, y trasladado al reino de su amado Hijo, en quien tenemos redención por su sangre, el perdón de pecados." Los creyentes ya han sido puestos en el reino de Cristo; su obra redentora ya ha sido realizada.

(10) *1 Pedro 1:3-4:* "Bendito el Dios y Padre de nuestro Señor Jesucristo, que según su grande misericordia nos hizo renacer para una esperanza viva, por la resurrección de Jesucristo de los muertos, para una herencia incorruptible, incontaminada e inmarcesible, reservada en los cielos para vosotros." Como creyentes, Dios nos ha reservado una herencia incorruptible.

(11) *1 Juan 2:1-2:* "Hijitos míos, estas cosas os escribo para que no pequéis; y si alguno hubiere pecado, abogado tenemos para con el Padre, a Jesucristo el justo. Y él es la propiciación por nuestros pecados; y no solamente por los nuestros, sino también por los de todo el mundo." Cuando los creyentes pecan, Cristo es nuestro Abogado y satisface al Padre por su sacrificio hecho una vez para siempre.

(12) *1 Juan 5:13:* "Estas cosas os he escrito a vosotros que creéis en el nombre del Hijo de Dios, para que sepáis que tenéis vida eterna." Los creyentes pueden *saber* con seguridad.

La palabra griega que se traduce "creer" (*pisteuo*) está en el tiempo aoristo en pasajes claves acerca de la salvación. Este tiempo se refiere a algo que se completa en un punto en el tiempo y no a una acción progresiva (ver Juan 1:12; Hechos 16:31; Romanos 4:3). El Nuevo Testamento enfatiza repetidamente que la fe en Cristo es la única condición para la salvación. Estos son algunos de los versículos que enseñan eso: Lucas 7:48-50; 8:12; Juan 1:12; 3:15-16, 36; 6:29, 35, 40, 47; 7:38-39; 8:24; 9:35-38; 11:26; 12:36, 46; 14:1; 17:21; 19:35; 20:29, 31; Hechos 3:16; 8:12; 10:43; 11:17, 21; 13:39; 14:27; 15:7, 9; 16:31; 18:27; 19:4; 20:21; 26:18; Romanos 1:16-17; 3:22, 25-28; 4:3, 5, 11-24; 5:1-2; 9:30-33; 10:4, 6, 9-11; 11:20; 1 Corintios 1:21; Gálatas 2:16, 20; 3:2-14, 22, 24-26; Efesios 1:13, 19; 2:8; 3:17; Filipenses 3:9; 2 Tesalonicenses 1:10; 2:13; 1 Timoteo 1:16; 4:10; 2 Timoteo 1:12; 3:15; Hebreos 4:2-3; 11:1-40; 1 Pedro 1:5, 9; 2:6; 1 Juan 5:1, 5, 10.

La doctrina siempre debe apoyarse en los pasajes más claros de las Escrituras, pero algunas personas prefieren ignorar las consecuencias obvias de los pasajes citados anteriormente, deteniéndose en cambio en versículos poco claros y controversiales. Los cuatro pasajes que se usan más comúnmente para impugnar la certidumbre del creyente son Juan 15:6; Gálatas 5:4; Hebreos 6:4-6; y Santiago 2:18-26.

(1) *Juan 15:6:* "El que en mí no permanece, será echado fuera como pámpano, y se secará; y los recogen, y los echan en el fuego, y arden." En este contexto, Jesús se está dirigiendo a los creyentes sobre el tema del fruto espiritual, no la salvación. Lo que es quemado son las obras muertas hechas por un creyente que no permanece en Cristo. El texto griego usa el género neutro para lo que es quemado, y esto no puede referirse al creyente. Una comparación con 1 Corintios 3:11-15 ilumina este versículo la obra que el creyente hace en la carne será quemada ante el trono del juicio de Cristo: "Si la obra de alguno se quemare, él sufrirá pérdida, si bien él mismo será salvo, aunque así como por fuego" (1 Corintios 3:15).

(2) *Gálatas 5:4:* "De Cristo os desligasteis, los que por la ley os justificáis; de la gracia habéis caído." Pablo dijo a los gálatas que Cristo nos ha liberado del yugo de la ley

(Gálatas 5:1). La justificación por la gracia es completamente incompatible con la justificación por la ley; la primera es realizada por Dios, y la segunda no puede ser realizada por el hombre. Si una persona trata de ser justificada guardando la ley, se excluye del principio de la gracia y de esta forma abandona o apostata de la gracia.

(3) *Hebreos 6:4-6:* Este es un pasaje muy difícil, y se han ofrecido muchas interpretaciones para explicarlo. Hay algunos que interpretan que un creyente puede perder su salvación, pero pocas de estas personas se dan cuenta que si el pasaje enseña esto, también enseña que aquellos que pierden su salvación nunca pueden recuperarla (y muy pocos querrían ir tan lejos). Las frases usadas en los versículos 4 y 5 se refieren evidentemente a creyentes, y en el contexto (leer 5:11-6:3), este pasaje se adecua mejor como una exhortación para que lleguen a la madurez en Cristo. Cuando una persona se convierte en cristiano, no puede volver a convertirse en cristiano de nuevo. Deberá, en cambio, crecer en su relación con Dios.

(4) *Santiago 2:18-26:* Pareciera que Santiago contradice la enseñanza de Pablo sobre la justificación por la fe (Romanos 4) cuando dice que "el hombre es justificado por las obras, y no solamente por la fe" (Santiago 2:24). Sin embargo, dos observaciones aclaran el problema: (a) Pablo hablaba en Romanos de la justificación delante de Dios, y esto se consigue por la fe solamente. Santiago, en cambio, se está refiriendo a la evidencia delante de otros hombres de que uno está justificado, y la única evidencia real serían las obras, no la profesión de fe. (b) Una fe salvadora es la fe que obra; si no hay cambios en la vida de la persona, su fe puede ser una fe muerta (Santiago 2:26).

Las personas que no tienen certidumbre de salvación pueden caminar por sus sentimientos y no por fe en las promesas de Dios. Pero la falta de certidumbre quizás signifique también que la persona no ha llegado realmente a ser un creyente bíblico, en primer lugar. Si el Espíritu Santo no da testimonio a su espíritu de que es hijo de Dios (Romanos 8:16), este testimonio puede estar ausente porque *no* es hijo de Dios. Por lo tanto, no es prudente dar certidumbre a una persona a menos que resulte obvio que se trata de un creyente auténtico. Por lo general, si alguien no tiene seguridad de su posición delante del Salvador, el mejor enfoque es preguntar, "¿Por qué no se asegura ahora mismo?" e invitarlo a orar con usted para recibir a Cristo. Aun cuando ya conozca al Señor, esto puede serle beneficioso para dar solidez a su compromiso.

El Diagrama 68 muestra la segunda opción en el tema de la certidumbre.

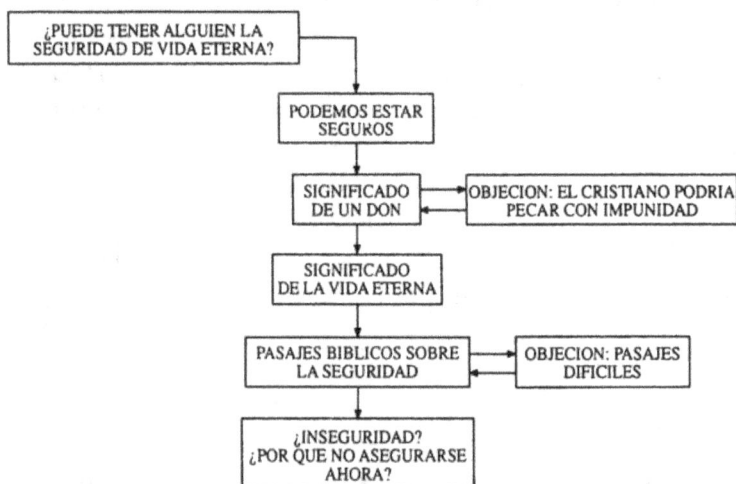

Diagrama 68

Resumen y Organigrama

Cuando alguien comprende el Evangelio, quizás se pregunte cómo asegurarse que no se engaña acerca de si es o no cristiano. ¿Podemos estar seguros que iremos al cielo? ¿No hay forma que un cristiano pueda perder su salvación?

A menudo surgen tres objeciones a la idea de seguridad. Primero, ¿no puede una persona dejar de creer? Esto representa una deficiente comprensión de la naturaleza de la fe en Cristo. Segundo, ¿no descalificarán ciertos pecados a un cristiano? Aquí la confusión tiene que ver con la naturaleza del pecado. Tercero, ¿no tenemos que hacer algo para conservar nuestra salvación? El error aquí se relaciona con la naturaleza de las obras.

La solución al problema de la certidumbre es razonar desde lo que la Palabra de Dios dice acerca de nosotros, y no desde nuestros sentimientos. La salvación es un don gratuito que no puede ser pagado, ganado ni mantenido. La vida eterna no tiene límites, y una vez que la persona ha recibido la vida de Cristo, las Escrituras son muy claras en que ninguna fuerza ni persona alguna se la puede quitar. Algunos han argumentado basándose en unos pocos pasajes controvertidos, que la salvación se puede perder, pero un análisis más detenido de estos pasajes en sus contextos revelan que no están en pugna con el claro testimonio del resto de las Escrituras. Si alguien está preocupado por el tema de la certidumbre, puede resolver su indecisión orando para recibir a Cristo.

Lecturas Suplementarias

(1) David A. DeWitt, *Answering the Tough Ones* (Moody). Ver el capítulo 3 para una breve discusión de este tema.

(2) Zane C. Hodges, *The Gospel Under Siege* (Redención Viva). Este notable tratamiento de la fe y las obras analiza muchos pasajes difíciles.

(3) Charles M. Horne, *Salvation* (Moody). El capítulo 6 ofrece un análisis en profundidad del tema de la certidumbre de la salvación.

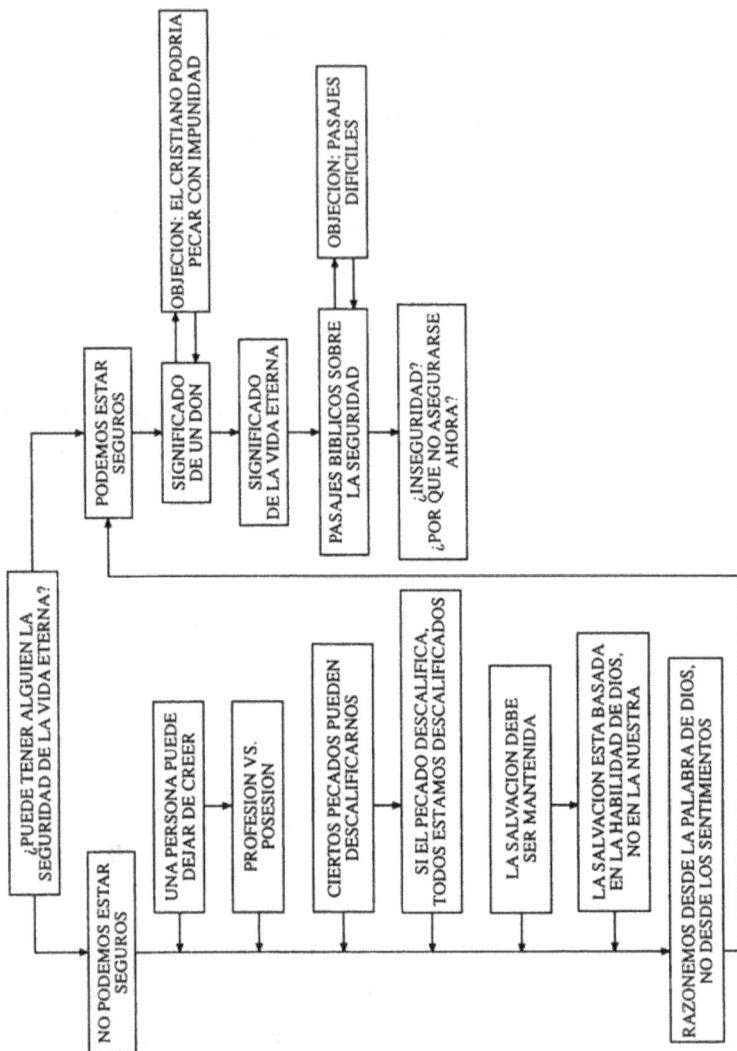

Diagrama 69

EPÍLOGO
PONIÉNDOLO EN PRÁCTICA

MUCHAS PERSONAS pueden argumentar, pero no son muchas las que conversan. Queremos que este libro lo haga más versado, antes que más argumentador. En ocasiones hemos visto que un cristiano bombardea a un no cristiano con información de una manera agresiva. Nunca debemos ser groseros, porque la grosería es la imitación que el débil hace de la fortaleza. Con el mensaje de Cristo, no tenemos que estar a la defensiva ni sentirnos hostiles; las afirmaciones de Cristo pueden soportar la violenta embestida de la investigación del escéptico.

Dos elementos claves en el capítulo 2 para *conducir* a otro a Cristo eran el *amor* y *escuchar*. Aprenda a ser amigo de aquellos a quienes procura alcanzar. Una mujer que había estado compartiendo respuestas con alguien recibió poco después una carta de esa persona. La carta decía: "Si usted desea ser misionera, le ruego que acepte este consejo: sea más humana. Quiero decir, más animada; llore, ría, cometa errores, de otro modo se parecerá a una cinta grabada diciendo mecánicamente cosas buenas y correctas pero de una manera sumamente fría. La gente desea hallar antes que nada a un amigo, un compañero, y después un misionero." ¡Qué declaración! ¿Cuántas personas pudieron habernos escrito a nosotros la misma carta? Quizás sean necesarios minutos, días, meses, o años antes de que algunas personas estén listas para aceptar a Cristo. Por eso debemos continuar amándolas siempre, y esto demostrará que nos hemos convertido en auténticos amigos.

No sólo son importantes nuestra forma de *abordar* la relación y nuestra *actitud*, sino que también lo es nuestra *habilidad* para responder a las objeciones. Es curioso con cuánta frecuencia la gente piensa que somos genios, sólo por haber sido los primeros capaces de ayudarlos en su lucha. Alexander Hamilton escribió, "Algunos hombres me han dado la reputación de ser un genio. Toda mi genialidad se reduce a esto: cuando tengo una cuestión entre manos, la estudio en profundidad. Día y noche la tengo presente. La exploro en todas sus conexiones. Mi mente se satura del tema. Después los esfuerzos que hago son lo que la gente se complace en llamar los frutos del genio. ¡Es el fruto del trabajo y el pensamiento!"

Oremos que todos respondamos al llamado de Cristo de estar listos para dar razón de la esperanza que está en nosotros, una respuesta que conduzca a la gente a la realidad de Cristo. Pero no ponga nunca su confianza en sus respuestas. A lo largo de todo el proceso, usted debe caminar en dependencia del poder y el ministerio convencedor del Espíritu Santo. El, no usted, debe convencer a los no creyentes de la realidad del pecado, la justicia y el juicio (Juan 16:8-11). Aparte de Su obra, sus palabras serán vacías e infructuosas.

Recuerde ser persistente en el proceso de cultivo y

siéntase contento de que alguien le pidió que contestara sus preguntas. Cada *objeción es realmente una oportunidad de ayudar a la gente a venir a Cristo.*

> *"Pero vosotros, amados, edificándoos sobre vuestra santísima fe, orando en el Espíritu Santo, conservaos en el amor de Dios, esperando la misericordia de nuestro Señor Jesucristo para vida eterna. A algunos que dudan, convencedlos. A otros salvad, arrebatándolos del fuego; y de otros tened misericordia con temor, aborreciendo aun la ropa contaminada por su carne.*
>
> *Y a aquél que es poderoso para guardaros sin caída, y presentaros sin mancha delante de su gloria con gran alegría, al único y sabio Dios, nuestro Salvador, sea gloria y majestad, imperio y potencia, ahora y por todos los siglos. Amén." (Judas 20-25).*

Bibliografía General

Los siguientes libros abarcan toda la gama de tópicos relacionada con la apologética y el evangelismo. Hemos seleccionado mayormente libros que son razonablemente fáciles de seguir. La filosofía de la religión sale a la luz en forma natural cuando nos ocupamos en profundidad de la apologética, pero los títulos que hemos incluido en esta área son menos técnicos que la mayoría.

A

Aldrich, Joseph C. *Lifestyle Evangelism*. Portland, Oregon: Multnomah Press, 1981.

Anderson, J. N. D. *Christianity and Comparative Religion*. London: Tyndale Press, 1970.

B

Boa, Kenneth, *God, I Don't Understand*. Wheaton, Illinois: Victor Books, 1975.

—. *Cults, World Religions, and You*. Wheaton, Illinois: Victor Books, 1977.

Boice, James Montgomery. *Does Inerrancy Matter?* Oakland, California: International Council on Biblical Inerrancy, 1979.

—, ed. *The Foundation of Biblical Authority*. Grand Rapids: Zondervan Publishing House, 1978.

Brown, Colin, ed. *History, Criticism & Faith*. Downers Grove, Illinois: InterVarsity Press, 1976.

—. *Philosophy and the Christian Faith*. Chicago: InterVarsity Press, 1969.

Bruce, F. F. *The New Testament Documents: Are They Reliable?* 5ª ed. Grand Rapids: William B. Eerdmans Publishing Company, 1960. *Son fidedignos los documentos del Nuevo Testamento*. Bs. Aires: Certeza.

C

Carnell, Edward John. *The Case for Biblical Christianity*. Editado por Roland H. Nash, Grand Rapids: William B. Eerdmans Publishing Company, 1969.

—. *An Introduction to Christian Apologetics*. Grand Rapids: William B. Eerdmans Publishing Company, 1948.

—. *A Philosophy of the Christian Religion*. Grand Rapids: William B. Eerdmans Publishing Company, 1952.

Casserly, J. V. Langmead. *Apologetics and Evangelism*. Philadelphia: Westminster Press, 1962.

Chapman, Colin. *The Case for Christianity*. Grand Rapids: William B. Eerdmans Publishing Company, 1981.

—. *Christianity on Trial*. Wheaton: Tyndale House Publishers. 1975.

Clark, Gordon H., ed. *Can I Trust My Bible?* Chicago: Moody Press, 1963.

Clark, Robert E. D. *Science and Christianity A Partnership*. Mountain View, California: Pacific Press Publishing Association, 1972.

Coppedge, James F. *Evolution: Possible or Impossible?* Grand Rapids: Zondervan Publishing House, 1973.

Craig, William Lane, *The Existence of God and the Beginning of the Universe*. San Bernardino, California: Here's Life Publishers, 1979.

—. *The Sun Rises: Historical Evidence for the Resurrection of Jesus Christ*. Chicago: Moody Press, 1982.

D

Davidheiser, Bolton. *Evolution and Christian Faith*. Philadelphia: Presbyterian and Reformed Publishing Company, 1969.

DeWitt, David A. *Answering the Tough Ones*. Chicago: Moody Press, 1980.

F

Freeman, David Hugh. *A Philosophical Study of Religion*. Nutley, New Jersey: Craig Press, 1964.

G

Geisler, Norman L. *Christian Apologetics*. Grand Rapids: Baker Book House, 1976.

—, ed. *Inerrancy*. Grand Rapids: Zondervan Publishing House, 1979.

—. *Philosophy of Religion*. Grand Rapids: Zondervan Publishing House, 1974.

Geisler, Norman L. y Feinberg, Paul D. *Introduction to Philosophy*. Grand Rapids: Baker Book House, 1980.

Gerstner, John. *Reasons for Faith*. Grand Rapids: Baker Book House, 1967.

Gill, Jerry H. *The Possibility of Religious Knowledge*. Grand Rapids: William B. Eerdmans Publishing Company, 1971.

Green, Michael. *Man Alive!* Chicago: InterVarsity Press, 1967.

Guiness, Os. *The Dust of Death*. Downers Grove, Illinois: InterVarsity Press, 1973.

Gutteridge, Don J., Jr. *The Defense Rests Its Case*. Nashville: Broadman Press, 1973.

H

Habermas, Gary R. *The Resurrection of Jesus: An Apologetic.* Grand Rapids: Baker Book House, 1980.

Harris, R. Laird. *Inspiration and Canonicity of the Bible.* Grand Rapids: Zondervan Publishing House, 1957.

Holmes, Arthur F. *Faith Seeks Understanding.* Grand Rapids: William B. Eerdmans Publishing Company, 1971.

Hoover, Arlie J. *The Case for Christian Theism.* Grand Rapids: Baker Book House, 1976.

—. *Fallacies of Unbelief.* Abilene, Texas: Biblical Research Press, 1975.

J

Johnson, Cedric B, y Malony, H. Newton. *Christian Conversion: Biblical and Psychological Perspectives.* Grand Rapids: Zondervan Publishing House, 1982.

L

Lewis, C. S. *The Abolition of Man.* New York: Macmillan Company, 1947.

—. *God in the Dock.* Editado por Walter Hooper, Grand Rapids: William B. Eerdmans Publishing Company, 1970.

—. *Mere Christianity* New York: Macmillan Publishing Company, 1943, 1945, 1952. Se publicó en Castellano bajo el título de *Cristianismo Esencial.*

—. *Miracles, A Preliminary Study.* New York: Macmillan Publishing Company, 1947.

—. *El problema del dolor.* Miami, Fla. Ed. Caribe 1962 (1940).

Lewis, Gordon R. *Judge for Yourself.* Downers Grove, Illinois: InterVarsity Press, 1974.

—. *Testing Christianity's Truth Claims.* Chicago: Moody Press, 1976.

Little, Paul E. *How to Give Away Your Faith.* Downers Grove, Illinois: InterVarsity Press, 1966.

—. *¿Por qué creer ?* Chicago: Moody.

M

McDill, Wayne. *Making Friends for Christ.* Nashville: Broadman Press, 1979.

McDowell, Josh. *Evidence That Demands a Verdict.* Arrowhead Springs, California: Campus Crusade for Christ, 1972. Publicado en español: *Evidencia que exige un veredicto.* Editorial Vida.

—, *More Than a Carpenter.* Wheaton, Illinois: Tyndale House Publishers, 1977.

—, *The Resurrection Factor,* San Bernardino, California: Here's Life Publishers, 1981.

McDowell, Josh y Steart, Don. *Answers to Tough Questions.* San Bernardino, California: Here's Life Publishers, 1980.

—. *Reasons Why Skeptics Ought to Consider Christianity.* San Bernardino, California: Here's Life Publishers, 1981.

McGinnis, Alan Loy. *The Friendship Factor.* Minneapolis: Augsburg Publishing House, 1979.

Montgomery, John Warwick, ed. *Christianity for the Tough Minded.* Minneapolis: Bethany Fellowship. 1973.

—. *Faith Founded on Fact.* Nashville: Thomas Nelson, 1978.

—. ed. *God's Inerrant Word.* Minneapolis: Bethany Fellowship, 1974.

—. *History and Christianity.* Downers Grove, Illinois: InterVarsity Press, 1964-65.

Morison, Frank. *¿Quién movió la piedra?* Miami, Fla.: Ed. Caribe

Morris, Henry M. *Biblical Cosmology and Modern Science.* Nutley, New Jersey: Craig Press, 1970.

—. *Many Infallible Proofs.* San Diego: Creation-Life Publishers, 1974.

Murphree, Jon Tal. *A Loving God and a Suffering World.* Downers Grove, Illinois: InterVarsity Press, 1981.

P

Packer, J. I. *God Has Spoken.* Downers Grove, Illinois: InterVarsity Press, 1979.

Petersen, Jim. *Evangelism as a Lifestyle.* Colorado Springs: Navpress, 1980.

Pinnock, Clark H. *Reason Enough.* Downers Grove, Illinois: InterVarsity Press, 1980.

—. *Set Forth Your Case.* Nutley, New Jersey: Craig Press, 1967.

Prince, Matthew. *Winning Through Caring.* Grand Rapids: Baker Book House, 1981.

Purtill, Richard L. *Reason to Believe.* Grand Rapids: William B. Eerdmans Publishing Company, 1974.

R

Radmacher, Earl D., ed. *Can We Trust the Bible?* Wheaton, Illinois: Tyndale House Publishers, 1979.

Ramm, Bernard. *A Christian Appeal to Reason.* Waco, Texas: Word Books, 1972.

Reymond, Robert L. *The Justification of Knowledge.* Nutley, New Jersey: Presbyterian and Reformed Publishing Company, 1976.

Richardson, Don. *Eternity in Their Hearts.* Ventura, California: Regal Books, 1981.

S

Schaeffer, Francis A. *Huyendo de la razón.* Barcelona: EEE.

—, *Dios esta ahí,* Barcelona : EEE.

—, *El está presente y no está callado,* Miami, Fla: Logoi

Sylvester, Hugh. *Arguing with God.* Downers Grove, Illinois: InterVarsity Press, 1971.

Sire, James W. *The Universe Next Door.* Downers Grove, Illinois: InterVarsity Press, 1976.

Smith, A. E. Wilder. *Man's Origin, Man's Destiny.* Wheaton, Illinois: Harold Shaw Publishers, 1968.

Smith, Wilbur. *Therefore Stand.* Boston: W. A. Wilde Company, 1945.

Sproul, R. C. *If There Is a God, Why Are There Atheists?* Dimension Books, Minneapolis: Bethany Fellowship, 1974.

—, *Objections Answered*. Regal Books, Glendale, California: Gospel Light Publications, 1978.

Stevenson, Kenneth E. y Habermas, Gary R. *Verdict on the Shroud*. Ann Arbor: Servant Books, 1981.

Stott, John R. W. *Cristianismo Básico*, Bs. AS. Ed. Certeza.

T

Tenney, Merrill C. *The Reality of the Resurrection*. New York: Harper & Row, 1963.

Thurman, L. Duane. *How to Think about Evolution*. Downers Grove, Illinois: InterVarsity Press, 1978.

V

Van Til, Cornelius. "Apologetics." Unpublished class syllabus, Westminster Theological Seminary, n.d.

— . *Christian-Theistic Evidences*. Phillipsburg, New Jersey: Presbyterian and Reformed Pub lishing Company, 1978 (1975).

—, *The Defense of the Faith*, 3ª ed. Philadelphia: Presbyterian and Reformed Publishing Company, 1967.

W

Wenham, John W. *The Goodness of God*. Downers Grove, Illinois: InterVarsity Press, 1974.

Williams, Rheinallt Nantlais. *Faith, Facts, History, Science and How They Fit Together*. Wheaton, Illinois: Tyndale House Publishers, 1973.

Wilson, Clifford A. *Rocks, Relics and Biblical Reliability*. Christian Free University Curriculum. Grand Rapids: Zondervan Publishing House, 1977.

Wolterstorff, Nicholas. *Reason Within the Bounds of Religion*. Grand Rapids: William B. Eerdmans Publishing Company, 1976.

Wood, Barry, *Questions Non-Christians Ask.* Old Tappan, New Jersey: Fleming H. Revell Company, 1977.

Y

Yamauchi, Edwin. *The Stones and the Scriptures.* Philadelphia: J. P. Lippincott Company, 1972.

Yancey, Philip. *Where Is God When It Hurts?* Grand Rapids: Zondervan Publishing House, 1977.

Me alegro que preguntes

www.ingramcontent.com/pod-product-compliance
Lightning Source LLC
Chambersburg PA
CBHW060836280326
41934CB00007B/809